LE CHIEN, UN LOUP CIVILISÉ

Catalogage avant publication de la Bibliothèque nationale du Canada

Teroni, Evelyne
Le chien, un loup civilisé

Réédition

(Des animaux et des hommes)
Comprend des réf. bibliogr.

1. Chiens - Mœurs et comportement. 2. Loup - Mœurs et comportement. 3. Chiens - Psychologie.
I. Catter, Jennifer. II. Titre. III. Collection.

SF433.T47 2004 636.7'001'9 C2004-940080-0

DISTRIBUTEURS EXCLUSIFS:

- Pour le Canada
et les États-Unis:
MESSAGERIES ADP*
955, rue Amherst
Montréal, Québec
H2L 3K4
Tél.: (514) 523-1182
Télécopieur: (514) 939-0406
* Filiale de Sogides ltée

- Pour la France et les autres pays:
INTERFORUM
Immeuble Paryseine, 3, Allée de la Seine
94854 Ivry Cedex
Tél.: 01 49 59 11 89/91
Télécopieur: 01 49 59 11 96
Commandes: Tél.: 02 38 32 71 00
Télécopieur: 02 38 32 71 28

- Pour la Suisse:
INTERFORUM SUISSE
Case postale 69 - 1701 Fribourg - Suisse
Tél.: (41-26) 460-80-60
Télécopieur: (41-26) 460-80-68
Internet: www.havas.ch
Email: office@havas.ch
DISTRIBUTION: OLF SA
Z.I. 3, Corminbœuf
Case postale 1061
CH-1701 FRIBOURG
Commandes: Tél.: (41-26) 467-53-33
Télécopieur: (41-26) 467-54-66
Email: commande@ofl.ch

- Pour la Belgique et le Luxembourg:
INTERFORUM BENELUX
Boulevard de l'Europe 117
B-1301 Wavre
Tél.: (010) 42-03-20
Télécopieur: (010) 41-20-24
http://www.vups.be
Email: info@vups.be

Pour en savoir davantage sur nos publications,
visitez notre site: **www.edjour.com**
Autres sites à visiter: www.edhomme.com • www.edtypo.com
www.edvlb.com • www.edhexagone.com • www.edutilis.com

Dépôt légal: 1er trimestre 2004
Bibliothèque nationale du Québec

ISBN 2-89044-735-9

Gouvernement du Québec – Programme de crédit d'impôt pour l'édition de livres – Gestion SODEC – www.sodec.gouv.qc.ca

L'Éditeur bénéficie du soutien de la Société de développement des entreprises culturelles du Québec pour son programme d'édition.

Nous reconnaissons l'aide financière du gouvernement du Canada par l'entremise du Programme d'aide au développement de l'industrie de l'édition (PADIÉ) pour nos activités d'édition.

Evelyne Teroni
Jennifer Cattet

LE CHIEN, UN LOUP CIVILISÉ

DES ANIMAUX
ET
DES HOMMES

le jour,
éditeur

Ce livre est dédié à nos maris, Jean-Luc et Remo, ainsi qu'à nos enfants, Anne-Laure, Shannon, Fabrice et Anthony, qui nous ont soutenues et supportées pendant les cinq années nécessaires à la réalisation de cet ouvrage.

Nous dédions également ce livre à nos chiens, que nous avons côtoyés jour après jour et qui nous ont permis d'accéder à leur monde si différent du nôtre : Apache, Faaleen, Kamel, Ladoga, Nera, Osky, Pawnee et Vaïda, ainsi qu'à tous leurs copains à quatre pattes.

À tous nos lecteurs : que ce livre puisse vous aider à mieux comprendre vos canidés domestiques.

REMERCIEMENTS

Nous aimerions remercier toutes les personnes qui nous ont aidées, conseillées, encouragées et soutenues tout au long de ce travail de longue haleine.

En premier lieu, nous citerons nos généreux commanditaires sans lesquels ce travail n'aurait jamais pu voir le jour: la Fondation Hélène et Victor Barbour, M. Federico Spinola, Nova Atlantis, Funny Dog Gysler (production suisse d'articles canins), Provet SA et la Mobilière suisse, agence de Genève (M. René Magnin).

Un chaleureux merci à tous ceux qui ont accepté la lourde tâche de relire et de corriger notre texte: Aude Arazi, Mireille Barbier, Laurence Chappuis, Janet Nelson-Arazi, Béatrice Obergfell, Anne-Laure, Fabrice et Remo Teroni, et tout spécialement au Dr Pierre-Alain Baud, au professeur Ariane Étienne et à M. Bernard Fuger, qui y ont ajouté leurs critiques et leurs commentaires.

Un merci tout particulier à Jean-Marc Landry qui nous a fourni de multiples informations sur le comportement des loups, qui a relu, corrigé, critiqué et commenté notre travail avec beaucoup de soin.

Merci à Jean-Luc Cattet et Remo Teroni qui, avec beaucoup de patience, sont venus à notre secours chaque fois que nous étions dépassées par nos outils informatiques, ainsi qu'à Roland Maurer et au professeur Pietro Balestra qui nous ont rendu les mêmes services concernant les analyses statistiques.

Que soient également remerciés les docteurs Aberlé, Baud, Becquart, Bubloz, Casellini, Dessaix, Honegger, Monnin, Muret, Niestlé et M. Friedli pour nous avoir permis d'accéder à leurs données statistiques ; et les aides-vétérinaires qui nous ont prêté main-forte au cours de cette recherche.

PRÉFACE

Le titre si pertinent de cet ouvrage en annonce clairement les objectifs et le contenu : le chien descend directement du loup. Par un long processus de domestication, l'homme a sélectionné un grand nombre de races canines qui peuvent différer les unes des autres des points de vue physique et psychologique. Cependant, les propriétés des races actuelles dérivent de prédispositions héréditaires déjà présentes chez le loup, unique ancêtre du chien. Pour mieux comprendre et aimer notre meilleur compagnon, nous devons tenir compte de ses origines. À cette condition uniquement pourrons-nous vivre en pleine harmonie avec des loups vraiment civilisés.

C'est là le message essentiel de ce livre fondé sur une connaissance approfondie de la documentation théorique et appliquée sur le chien, ainsi que sur l'expérience personnelle des auteurs. Evelyne Teroni et Jennifer Cattet se consacrent au chien depuis nombre d'années, sur le plan scientifique en tant qu'éthologues et sur celui de la pratique en tant que comportementalistes. Leur motivation première est de présenter aux cynophiles francophones un ouvrage dont le contenu satisfait parfaitement aux normes de la science tout en restant proche du vécu quotidien de l'homme avec son chien. L'ouvrage s'adresse ainsi en premier lieu aux personnes qui cherchent à mieux comprendre leur ami. Quant au spécialiste, il trouvera son compte dans la bibliographie exhaustive et dans l'esprit de synthèse et le sens critique des auteurs. La présentation claire et simple d'une matière très riche en rend la lecture passionnante.

Parmi les seize chapitres du livre, certains abordent les questions théoriques générales nécessaires à la compréhension, à l'éducation et au traitement du chien, telles que : l'origine et l'évolution du chien, son développement, le rôle des prédispositions héréditaires et acquises dans son comportement, son organisation sociale, ses moyens de communication. D'autres chapitres visent à conseiller le maître actuel ou futur sur le choix d'un chiot particulier, sur l'attitude à adopter face à un chien qui pose des problèmes spécifiques, sur les précautions à prendre au sein de la famille et en particulier dans les rapports entre l'enfant et le chien. Théoriciennes et conseillères avisées, les auteurs n'oublient aucune question qui pourrait avoir des implications pratiques significatives.

Tout en lisant ce livre dans le but de m'instruire et d'améliorer mes capacités d'éducation canine quelque peu limitées, son contenu m'a séduite et emportée, comme c'est le propre d'un ouvrage de vulgarisation de haut niveau. J'incite ainsi tout autre cynophile à subir le même effet de séduction.

Ariane S. Étienne
Professeur d'éthologie
Université de Genève

INTRODUCTION

Posséder un chien n'est pas un droit,
mais un privilège : à nous de le mériter.

Encore un livre sur les chiens alors qu'il y en a déjà tant ! Pourquoi avoir choisi un tel sujet ? Tout simplement pour répondre à une demande et pour combler certaines lacunes. La plupart des livres français consacrés aux chiens traitent de races particulières ou abordent des domaines plus restreints, par exemple des questions d'éducation… avec parfois des avis fort différents.

Bien que le chien vive en relation étroite avec l'homme depuis des millénaires, nous sommes encore loin d'avoir une connaissance approfondie de cet animal si attachant. Il se pourrait même que le chien, qui passe de nombreuses heures à nous observer, soit plus apte à pressentir nos actions que nous les siennes… Cependant une chose est sûre :

il sait mieux décoder nos mimiques et nos « microsignaux » que nous les siens !

Au cours de nos entretiens, nous sommes souvent effarées de constater à quel point les comportements du chien donnent lieu à des interprétations farfelues. Voici quelques réflexions recueillies auprès de nos clients :

- Un chien qui a mordu prend le goût du sang et mordra de nouveau, et la seule solution est l'euthanasie (solution, il est vrai, radicale !).
- Chaque fois qu'il a fait une bêtise en mon absence, il adopte une attitude coupable à mon retour, la preuve qu'il sait qu'il a mal agi.
- Après m'avoir mordu, il est tout embêté et vient se faire pardonner.
- Dès que je le laisse seul, il se venge et détruit tout l'appartement.
- Je suis déçu, car je fais tout pour mon chien, mais il ne me rend pas l'amour que je lui donne, et plus j'en fais, plus il se montre hargneux à mon égard.
- Il est sournois.
- Je lui ai déjà tout expliqué cent fois, je lui ai même dit que, s'il continuait, je ne pourrais pas le garder, mais il s'en moque et se comporte toujours aussi mal.
- C'est un obsédé sexuel, il monte souvent sur mes jambes…

Habitués à côtoyer le chien chaque jour, à le voir trôner sur nos canapés, à l'admirer dans les films où il se comporte quasiment comme un être humain, nous avons tendance à oublier que, dans son être profond, le chien est resté un prédateur social et qu'il obéit à des codes différents des nôtres. Apprendre à connaître les lois qui régissent ses relations avec ses congénères et surtout les mettre en pratique dans la vie de tous les jours, c'est la plus grande preuve d'amour que l'on puisse lui fournir. Bafouer les codes canins, c'est placer l'animal dans une situation ambiguë, le mettre mal à l'aise et laisser la porte ouverte à toutes sortes de perturbations comportementales. Le réveil peut être brutal quand on s'aperçoit que ce compagnon si choyé peut détruire l'appartement, hurler à fendre l'âme, uriner sur le lit ou contre les meubles, voire mordre (car, on l'oublie, le chien peut utiliser ses dents pour autre chose que pour se nourrir). Le propriétaire peut alors penser que son chien se venge, qu'il est jaloux ou malheureux, et il redoublera d'attention. Si le chien persiste dans son comportement perturbé, on aura beau jeu de l'accuser de folie. La plupart des gens ignorent qu'un grand nombre de comportements « perturbés » (même les morsures infligées au maître) sont en fait des réponses canines normales eu égard à son passé et à la situation dans laquelle l'animal se trouve. Des cas de folie peuvent certes s'observer chez le chien, mais ils sont extrêmement rares.

Mais alors, comment aller à la rencontre de cet animal que tout le monde croit connaître ? Comment le regarder tel qu'il est, avec ses bons et ses mauvais côtés, et non comme nous voudrions qu'il soit ? Comment aller au-delà de toutes les anecdotes qui courent à son sujet ? Une seule démarche nous a paru digne d'intérêt : la démarche scientifique. En la privilégiant, nous n'avons pas choisi la facilité. En effet, nous avons dû recueillir le maximum d'informations, ce qui nous a amenées à fréquenter les nombreuses bibliothèques de notre région et à nous déplacer parfois sur des centaines de kilomètres. Nous avons été étonnées de découvrir une telle richesse de renseignements si souvent passés sous silence, et c'est avec passion que nous avons dévoré les milliers de pages nécessaires à notre travail.

Cet ouvrage ne serait-il alors destiné qu'à des spécialistes ? Aucunement. En fait, ces informations nous ont semblé si cruciales qu'il aurait été dommage de ne pas les transmettre à tous ceux qui aiment les chiens ; par conséquent, notre livre s'adresse aux gens qui travaillent avec ces animaux (vétérinaires, éducateurs, éleveurs ou juges), mais aussi aux simples maîtres qui cherchent à mieux comprendre cet animal, aux individus qui désirent en adopter un, et aux curieux qui se posent mille questions sur ces animaux fascinants.

Les sujets abordés sont variés : relations entre les humains et les chiens ; développement des chiens et leurs rapports avec le milieu.

Par cet ouvrage, nous espérons donner aux maîtres la clé pour accéder à la nature même du chien et offrir à ce dernier les meilleures conditions de vie possible, et aider les propriétaires confrontés à des problèmes de comportement à prendre du recul pour les analyser plus objectivement, seule possibilité d'en venir à bout.

Celui qui hésite encore à adopter un chien trouvera dans ce livre matière à réflexion, puisque nous y examinons les aspects positifs et négatifs de la vie avec un canidé. Une fois sa décision prise, le futur propriétaire trouvera dans ces pages une mine de conseils sur le choix d'un chien comme sur celui d'un bon chenil.

Après avoir lu notre livre, les parents seront à même de donner des conseils plus judicieux à leurs enfants qui, par la force des choses, se trouvent souvent en présence de chiens, à la maison ou dans la rue. Cela leur permettra d'éviter les situations critiques qui amènent tout naturellement le chien à utiliser ses crocs, non par méchanceté, mais souvent pour faire valoir des codes que les enfants ignorent.

Les vétérinaires, les éducateurs, les éleveurs et les juges trouveront les réponses aux multiples questions souvent difficiles que leur posent leurs clients. Les nombreuses références bibliographiques permettront également aux plus curieux d'approfondir leurs connaissances des chiens.

Enfin, tous ceux qui ne semblent pas plaire à nos canidés domestiques et qui se font mordre régulièrement apprendront à éviter certains gestes inadéquats.

Le but de notre livre n'est pas de décortiquer tous les comportements du chien (par exemple, nous n'aborderons pas les comportements sexuel, maternel ou de chasse) ni de décrire les divers troubles comportementaux, mais de synthétiser les nombreuses recherches scientifiques sur cet animal. En effet, seule une telle démarche permet de démêler le vrai du faux et de mettre en échec certaines affirmations erronées mais néanmoins bien ancrées dans l'esprit d'un grand nombre de personnes, dont certaines se targuent pourtant de bien connaître le sujet. Notre dessein est de vous inculquer tout ce que vous devriez savoir pour mettre toutes les chances de votre côté dès le moment où vous adoptez un chien. Pour ce faire, nous allons nous pencher sur la relation entre le maître et son chien en analysant tour à tour les deux bouts de la laisse, tout en insistant davantage sur le chien, puisque, en principe, ce livre est destiné aux maîtres…

Chapitre premier

LE CHIEN, SES ORIGINES, SON ÉVOLUTION

Que sont les hommes sans les animaux ?
Si tous les animaux disparaissaient, l'homme mourrait
d'une grande solitude de l'esprit, car tout ce qui arrive
aux animaux arrive également à l'homme. Toutes choses sont
reliées. Ce qui touche à la terre, touche les fils de la terre.

CHEF SEALTH DE LA TRIBU DUWAMISH,
ÉTAT DE WASHINGTON,
LETTRE AU PRÉSIDENT DES
ÉTATS-UNIS, 1855 (176)

UN ANIMAL À PART DANS NOTRE HISTOIRE

De tous les animaux qui nous entourent, le chien est sans conteste celui qui a su évoluer le mieux auprès de nous depuis la nuit des temps. L'homme et son chien sont des associés de très longue date!

Mais d'où vient cet animal si particulier que nous accueillons dans nos foyers comme s'il était un membre à part entière de la famille? Pourquoi nos ancêtres ont-ils choisi de coexister avec des animaux d'une autre espèce que la leur? Et surtout, quelle est cette espèce sauvage qui a su séduire les hommes au point de les pousser à la domestiquer?

La connaissance de l'ancêtre sauvage du chien n'a pas qu'un intérêt purement théorique. Elle permet surtout de mieux comprendre nos compagnons, soit en replaçant certains de leurs comportements dans leur contexte d'origine, soit en les comparant à ceux de leur ancêtre. Une des difficultés majeures dans la compréhension du comportement canin provient en effet de son mode de vie. Nos «toutous» sont tellement bien intégrés à notre vie que nous avons tendance à les considérer comme des êtres humains, un peu différents bien sûr, puisqu'ils marchent à quatre pattes et ne parlent pas. Hormis quelques différences physiques et comportementales évidentes (par exemple le reniflement de substances malodorantes), nous interprétons leurs faits et gestes comme s'ils pensaient et communiquaient à notre manière. Or, replacés dans leurs contextes originels, la plupart des comportements des chiens prennent un sens bien différent. La détermination de l'origine du chien nous permet ainsi de comprendre le mode de vie de l'ancêtre, comment celui-ci communiquait avec ses congénères, établissait des règles de cohabitation et organisait sa vie sauvage.

LA PREMIÈRE RENCONTRE

D'après les fossiles, des chercheurs ont pu établir que le chien partageait déjà l'existence des hommes il y a 12 000 ans, voire 14 000[84, 92]. Le premier fossile fut découvert dans les années 1950, dans une grotte en Allemagne, parmi des ossements humains du paléolithique. En observant la morphologie du squelette de l'animal, semblable à celle des chiens d'aujourd'hui, les archéologues ont d'abord cru qu'il s'agissait d'un chien contemporain qui serait mort dans la grotte. Grâce à une analyse plus approfondie des ossements, on a pu établir qu'il s'agit en fait d'un animal ayant vécu il y a plusieurs milliers d'années.

Des chiens ont également été retrouvés enterrés auprès d'humains dans d'autres sites archéologiques éloignés (par exemple, Ein Mallaho, en Israël[101]), ce qui tend à montrer que la cohabitation de l'homme et du chien s'est rapidement généralisée sur l'ensemble de la planète.

Les premiers fossiles suggèrent que la domestication du chien a eu lieu au moment où l'homme primitif du pléistocène est passé d'un mode de vie nomade à un mode de vie sédentaire[84]. À cette époque, notre ancêtre avait déjà le sens de la communauté, de la division du travail et du partage de la nourriture et des responsabilités. Cette capacité serait la clé de l'origine de la domestication. Il est en effet probable que les communautés humaines ont porté secours à tout animal en détresse. Ainsi, de nombreux animaux, dont plusieurs espèces de canidés, ont pu être apprivoisés. En Amérique du Nord, les premiers canidés à avoir été domestiqués sont sans doute des loups ou des coyotes ; en Amérique du Sud, des renards ; en Europe, des loups ; en Asie, des loups et des chacals ; et en Afrique, des chacals.

Par ailleurs, l'homme, devenu sédentaire, devait se débarrasser des restes inutiles de ses chasses. On peut imaginer que, pour les canidés, ces « poubelles » étaient de véritables mines d'or. En rôdant autour de ces réserves de nourriture, les bêtes se trouvaient à proximité des établissements humains. Pour conserver cette « mine d'or », les animaux ne devaient pas trop s'en éloigner au risque de perdre leur place, d'où l'importance de diminuer la distance de fuite face à l'homme(259). Les rencontres entre les deux espèces devenaient désormais inévitables. Pour les hommes préhistoriques, cette situation présentait également des avantages. Comme ces canidés avaient l'ouïe et l'odorat extrêmement sensibles, ils repéraient les prédateurs avant les hommes et, par leur comportement, les avertissaient du danger. La collaboration entre les deux espèces était née.

Plus récemment, Vilà et ses collègues(432) remirent en question « le moment de la rencontre » entre les hommes et les canidés sauvages. Leur étude démontre que, génétiquement, les loups et les chiens ont commencé à se différencier il y a plus de 100 000 ans, mais ces résultats ne sont pas forcément contradictoires avec les études basées sur la morphologie de ces espèces. On peut en effet supposer que la cohabitation de l'homme et du chien avait commencé bien avant que le chien eût évolué vers l'animal que nous connaissons aujourd'hui. Il semble logique d'envisager que les chiens primitifs ressemblaient tout à fait aux canidés sauvages. Ainsi, les fossiles permettent d'estimer non pas le début de la cohabitation de l'homme et du chien, mais plutôt le moment où le chien et son ancêtre sauvage se sont mis à diverger morphologiquement. Cette différenciation pourrait en outre révéler le début d'une plus grande diversité dans les fonctions attribuées aux chiens, au moment où les hommes ont adopté un mode de vie sédentaire(432).

Ces auteurs postulent par ailleurs que l'évolution très rapide des chiens s'explique par les pressions sélectives liées au processus de domestication. Dès que leurs ancêtres sauvages ont partagé la vie des hommes, des croisements entre les animaux ont provoqué des changements morphologiques, physiologiques et comportementaux. Ces nouvelles conditions de vie ont favorisé la reproduction des chiens qui atteignent la maturité sexuelle plus rapidement que leurs cousins sauvages, ayant deux cycles œstraux annuels et des portées plus nombreuses.

Des découvertes archéologiques tendent à confirmer cette hypothèse, puisque des ossements de loups ont été retrouvés sur les mêmes sites que des ossements humains du pleistocène[84]. Le site de Zhoukoudian, en Chine du Nord, datant d'environ 300 000 ans, témoigne de cette association. Les hominidés et les loups devaient vivre les uns à côté des autres, partageant le même territoire de chasse. Les chasseurs tuaient probablement les loups pour leur fourrure. De temps en temps, ils pouvaient recueillir un louveteau pour le manger ou pour l'apprivoiser.

LES ANCÊTRES POSSIBLES

Tâchons maintenant d'identifier, parmi les 38 espèces de canidés, lesquelles ont pu évoluer, il y a des dizaines, voire des centaines de milliers d'années, vers les différentes races de chiens que nous connaissons aujourd'hui.

Toutes ces espèces sont très proches du point de vue morphologique : corps élancé, ventre rentré, forte musculature, membres longs. Ce sont des animaux résistants et faits pour courir. Ils sont également très bien équipés pour se défendre : petites incisives, crocs saillants, carnassières tranchantes et couronnes larges. Les canidés ont de formidables capacités d'adaptation à des milieux variés, en partie parce qu'ils sont omnivores – excepté le lycaon (chien sauvage d'Afrique) et le dhole (chien sauvage d'Asie) –, mais aussi par la diversité des couleurs du pelage, dont les teintes dominantes sont le noir, le blanc, le gris et le marron. De plus, un sous-poil dense associé à des poils plus longs et plus foncés leur permet de supporter aussi bien de grosses chaleurs que des froids intenses.

Parmi les 38 espèces originelles, trois sont particulièrement proches du chien du point de vue morphologique et appartiennent au genre *canis*: les coyotes *(canis latrans)*, les chacals *(canis aureus)* et les loups *(canis lupus)*. C'est à partir d'une ou de plusieurs de ces espèces sauvages que se sont développés nos chiens domestiques.

Les coyotes (poids moyen: 25 kg[(451)]) sont très répandus en Amérique du Nord, surtout dans les régions désertiques ou les plaines ouvertes. En revanche, ils sont absents des zones tropicales ou humides. Leur menu principal comprend des oiseaux et des rongeurs. Ces canidés vivent généralement en petits groupes familiaux composés des parents et des petits de l'année. À l'âge adulte, les jeunes quittent le groupe pour fonder à leur tour une nouvelle unité familiale.

Les chacals (poids moyen: 10 kg[(451)]) peuplent des régions beaucoup plus vastes que leurs cousins américains et vivent en Afrique, au sud-est de l'Europe et en Asie du Sud. Ces animaux présentent de grandes variations dans leur taille et leur pelage. Ils se nourrissent d'insectes, de mammifères généralement de petite taille, de fruits et de certains légumes. Bien qu'ils se regroupent parfois pour chasser des proies plus grandes, leur mode de vie est comparable à celui des coyotes.

Les loups (poids: entre 27 et 67 kg[(451)]) sont des animaux dont les capacités d'adaptation dépassent largement celles de n'importe quelle autre espèce. On les trouve en effet dans tous les types d'habitats: la toundra, les bois, les plaines ouvertes et les abords des régions désertiques. Au fil des années, pour des raisons que nous connaissons tous, son habitat s'est restreint et le loup a dû se cantonner dans des territoires plus inhospitaliers. Exterminés dans de nombreuses régions, ils recolonisent petit à petit leurs anciennes aires de répartition. On les observe aujourd'hui en Amérique du Nord, au Moyen-Orient ainsi que dans différents pays européens (Europe de l'Est, Espagne, Portugal, Italie, pays scandinaves, Autriche, France, Suisse).

Contrairement aux chacals et aux coyotes, les loups aiment vivre en groupe et forment des meutes pouvant atteindre 36 individus[366] (la plupart comprenant de 2 à 12 individus[80, 183, 362]). Ces meutes sont régies par un ordre de dominance – une hiérarchie sociale – établi entre les membres qui les composent. Chaque animal occupe une place particulière qui lui dictera son comportement. Tous les membres de la meute coopèrent dans les diverses tâches de la vie quotidienne, comme l'élevage des petits ou la chasse*.

Jusqu'à tout récemment, il était admis que les premiers canidés domestiqués appartenaient à des espèces différentes. Pour Lorenz[279] et Trumler[424] par exemple, les chiens européens, du dogue allemand au cocker, auraient surtout du sang de chacal, avec peu ou pas de sang de loup. Les races descendant du loup seraient, d'après ces auteurs, les races nordiques telles que les huskies, les malamutes et les groenlandais. Les chiens tels que les chows-chows, les samoyèdes ou les laïkas russes auraient une bonne dose de sang de loup, mais moins que les précédents.

Lorenz fonda sa classification sur les caractéristiques physiques et comportementales des espèces sauvages et des chiens domestiques. Ainsi, les chiens issus des loups auraient les pommettes hautes, le nez légèrement retroussé, les yeux bridés et triangulaires, à l'image de leurs ancêtres. Les chiens ayant du sang de chacal auraient le poil court, les oreilles pendantes et le museau court et écrasé. De même, les différences de tem-

*On estime cependant, que dans les Carpates, 4 % de la population sont des loups solitaires[407]. Mech[299] a également pu observer que 8 à 28 % des loups sont solitaires. Si un certain nombre de ces loups ont probablement quitté temporairement une meute, d'autres, en revanche, sont totalement solitaires, soit parce qu'ils ont perdu leur partenaire sexuel et qu'ils sont trop vieux pour participer aux chasses communes[455], soit parce qu'ils appartiennent à une meute mais sont trop vieux ou occupent une position tellement subordonnée qu'ils ne sont que rarement acceptés par celle-ci. Ces animaux suivent alors la meute de loin et ont tendance à s'isoler[242].

pérament entre les races de chiens s'expliqueraient par le mode de vie respectif des loups et des chacals. Comme les loups vivent en meutes, leurs descendants seraient surtout attachés à leur maître en tant que chef de meute. En revanche, puisque les chacals mènent une vie plus solitaire, leurs lignées auraient transféré à leur maître leur attachement à la mère. Ces chiens se comporteraient vis-à-vis du maître, ce substitut maternel, comme d'éternels chiots.

Aujourd'hui, grâce à une meilleure connaissance de la génétique et du comportement, de nombreux chercheurs s'opposent à cette théorie. En se basant, d'une part, sur les caractéristiques morphologiques et comportementales des espèces, d'autre part, sur le processus même de la domestication, on croit désormais que toutes les races de chiens descendent d'une seule espèce sauvage. Nous allons en examiner les raisons.

Les analyses biomorphologiques

Quand on compare les 38 espèces de canidés sur le plan morphologique, il apparaît clairement que ce sont les loups, les chacals et les coyotes qui sont les plus proches parents du chien. Les chercheurs ont étudié nombre de caractéristiques (volume du cerveau, forme du crâne, dentition, etc.) pour déterminer le pourcentage de similitude entre le chien et ces autres espèces(83).

Les analyses des séquences d'ADN* mitochondriales démontrent que, quand on compare le chien avec chacun de ses trois ancêtres possibles, c'est du loup qu'il est le plus proche**(90). Ainsi, ces analyses extrê-

*Acide désoxyribonucléique : acide nucléique caractéristique des chromosomes. Porteur de l'information génétique, l'ADN assure le contrôle de l'activité des cellules(353).
**Il ne diffère du loup gris que dans 0,2 % des séquences d'ADN mitochondriales(442). En fait, on trouve plus de différences dans l'ADN si l'on compare les différentes races de chiens entre elles que si l'on compare le loup et le chien(88).

mement fines concordent : le chien est plus proche du loup que des chacals ou des coyotes[83]. Il en ressort que, si les traits de certains chiens (bergers allemands, huskies) évoquent davantage le loup, aucune race n'est plus proche qu'une autre de cet ancêtre[90]. Cela semble incroyable, mais le petit chihuahua est, du point de vue de la génétique, un cousin direct du loup et n'a donc rien à envier au berger allemand.

L'analyse du comportement

Des études similaires ont été réalisées sur le comportement et confirment de nouveau la similitude entre le chien et le loup. Cette ressemblance n'est pas aussi grande quand on compare les comportements du chien avec ceux du chacal ou du coyote[156, 161]. Une étude portant sur 262 comportements a par ailleurs révélé que plus des deux tiers des comportements observés sont identiques ou très semblables chez le loup et le caniche[457]. Cette ressemblance est telle que, lorsqu'ils se rencontrent, loups et chiens se traitent comme des congénères[90]. Les comportements semblent très peu influencés par la domestication[161].

Le seul trait propre aux chiens est le « sourire » – également appelé « rire » – qu'affichent certaines races (notamment le caniche). Il s'agit du retroussement de la lèvre supérieure qui découvre les dents quand le chien fait bon accueil à quelqu'un. Cette expression a parfois été interprétée comme l'imitation du sourire de l'homme, puisqu'elle n'est adressée qu'aux humains.

Dans la nature, il arrive parfois que des chiens s'accouplent avec des loups, mais plus rarement avec des chacals. Lorsqu'on croise des caniches mâles avec des louves ou des chacals femelles, on obtient des portées qui ont des comportements différents. Les petits de la première génération, dont l'un des parents est un loup, se montrent plus craintifs que les chiens mais plus apprivoisables que les loups. En les recroisant entre eux (deuxième génération), de grandes différences apparaissent entre les individus, notamment en ce qui concerne la méfiance ou la confiance face à l'homme. Lorsque le chien est croisé avec un chacal, les petits, même s'ils sont élevés par l'homme, se montrent plus craintifs face à des inconnus que leurs vis-à-vis issus du croisement entre le loup et le chien ; ils sont aussi plus agressifs et ont tendance à former des couples ou des petits groupes. Les petits de deuxième génération présentent de grandes variations dans leur comportement et sont mal proportionnés.

En général, les chiens ont eu beaucoup plus de mal à s'accoupler avec des chacals qu'avec des loups. En effet, le chacal, plus solitaire, a développé moins de signaux que le loup dont le mode de vie nécessite des moyens de communication plus élaborés. La communication entre chien et loup est bien meilleure qu'entre chien et chacal(134).

LA DOMESTICATION

Chez les canidés proches parents du chien, on peut distinguer deux types d'organisation sociale :

1. Les partenaires établissent des liens durables. Les petits restent avec leurs parents jusqu'à la période de reproduction suivante, puis sont chassés du territoire. Parfois, quelques jeunes restent avec leurs parents pour les aider à élever la portée suivante, mais ce phénomène est rare et ne se produit que si la nourriture est abondante. Les petits finiront par quitter la famille pour se reproduire à leur tour. Les coyotes et les chacals font partie de cette catégorie(161).
2. Les animaux forment des meutes constituées généralement d'individus apparentés de générations différentes qui coopèrent dans les différentes tâches liées à la survie du groupe, telles que la chasse ou l'élevage des plus jeunes. Ces meutes sont gérées par un ordre

de dominance entre les membres qui détermine le rôle et les privilèges de chacun en fonction de son rang. Seuls les loups adoptent cette forme d'organisation sociale. Ces animaux maîtrisent un grand nombre de signaux de communication qui varient à la fois par leur complexité et par leur intensité.

Mettons-nous un moment à la place des hommes primitifs et imaginons ce qui se passe quand nous recueillons un chacal, un coyote ou un loup.

1. Si un homme adopte un jeune chacal ou un coyote, l'animal se montre tout d'abord très coopératif, puisque, dans la nature, les jeunes restent avec leurs parents et participent à la chasse et à l'éducation de la portée suivante. Toutefois, en grandissant, l'animal voudra partir, comme il l'aurait fait avec ses propres parents. Il se montre alors de plus en plus réticent devant les exigences de l'homme.
2. Si un homme adopte un louveteau, l'attachement de l'animal perdure, puisque le loup, comme l'homme, vit dans un groupe familial basé sur une hiérarchie de dominance. Ainsi, l'imprégnation* sur l'homme en tant que chef du groupe peut être étendue jusqu'à l'âge adulte, voire au-delà.

On observe que toutes les espèces ne sont pas apprivoisables. Pour être domestiquées, elles doivent posséder, à l'état sauvage, un certain nombre de caractéristiques qui facilitent la transition entre un mode de vie sauvage et un mode de vie domestique:

---

*L'imprégnation est un apprentissage qui a lieu durant les premiers stades de la vie d'un animal. Chez les espèces sociales, comme les loups ou les chiens, les individus rencontrés au cours de la période sensible d'imprégnation seront acceptés comme étant des partenaires sociaux[297].

1. Si une espèce vit en groupe organisé et hiérarchisé, le stress de la captivité pourrait être réduit. L'animal peut apprendre qu'il occupe une certaine place dans la communauté humaine et peut la respecter. Il se montre ainsi plus docile et plus coopératif que des espèces où les individus plus solitaires ne forment que de petites structures familiales.
2. L'espèce sauvage doit pouvoir se reproduire même si d'autres individus de son espèce sont à proximité. Si pour s'accoupler les animaux doivent disposer de conditions particulières, il sera difficile de les élever en captivité.
3. L'établissement de l'appartenance à l'espèce par l'imprégnation présente également un avantage dans le processus de domestication. Le petit, retiré à ses parents pendant la période critique d'imprégnation, s'attache facilement aux humains.
4. Les exigences en matière d'alimentation ont aussi leur importance. En effet, il est difficile de subvenir aux besoins d'animaux qui ne se nourrissent que d'une nourriture très particulière. Si l'animal est omnivore, la tâche en sera grandement facilitée.

Ainsi, les résultats combinés des différentes études vont tous dans le même sens : le loup est, parmi toutes les espèces de canidés, le plus proche parent du chien, tant sur le plan morphologique que comportemental (comportement(161, 394, 457) ; morphologie(83) ; vocalisations(161, 457) ; biologie moléculaire(139, 445)) et il est donc le plus susceptible d'être domestiqué. Sans conteste, le loup est l'ancêtre le plus probable du chien domestique. D'ailleurs, la Société américaine de mammalogie recommande de classer le chien comme une nouvelle sous-espèce du loup : *canis lupus familiaris*(258).

DU LOUP AU CHIEN

La nature de base du loup est la nature de base du chien. Cependant, parce que nous forçons les chiens à s'adapter à notre style de vie, nous ne voyons du loup que les côtés que nous acceptons ou que nous façonnons à notre convenance[302].

Maintenant que nous avons établi l'ascendance du chien, nous allons tenter de comprendre comment l'homme est parvenu à domestiquer le loup pour créer des chiens dont l'apparence physique varie considérablement d'une race à l'autre. En effet, qu'ils soient chihuahuas, caniches, dogues allemands ou labradors, tous les chiens descendent directement du loup !

Dans la nature, il arrive que deux populations de la même espèce soient séparées par une barrière topographique qui les empêche de se reproduire entre elles. Ainsi, chaque population s'adaptera progressivement à son milieu et se spécialisera. Si les deux groupes peuvent de nouveau se croiser après seulement quelques générations, la spécialisation n'aura pas lieu. En revanche, si l'isolement géographique de ces deux populations s'étend sur une plus longue période, des divergences – notamment en ce qui a trait aux mœurs nuptiales ou aux caractéristiques anatomiques – peuvent apparaître et entraîner une incompatibilité génétique[161].

Lorsqu'on veut domestiquer une espèce particulière, un groupe d'individus est intentionnellement isolé par l'homme. Dans un environnement artificiel, la reproduction, les soins et la nourriture des animaux sont contrôlés par l'homme et la pression sélective – qui vise habituellement à améliorer les caractéristiques liées à la survie – est modifiée. À travers la manipulation de l'environnement, on peut accélérer l'évolution de certaines caractéristiques d'une espèce pour satisfaire ses besoins.

Chez les loups, il existe de grandes différences dans les tempéraments des individus : certains sont facilement effarouchés, d'autres se montrent plus curieux, etc.[302] Ainsi, les hommes primitifs ont certainement recueilli des louveteaux pour les socialiser et croiser les individus les plus dociles et confiants. Ce faisant, ils ont obtenu une population de chiens-loups capable de bien vivre parmi les humains. Plus tard, ils ont pu sélectionner les individus les plus aptes à accomplir des tâches données et accentuer certaines caractéristiques par des croisements successifs.

Cette sélection ne peut porter que sur des caractéristiques comportementales physiques **préexistantes** chez l'animal sauvage. C'est parce que le loup est un animal social à l'état sauvage qu'on a pu l'intégrer à la vie de l'homme et le rendre plus docile. Et puis, comme le loup est attentif à toute modification de son environnement et qu'il prévient ses congénères qu'un intrus approche, on a pu accentuer cette faculté à travers la sélection pour créer des chiens de garde.

Un des processus fondamentaux de la domestication est la modification du monde perceptif de l'animal[224]. En d'autres termes, alors que dans la nature l'animal doit être vif et alerte, il est préférable qu'il se montre calme, docile et capable de tolérer le stress quand il vit avec l'homme.

Il est difficile d'établir avec certitude la généalogie des différentes races de chiens, car leurs origines sont lointaines. Cependant, on croit que la diversité des races s'explique par le fait qu'elles seraient issues de loups différents. Par ailleurs, des croisements interspécifiques peuvent se produire entre le chien, le loup, le chacal et le coyote. Il est ainsi possible que de tels croisements aient eu lieu entre les chiens domestiqués et certains canidés sauvages.

Le processus même du croisement sélectif a aussi engendré une grande variabilité dans le comportement et la morphologie des chiens.

Darwin a en effet observé que si l'homme cherche à accentuer un aspect particulier chez un animal, il modifiera inévitablement d'autres aspects. Une expérience sur les renards corrobore cette observation. Lorsque des chercheurs ont voulu croiser des renards argentés pour les rendre plus dociles et plus faciles à manipuler, ils ont vu apparaître, au bout de vingt ans de sélection rigoureuse, un certain nombre de caractères nouveaux qui n'avaient pas été sciemment sélectionnés[(43)]. Ces modifications furent d'autant plus étonnantes que les nouveaux caractères n'existaient pas chez les animaux sauvages, alors qu'ils sont typiques de certaines races de chiens domestiques (par exemple les oreilles tombantes). Même leur belle fourrure argentée a laissé place à un pelage noir et blanc chez certains individus. De plus, le cycle œstral est passé d'un cycle annuel à un cycle semestriel, comme chez nos chiens domestiques.

Cette expérience malencontreuse permet de mieux comprendre pourquoi les chiens présentent aujourd'hui des caractères qui n'existaient pas chez leur ancêtre le loup. Les dessins et gravures des premières races de chiens témoignent déjà d'une très grande diversité dans leur morphologie, leur dimension et leur pelage.

BREF HISTORIQUE DU CHIEN

Les Égyptiens et les habitants du Proche-Orient avaient déjà commencé à sélectionner des races de chiens particuliers, comme les mastiffs et les lévriers, pour les préparer aux tâches auxquelles ils les destinaient. Les chiens étaient dressés à la chasse, au combat et à la garde des troupeaux ou des habitations. Les Égyptiens maîtrisaient avec une très grande sophistication les principes des croisements de races. Sur certaines poteries égyptiennes, plusieurs races de chiens sont représentées, dont un chien miniature, ressemblant étrangement à un épagneul nain. Il aurait sans doute été élevé comme animal de compagnie.

Les vestiges laissés par les premiers Romains révèlent que, déjà à cette époque, la plupart des types raciaux canins existaient. Ils étaient nommés en fonction de leur tâche : « chiens de maison », « chiens de berger », « chiens destinés aux sports », « chiens de guerre », « chiens de chasse », « chiens de cirque ». De nombreuses œuvres d'art les représentent fidèlement et rendent compte de leur collaboration étroite avec l'homme[(83)].

Plus récemment (entre la fin du XIXe et le début du XXe siècle), les éleveurs se sont efforcés de définir minutieusement les caractéristiques des races, limitant ainsi la grande variabilité qu'on pouvait constater dans chaque race. D'un point de vue génétique, les différences entre les races canines présentent un intérêt exceptionnel puisque ces variations concernent de nombreux éléments : la couleur et le type de pelage, la taille, la longueur des membres, la forme de la queue et de la tête, le sens de l'odorat et le tempérament. Aucune autre espèce ne présente une telle diversité.

L'INFLUENCE DE LA DOMESTICATION

La domestication peut avoir une grande influence sur le comportement en général, sur la résistance aux maladies et sur la productivité de l'espèce. À travers la sélection génétique des comportements, on a pu accentuer ou diminuer un certain nombre de caractéristiques. Les chiens se montrent plus dociles que leur ancêtre le loup. Ils sont aussi capables de mieux s'adapter à des milieux variés, tandis que le loup se montre très craintif lorsqu'il se trouve dans des situations inconnues. Pour accroître ces dispositions chez le chien, on a sélectionné des caractéristiques juvéniles. Ainsi, certains traits physiques ou certains comportements demeurent immatures chez le chien. Le cavalier king Charles illustre bien cette néoténie* : même à l'âge adulte, il a un aspect de chiot éternel avec de très grands yeux, un museau court et une tête très ronde.

La domestication provoque aussi une diminution dans le rapport entre le poids du cerveau et celui du corps. Si l'on compare un loup et un chien de même poids, on constate que le loup a un crâne et un cerveau plus grands. Une analyse du rapport entre la longueur et la largeur du crâne des canidés démontre que les jeunes loups sont plus proches des chiens que de tout autre canidé sauvage.

Certains chercheurs affirment aujourd'hui que le chien serait un animal « demeuré au stade de l'adolescence (89) ». En effet, un grand nombre de chiens adultes présentent non seulement une apparence juvénile, mais aussi un comportement immature(460). Ils recherchent fréquemment l'attention, jouent, gémissent, aboient facilement et manifestent des comportements qu'un loup abandonne plus ou moins complètement.

Bien que la domestication provoque des changements, le comportement du chien reste très semblable à celui du loup. Par le biais de la sélection artificielle, on a pu accroître ou amenuiser certaines attitudes, mais il est impossible de les supprimer totalement. De même, si l'espèce sauvage ne possède pas en puissance le comportement recherché, il est impossible de l'ajouter par la domestication. On peut donc regarder le chien comme un loup domestique dont l'apparence physique et certains aspects du comportement (comme la faculté d'adaptation à des situations nouvelles) ont quelque peu changé. Mais, quelles que soient sa taille et sa race, le chien reste un prédateur social qui revendique sa part du territoire.

---

*Néoténie : persistance, chez un animal apte à se reproduire, de caractères larvaires ou juvéniles(353).

Chapitre 2

LE CHIEN DANS NOS FOYERS

Au cours du chapitre précédent, nous avons tenté de comprendre comment le loup a été domestiqué et s'est transformé en ce fidèle compagnon, le chien. Dirigeons maintenant notre regard à l'autre bout de la laisse afin de découvrir qui sont réellement ses partenaires humains.

LE RÔLE DU CHIEN

Pendant des millénaires, le chien a été considéré comme un animal utile. Seules quelques personnes privilégiées de l'élite sociale pouvaient s'offrir le luxe de posséder des animaux familiers qui n'avaient d'autre fonction que celle de leur tenir compagnie. Le commun des mortels, lui, ne pouvait se permettre de nourrir ces bouches « inutiles ». Un chien ? Oui, mais à condition qu'il gagne sa pitance en remplissant l'une des multiples tâches qu'on lui attribuait.

Auxiliaire des bergers, il les aidait à maintenir le troupeau dans le droit chemin ou le protégeait contre les prédateurs, ours et loups notamment. Attelé à de petits chariots, il avait pour mission d'apporter le lait à la laiterie, travail encore plus apprécié par temps de neige. Gardien, il surveillait d'un œil vigilant la ferme et ses alentours, annonçait par ses aboiements l'arrivée d'un intrus, homme ou animal, quand il ne provoquait pas leur fuite par des menaces ou des morsures. À la chasse, il apportait une aide inestimable pour débusquer, pister, retrouver ou rapporter le gibier à son maître.

Certains chiens remplissent encore de telles tâches sous nos latitudes. D'autres sont devenus des auxiliaires irremplaçables de la police, de l'armée ou de la douane. Ils n'ont pas leur pareil pour rechercher des personnes disparues, ensevelies sous des décombres ou sous des avalanches de neige, des enfants égarés, des malfaiteurs en fuite. Grâce à leur odorat, ils sont capables de détecter des bombes, de la drogue et différentes substances volatiles. Certains mettent toute leur intelligence au service des handicapés (aveugles, sourds, invalides) et contribuent à leur redonner goût à la vie. Ils aident les thérapeutes à établir le contact avec leurs clients.

Tous ces rôles sont admirables, mais le but de ce livre n'est pas de les aborder en détail. En effet, de nos jours, la plupart des chiens n'ont plus qu'une fonction : tenir compagnie à leur propriétaire. Ce changement de rôle (de l'animal domestique, et notamment du chien) est certainement à mettre en parallèle avec les progrès apportés par la révolution industrielle et la modification de l'habitat. « La création de grandes agglomérations urbaines a partiellement disloqué la famille, du moins en tant que groupe vivant sous le même toit. De là sont nés des besoins nouveaux, tel le souhait d'intégrer un animal à la vie familiale. En France, en Grande-Bretagne, c'est surtout le chien qui joue ce rôle[(78)]. »

Les relations que tissent l'homme et l'animal dépendent de l'environnement culturel. Pour la suite de notre étude, nous ne prendrons en considération que ce qui se passe dans notre environnement proche, dans des pays de notre aire culturelle. Par exemple, la France est le pays d'Europe qui compte le plus d'animaux familiers (toutes espèces confondues) par habitant[6, 379, 438]. Plus de 58 % des adultes âgés de plus de 18 ans et entre 29 %[73] et 36 % des ménages en possèdent un ou plusieurs. Soixante-neuf pour cent d'entre eux ont jeté leur dévolu sur le chien, ce qui fait que 4 Français sur 10 vivent en sa compagnie. En 1990, plus de 10 millions de chiens vivaient dans l'Hexagone. On observe cependant une légère tendance à la baisse avec un total compris entre 7,6 millions et 7,9 millions*[67, 379, 382]. Si l'on tient compte des chats, les animaux familiers représentent pour les commerçants un chiffre d'affaires annuel de quatre milliards et demi d'euros[73].

Contrairement à toutes les idées reçues, ce ne sont pas en priorité des personnes seules qui possèdent un animal familier, puisqu'elles ne sont que 35 %. La majorité des animaux se trouvent dans des familles nombreuses (75 % des foyers de cinq personnes et plus ont un animal familier). La situation est la même en Californie[171], en Grande-Bretagne[198] et en Amérique[115]. En fait, la présence d'enfants augmente la probabilité d'avoir un animal familier.

Contrairement à ce que de nombreux articles laissent à penser, la plupart des chiens français ne vivent pas à Paris : seuls 1,7 % d'entre eux arpentent les trottoirs de la capitale ; 42,7 % des chiens passent leur vie dans des communes de moins de 2000 habitants et 76,1 % vivent en maison individuelle.

On le sait, la possession d'un chien demande un investissement temporel et financier souvent sous-estimé[74]. Alors pourquoi décide-t-on un

*En Suisse, on estime que 27 % des foyers possèdent un ou plusieurs chiens ; le nombre de chiens est évalué entre 350 000[321] et 460 000[294].

beau jour d'adopter un chien ? Pourquoi nous attachons-nous un animal qui va nous « voler » du temps, alors que nos vies sont surchargées, que nous n'avons pas assez de temps pour réaliser tous nos projets ? Malheureusement, certains agissent sur un coup de tête. Une fois l'engouement passé, ils abandonnent lâchement leur compagnon. Cependant, la plupart des propriétaires sont plus ou moins conscients de ce qui les attend. Les futurs maîtres savent en général qu'un chien demande de nombreuses sorties quotidiennes, même par temps maussade, qu'il exige des soins (brossages plus ou moins importants suivant la race, visites chez le vétérinaire, préparation des repas, etc.) et des dépenses, qu'il faut tenir compte de lui au moment des vacances (va-t-on le prendre avec soi ou lui trouver une bonne pension ?).

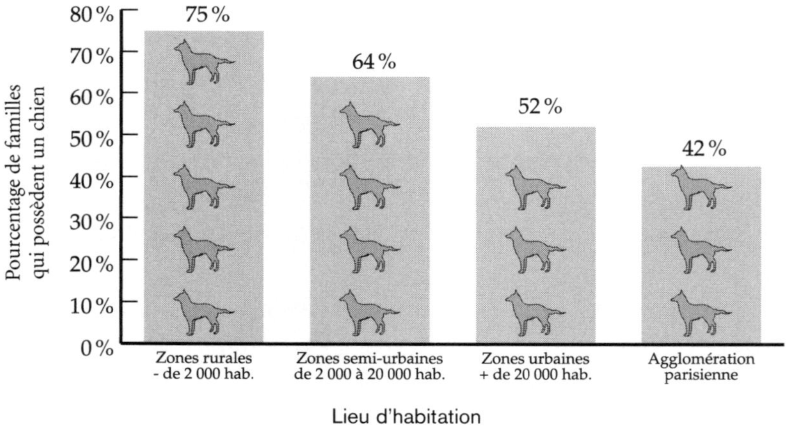

Graphique 1 : Pourcentage de familles qui possèdent un chien en fonction de leur lieu d'habitation

En bref, le chien oblige son propriétaire à modifier son style de vie, mais aussi à prendre une certaine distance par rapport à certains amis qui n'apprécient pas d'être couverts de poils à chaque visite. Si la plupart des futurs propriétaires se doutent que le chien est cause de nettoyages supplémentaires et qu'il peut être la source de mauvaises odeurs, ils oublient qu'ils peuvent tomber sur un chien au caractère bien affirmé, ou au contraire anxieux, qui peut présenter toutes sortes de perturbations comportementales, occasionner des dégâts (destructions, manque de propreté), être cause de conflits de voisinage (aboiements intempestifs).

Or, malgré ces inconvénients, il semble que, parmi les animaux familiers, le chien occupe une place à part. Si en 1903, déjà, les chiens étaient extrêmement populaires auprès des enfants(65), ils le sont restés auprès de nombreuses personnes(10), bien que les chats semblent parfois les détrôner. Nous pensons que la raison d'un tel engouement est que le chien, plus que tout autre animal, établit des relations privilégiées avec les humains qu'il peut suivre partout. Étant un animal social, « programmé » pour vivre en meute et pour décoder les mimiques les plus subtiles, il se montre sensible au moindre changement dans le comportement de ses compagnons, congénères ou humains, et y répond en adaptant son propre comportement. Il est ainsi plus apte à répondre aux besoins, même informulés, et à partager les émotions de ses maîtres qu'un animal moins sociable de nature. Cela ne signifie aucunement que ces derniers soient de moins bons compagnons.

En fait, qui décide d'adopter un chien ? Alors que 20 % l'ont fait pour répondre à leur propre désir, 18 % ont cédé à la demande des enfants, 9 % à celle du conjoint. Dans 49 % des cas, il s'est agi d'une décision prise en commun par tous les membres de la famille(74).

Parmi ceux qui ne possèdent pas d'animaux familiers, seuls 2 % déclarent ne pas les aimer, et 6 % ne pas voir l'intérêt qu'ils pourraient en retirer ; 38 % motivent leur refus d'adoption par crainte d'une trop grande contrainte, 33 % par manque de place, 33 % par manque de temps. Dans 26 % des cas, c'est l'attachement porté à un animal précédemment décédé qui semble empêcher son remplacement. Les non-propriétaires semblent attacher plus d'importance à leur indépendance et à la propreté de leur logis, tandis que les propriétaires craignent davantage la solitude(206) et réagissent de façon plus émotionnelle(365).

Mais pourquoi possédons-nous tant d'animaux domestiques? Que nous apportent-ils? Sont-ils là simplement pour combler un vide, nous donner l'impression d'être moins seuls? Les statistiques nous prouvent le contraire: la majorité d'entre eux vivent dans des familles avec enfants.

COMMENT CONSIDÈRE-T-ON LE CHIEN ?

Tous les propriétaires ne considèrent pas leur chien de la même manière. D'après des chercheurs américains(378), le chien est, pour les gens (le pourcentage est indiqué entre parenthèses):

- un compagnon, quelqu'un à qui parler, dont on peut s'occuper (46 %);
- garant d'une certaine protection (garde de la maison, des biens) et il apporte un sentiment de sécurité lorsque l'on se trouve seul (27 %);
- source de joies et de distractions (10 %);
- source d'amour et d'affection (5 %);
- utile pour la chasse, pour faire des promenades ou des compétitions (4 %);
- capable d'enseigner des choses aux enfants (apprentissage de la vie, de la sexualité, etc.) et les met face à leurs responsabilités (4 %);
- celui qui aide les membres de la famille à tisser des liens entre eux (1 %);
- un objet de prestige (1 %);
- un prétexte pour faire des rencontres (1 %).

Une analyse plus approfondie démontre que le rôle attribué à l'animal n'est pas statique, défini une fois pour toutes, mais qu'il se modifie en fonction de l'âge du maître et de ses conditions de vie. Un même animal peut se voir attribuer par chacun des membres de la famille une fonction différente. Si la mère de famille a tendance à traiter Médor ou Mélusine comme un compagnon ou comme un autre enfant, le père le considère plutôt comme un partenaire d'exercices, l'enfant, comme un bon copain(378). Il semble également que le style de vie des maîtres modifie la relation qu'ils ont avec leur chien et l'attachement qu'ils lui portent. Les personnes seules ou les couples sans enfant(10) et les personnes qui n'ont aucune activité à l'extérieur(257) se montrent plus proches de leur animal, ils en attendent et en reçoivent plus, et ils ont tendance à l'anthropomorphiser* davantage.

Cependant, seules ou en famille, 87 % des personnes interrogées considèrent leur animal familier(341), et 98 % leur chien(435), comme un membre à part entière de leur entourage. Beaucoup admettent qu'il leur est plus facile de reporter leur attention sur leur animal familier et de lui prodiguer leur affection que d'adopter les mêmes attitudes envers d'autres membres de la famille. Huit pour cent avouent avoir plus d'affinités avec leur animal qu'avec leurs proches et 81 % apprécient principalement le fait que l'animal se montre sensible à l'atmosphère familiale et soulignent que, en cas de maladie, de dépression, de tension, l'animal devient lui-même anxieux ou malade.

Les relations que les gens développent avec l'animal ressemblent aux relations qui se tissent entre deux humains, y compris sur le plan intellectuel et affectif. Les propriétaires attribuent souvent à leur chien des traits que l'on recherche dans les relations humaines, les décrivant comme des êtres loyaux et dignes de confiance(44). La plupart des

*Anthropomorphisme : tendance à attribuer aux objets naturels, aux animaux et aux créations mythiques des caractères propres à l'homme.

personnes veulent que leur chien soit un compagnon, un ami, voire un confident, un être vivant avec qui partager sa vie, ses pensées, mais aussi un substitut en cas de relations insatisfaisantes avec leurs proches. La majorité des personnes estiment que le chien permet d'aimer et de se sentir aimé en retour.

Par ailleurs, on a pu démontrer que les relations qu'on établit avec le chien ressemblent à des relations parents/enfants. Les chiens, comme les enfants, nous apportent la joie, nous incitent à jouer, sont dépendants et peu exigeants(46). En fait, quels que soient l'âge et le statut social du propriétaire, la dimension affective est la principale raison qui motive l'acquisition d'un animal familier(6, 438), et cette raison est pleinement justifiée, puisque 69 % des propriétaires admettent retirer plus de plaisir de leur animal qu'ils en attendaient(74).

La place occupée par le chien dans le cœur des humains est attestée par sa présence sur les photographies(249, 375) ou les dessins(29), par les mots qu'on lui adresse(227, 289), par la compréhension dont on le croit capable(245) et par le rôle qu'on lui attribue auprès des enfants(368).

Voilà pour les motivations avouées, mais il faut savoir que l'adoption d'un animal n'échappe pas à des désirs inconscients. Le chien est parfois ravalé au rang d'un simple objet : on en achète un uniquement parce que c'est la mode (choix d'une race prisée), pour faire comme le voisin, pour se distinguer (on jette alors son dévolu sur une race très rare), pour se valoriser (le chien doit impérativement être le descendant de grands champions), pour renforcer son image sociale (le chien doit, par exemple, inspirer la crainte et devenir en quelque sorte le substitut d'une arme), pour se sentir tout-puissant (avec droit de vie ou de mort sur un être vivant). Avec de telles motivations, l'animal perd sa valeur s'il ne répond pas à l'attente de son propriétaire ou dès qu'il n'attire plus l'attention sur lui. Comme un objet démodé, il est tout simplement délaissé, abandonné ou mis à mort sous un fallacieux prétexte (ne parlons pas dans ce cas d'euthanasie, terme réservé aux méthodes destinées à « abréger une longue agonie ou une maladie très douloureuse à l'issue fatale(393) »).

Il faut dire qu'on attend souvent du chien qu'il occupe la place qui devrait revenir à un autre être humain. Le chien peut, il est vrai, être un véritable ami, une source d'échanges affectifs intenses, dans la mesure où il n'est pas le seul à remplir ce rôle. Il ne peut en aucune manière remplacer un enfant, un conjoint ou un ami. Or, c'est souvent ce qu'on lui demande.

Toutes ces attentes, conscientes ou inconscientes, modifient les relations entre l'homme et l'animal et ne sont pas sans conséquences. Attribuer au chien un rôle qu'il ne peut pas tenir ou des qualités spécifiquement humaines ne peut conduire qu'à des malentendus, voire à de graves problèmes comportementaux qui perturberont les rapports entre le maître et l'animal.

Chapitre 3

QUE NOUS APPORTE LE CHIEN ?

Nous venons de voir comment le maître considère son chien, ce qu'il attend de lui, ce que ce dernier représente pour lui. Nous voudrions maintenant savoir, objectivement, si le chien (ou tout autre animal familier) répond réellement à ces attentes, s'il apporte vraiment des choses positives à ceux qui partagent sa vie. Pour le savoir, il est indispensable d'avoir recours à des observateurs plus objectifs que les maîtres. Malheureusement, comme l'ont remarqué Beck et Katcher[39], les recherches sur ce sujet ne sont pas toujours rigoureuses (faiblesse des groupes témoins, erreur d'interprétation, ignorance de thérapies parallèles, etc.).

En fait, il est extrêmement difficile, pour ne pas dire impossible, de quantifier les changements constatés, surtout quand il s'agit de modifications comportementales ou psychiques, comme l'amélioration du moral. Certains chercheurs ont essayé de comparer le rythme cardiaque ou la pression sanguine entre les gens qui ont un animal et ceux qui n'en ont pas. La majorité des malades qui se sont procuré un animal l'ont fait dans le but de faire progresser une situation qui jusqu'alors semblait sans issue, et tous les chercheurs (psychothérapeutes, médecins, infirmiers, gardiens de prison) concluent que la présence de l'animal (chien, chat, lapin, cobaye, hamster, souris, oiseau, poisson) est bénéfique.

En ce qui concerne le bien-être en général, la plupart des chercheurs soulignent qu'il est souvent plus facile d'entrer en contact avec un animal qu'avec ses semblables. En effet, l'animal ne nous juge pas, il nous accepte tels que nous sommes, avec nos sautes d'humeur, nos moments de cafard, nos maladies, etc. Il se montre moins exigeant et se contente du peu que nous lui offrons sans pour autant remettre en question l'intérêt qu'il nous porte, ce qui n'est pas toujours le cas pour nos amis bipèdes. En sa présence, l'humain ne se sent pas obligé de jouer la comédie, car il n'établit pas de relations de compétition avec lui. Alors que les enfants grandissent et quittent peu à peu le foyer familial, alors que les amis peuvent nous abandonner, l'animal reste présent à nos côtés.

Les chiens sont très observateurs, ils détectent des changements de comportement même minimes et réagissent en conséquence, nous donnant l'impression de partager nos émotions. De ce fait, leur seule présence nous apporte un grand réconfort, surtout lorsque la vie ne nous sourit pas.

Beaucoup d'enfants se tournent spontanément vers leur compagnon à quatre pattes pour se rassurer quand ils se trouvent dans des situations stressantes[309]. L'animal facilite aussi le jeu, pousse l'enfant à explorer les environs et à prendre un peu d'indépendance, lui fournit le contact physique dont il a besoin sans lui imposer des relations émotionnelles indésirables, comme cela peut parfois être le cas chez les humains.

Il est aussi plus facile pour l'enfant de projeter certains de ses sentiments sur un animal que sur un être humain[270].

Les animaux en général, et le chien en particulier, nous apportent le sentiment d'être utiles : ils ont en effet besoin de nous, ne serait-ce que pour manger, sortir, être caressés. Devoir tenir compte des besoins élémentaires de l'animal peut en soi être bénéfique, par le simple fait que le maître doit structurer ses journées, poser des jalons. Ce qui peut paraître sans importance pour des personnes actives peut être primordial pour des êtres qui traversent des périodes difficiles. À l'heure de la retraite ou de la mise au chômage, il peut être pénible de se retrouver seul, alors que quelques mois plus tôt on n'arrivait pas à remplir toutes ses obligations. Le chien va aider la personne à se fixer de nouveaux buts : plus question de rester en pyjama du matin au soir, il faut sortir, aller s'oxygéner. Et puis, comme le chien est un animal social qui aime à se mettre en contact avec ses congénères, il amènera son propriétaire à rencontrer d'autres personnes. Par sa seule présence, le chien peut également inciter des personnes sans animaux à adresser la parole à son maître[69, 271, 313].

La possession d'un animal en général, et d'un chien en particulier, a une incidence très favorable et très rapide sur le bien-être[187, 239, 247, 248, 402]. L'animal incite les personnes âgées à rester indépendantes plus longtemps[94, 246] et, en cas de maladie, a un effet positif sur la convalescence[246]. Il serait donc temps d'en tenir compte en cas d'hospitalisation ! Des effets bénéfiques ont été constatés même si l'animal ne prend pas une part active à la relation[174, 248, 249, 397]. Il suffit même d'ajouter un animal à un dessin pour que la scène prenne une connotation plus positive[276].

Les bienfaits apportés par l'animal s'amplifient quand son maître est fragilisé (maladie psychiatrique, emprisonnement, période de déstabilisation, etc.). Par sa seule présence, l'animal aide à créer un dialogue ou à le maintenir[69, 75, 264, 270, 272, 371, 381].

Même les actes de cruauté que l'on fait subir à l'animal ne sont souvent pas des actes gratuits : ce sont la plupart du temps des appels à l'aide liés à une peur interne, à une frustration insupportable, à des événements traumatisants, à un manque d'amour. De tels actes doivent donc être considérés le plus souvent comme les symptômes d'un désordre personnel[430].

À la lumière de ces résultats, il serait absurde de dénigrer les relations que nous entretenons avec nos animaux familiers. Le chien magnifie la vie de tous les jours et peut parfois nous aider à débloquer des situations qui semblent sans issue. Le lien qui unit l'homme à l'animal est certes différent de celui qui unit deux humains, mais doit néanmoins être considéré comme une relation complète.

Ces résultats ne signifient pas pour autant que toutes les difficultés s'évaporent par la seule présence de l'animal. Quelques règles d'or sont à respecter : l'animal est un être vivant et son utilisation à des fins thérapeutiques ne doit en aucune manière compromettre son bien-être. On ne doit jamais l'imposer à quelqu'un qui ne le désire pas, même avec la plus louable des intentions, car il est indispensable que le « courant » passe entre le propriétaire et l'animal. Il est également vivement déconseillé d'offrir un animal en cadeau (à la moindre difficulté, il est alors plus facile de tout mettre sur le dos d'un choix inadapté que de se remettre en question). Sa présence ne devrait jamais représenter une responsabilité trop lourde sous peine de voir le remède devenir pire que le mal. Il est par exemple utopique de demander à un enfant de prendre en charge toute l'éducation du chien, d'attendre de lui qu'il fasse toutes les sorties, qu'il brosse son animal à intervalles fixes.

Il faut savoir également que, dans des circonstances anormales ou dans des cas de maladies psychiques, un humain peut déplacer son besoin d'attachement sur le chien. On court alors le risque de voir se développer une relation pathologique, néfaste aussi bien pour l'humain que pour l'animal, et pouvant conduire à une aggravation des troubles psychiques lorsque l'animal meurt.

Chapitre 4

LE CHIEN PEUT AUSSI POSER DES PROBLÈMES

Si l'on songe au nombre de familles qui possèdent un chien comme compagnon et à tous les aspects positifs apportés par l'animal, on est tenté de conclure que l'intégration de ce dernier ne cause aucun problème. Or, lorsque l'on sait que dans 60 % des cas, les propriétaires du chien décodent mal les expressions de leur animal[134], on peut se demander si tout est vraiment parfait. Écoutez autour de vous et vous entendrez de nombreuses complaintes au sujet de celui que l'on considère comme le meilleur ami de l'homme, et ce, même si l'on ne prend pas en considération le sujet, très terre à terre mais combien médiatique, des excréments dans la ville (il s'agit en fait plus d'un manque d'éducation du maître que d'un problème canin).

Nous allons aborder les problèmes des relations entre le chien et l'humain en nous référant à de nombreuses enquêtes menées dans différents pays. Première constatation : les problèmes sont nombreux et universels. Environ 25 % des chiens ont des problèmes comportementaux plus ou moins importants[16]. Deuxième constatation : si quelques humains essayent de résoudre ces problèmes en demandant conseil à des professionnels, d'autres les supportent stoïquement, ne sachant pas que l'on peut faire quelque chose ou trouvant amusant d'être placés dans de telles situations. On a même vu, à la télévision, un propriétaire qui exhibait fièrement les morsures que son chien lui avait infligées, comme s'il s'agissait de médailles gagnées au champ d'honneur !

Même les gens conscients du problème ne sont pas toujours prêts à le résoudre. Beaucoup abandonnent tout simplement leur animal. En France, ce serait le cas de 25 % des chiens[73] ; en Amérique du Nord, de 35 % des chiots âgés de moins d'un an[387]. Ce risque est plus grand pour des chiots de moins de 6 mois[347]. Douze pour cent des chiens sont placés à la S.P.A. parce que leurs propriétaires trouvent qu'ils exigent trop de temps ou que les responsabilités sont trop grandes[17]. Il s'agit principalement de chiens croisés ou obtenus gratuitement ou presque, et de mâles non castrés[347]. Un grand nombre de chiens sont euthanasiés. Les refuges américains mettent annuellement à mort entre sept et onze millions de chiens. On estime que 50 % à 70 % de ces chiens sont tués à cause de leurs problèmes de comportement*[261]. L'euthanasie pratiquée à la suite de problèmes comportementaux[221] est la principale cause de mortalité des chiens de moins d'un an.

*Ces chiffres ne tiennent compte ni des chiens « endormis » pour des problèmes similaires par des vétérinaires, ni de ceux qui sont tout simplement abattus par leurs propriétaires dans des conditions parfois épouvantables.

LES DIFFÉRENTS PROBLÈMES

Alors, quel genre de perturbations peuvent bien présenter nos chers toutous ? Les conclusions sont plus ou moins identiques, quel que soit le pays considéré. En fait, le comportement n'est jugé problématique par le maître que lorsque ce dernier, ou d'autres personnes de son entourage, ne supportent plus le comportement en question. Certaines personnes se montrent intolérantes au moindre aboiement alors que d'autres acceptent sans problème de se faire régulièrement remettre à l'ordre (morsures) par leur animal préféré. Un même comportement peut être jugé de manière totalement différente. Par exemple, si 24 % des propriétaires de chien détestent voir leur animal donner la chasse aux chats du voisinage, 44 % ne s'en préoccupent pas et 32 % trouvent désirable une telle attitude[262]. Certains des comportements jugés problématiques par les propriétaires sont en réalité des comportements normaux chez les chiens mais non tolérés ou incompris par les humains.

En parcourant la documentation sur le sujet, on voit que, dès qu'humains et canidés entrent en relation étroite, des problèmes ne tardent pas à apparaître. Ces problèmes sont les mêmes partout. À la simple question « votre chien vous pose-t-il des problèmes ? » 86 % des propriétaires rencontrés dans la rue répondent par l'affirmative[7, 71]. Souvent, les maîtres ont même plusieurs sujets de complainte (moyenne de 4,73 problèmes par chien[71]), dont les plus courants sont l'agressivité sous toutes ses formes, le creusage de trous, les destructions, le manque de propreté et les aboiements.

Ces enquêtes nous indiquent qu'il y a des problèmes entre le chien et les humains et qu'ils sont plus fréquents qu'on le croit, mais elles ne nous précisent pas comment les propriétaires les gèrent et pour quels problèmes ils consultent des comportementalistes*. Chez les professionnels, les problèmes les plus courants touchent à l'agressivité (50 % des motifs de consultation[230, 322]). Viennent ensuite les problèmes d'obéissance, de propreté, de destruction et d'aboiement.

En principe, les propriétaires sont conscients de leurs problèmes, puisque l'âge moyen du chien lors de la première consultation se situe entre deux et trois ans[261, 322].

Quarante pour cent des propriétaires ont préalablement demandé à leur vétérinaire de castrer ou d'euthanasier leur chien sans même aborder leurs problèmes[322]. Étaient-ils mal à l'aise de le faire en pensant qu'eux seuls rencontraient de telles difficultés ou pensaient-ils qu'il n'y avait tout simplement rien à faire ? Le fait qu'ils aient par la suite accepté une consultation chez un comportementaliste semble indiquer qu'ils étaient prêts à chercher une solution. Nous sommes donc autorisés à penser que de nombreux chiens pourraient être sauvés.

Bien que, à Genève, les propriétaires semblent réticents à consulter un comportementaliste quand ils éprouvent des difficultés avec leur chien**, le type de problèmes et leur fréquence sont plus ou moins identiques à ceux qu'on observe dans les autres pays. Dans son cabinet de Genève, E. Teroni reçoit régulièrement des appels de maîtres soucieux du comportement de leur chien. Sur la base de 400 appels téléphoniques, nous avons pu identifier les principaux problèmes et leur fréquence*** :

---

*Comportementalistes : personnes ayant des connaissances approfondies du comportement canin et formées pour venir en aide aux maîtres rencontrant des problèmes relationnels avec leur animal.

**Seulement environ le tiers des appels téléphoniques aboutissent à une prise de rendez-vous.

***Comme les propriétaires ont souvent plusieurs sujets de plaintes – en moyenne 1,75 problème sont mentionnés par appel –, les pourcentages dépassent 100 %.

Agressivité	53,75 %
• envers les maîtres	44,65 %
• envers les congénères	42,33 %
• envers des étrangers*	38,60 %
Aboiements	26,50 %
Manque de propreté	19,25 %
Crainte	15,50 %
Destructions	13,75 %
Manque d'obéissance	13,00 %
Fugue	6,25 %
Problèmes liés à la nourriture**	3,00 %
Attaque contre d'autres animaux	2,75 %

*Pourcentages, parmi les chiens agressifs, des individus agressifs envers les maîtres, les congénères et les humains. Le pourcentage est supérieur à 100 ; en effet, certains chiens présentent deux ou trois sortes d'agressivité.
**Ex. : mange des choses non comestibles, anorexie, boulimie, coprophagie (ingestion de matières fécales), « vol » de nourriture, etc.

D'autres problèmes sont évoqués, par exemple la poursuite de voitures ou de joggers, la nervosité, l'automutilation, etc. Mais ils sont si marginaux que nous ne les aborderons pas.

On sait que 61,75 % des chiens présentant des problèmes sont des mâles (247 sur 400), 38,25 % des femelles (153 sur 400). Ces pourcentages ne signifient rien en eux-mêmes si on ne les compare pas à une population de référence. En effet, si la proportion des mâles dans la population dépasse largement celle des femelles, il est normal qu'un plus grand pourcentage de mâles ait des problèmes. Comme nous ne disposons pas de statistiques officielles sur ce sujet, nous avons demandé à quelques vétérinaires genevois de la ville et de la campagne de nous ouvrir leurs dossiers. Ainsi, sur 12 000 fiches vétérinaires, les vétérinaires ont vu 6648 mâles (55,40 %) et 5352 femelles (44,60 %). Ce sera notre population de référence.

L'étude statistique* nous permet de comparer le nombre de mâles et de femelles affectés par des problèmes comportementaux par rapport au nombre de mâles et de femelles de la population de référence. Ainsi, nous pouvons déterminer si les différences dans leur nombre respectif sont dues au hasard ou si elles signifient que l'un des sexes a effectivement plus de problèmes que l'autre. Cette analyse a été effectuée pour l'ensemble des problèmes et pour chacun d'entre eux pris séparément.

Lorsqu'on examine cette population de référence, on découvre que les mâles ont significativement plus de problèmes que les femelles. Quant à la fréquence des problèmes, leur probabilité varie en fonction du sexe (les pourcentages sont établis en tenant compte du nombre respectif de chiens de chacun des sexes) :

	MÂLES	FEMELLES
Agressivité	58,73 %	45,27 %
• envers les maîtres	45,95 %	40,30 %
• envers les chiens	43,24 %	40,30 %
• envers les humains**	37,16 %	41,79 %
Aboiements	27,00 %	25,68 %
Manque de propreté	15,48 %	20,95 %
Peur	12,70 %	20,27 %

*Test de X2 pour deux échantillons indépendants.

**Parmi tous les chiens mâles agressifs, pourcentages des individus mâles agressifs envers les maîtres, les congénères et les humains. Idem pour les femelles. Les pourcentages sont supérieurs à 100 ; en effet, certains chiens présentent deux ou trois sortes d'agressivité.

	MÂLES	FEMELLES
Manque d'éducation	14,29 %	10,81 %
Destructions	12,30 %	16,22 %
Fugue	7,14 %	4,73 %
Problème avec la nourriture	3,17 %	2,70 %
Chasse	2,38 %	3,38 %

Les mâles sont significativement plus agressifs envers leur maître et envers leurs congénères, aboient plus, se montrent plus agressifs envers les humains de rencontre et obéissent moins que les femelles. En revanche, il n'y a aucune différence statistique entre mâles et femelles quant aux problèmes d'élimination dans la maison, de destructions et de peur.

Le quart des chiens ayant des problèmes de comportement sont des animaux croisés ou des bâtards, contre 24,75 % dans notre population de référence. On peut donc penser que les chiens croisés n'ont ni plus ni moins de problèmes que les autres et que leurs propriétaires se préoccupent autant d'eux, ce qui est plutôt rassurant.

Bien qu'il soit impossible de connaître à quel âge les problèmes ont commencé (lors des consultations, certains problèmes viennent d'apparaître, alors que d'autres existent depuis des mois, voire des années), il nous a semblé intéressant de noter l'âge des chiens au moment où leur propriétaire évoque le problème.

Comme nous pouvons le constater, le chien est donc un être à double visage: il peut augmenter notre bien-être certes, mais il peut aussi nous causer de sérieux problèmes. Il serait donc intéressant d'étudier les causes possibles des troubles comportementaux, mais, comme certains de ces problèmes plongent leurs racines dans les premiers mois de la vie du chien, il est nécessaire d'acquérir des connaissances sur le développement de l'animal. Il est en effet important de prendre conscience de l'énorme influence de l'environnement au cours des premières semaines. Le chiot que vous allez acquérir à sept, dix ou douze semaines a déjà tout un passé. Or, comme nous allons le voir, certaines expériences sont indispensables pour que votre ami à quatre pattes devienne un chien équilibré.

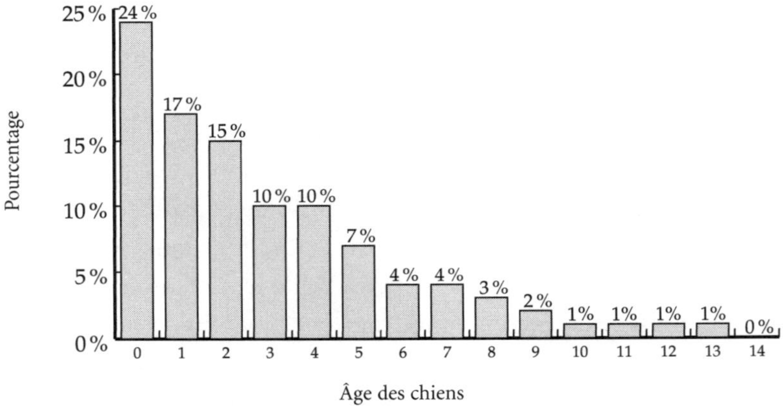

Graphique 2 : Pourcentage et âge des chiens
(0 = moins de 1 an, 1 = 1 an, etc. au moment où leur propriétaire prend contact avec un comportementaliste (E. Teroni) pour discuter du ou des problèmes qu'il rencontre.)

Chapitre 5

LE DÉVELOPPEMENT DU CHIOT

À CHACUN SON RYTHME

Plusieurs auteurs insistent à juste titre sur l'importance des premiers mois de vie du chiot. « La chose qui m'est apparue dans toute son ampleur, c'est l'importance prépondérante de ce temps de la jeunesse du chien pour sa vie ultérieure, mais aussi ce que cela signifie pour notre propre relation avec le chien. Les différentes influences au cours de la première année imprègnent le chien et peuvent être plus fortes que les caractères innés[(425)]. »

De nombreuses observations ont été faites sur le développement du chien. Ce développement peut se diviser arbitrairement en différentes phases, et le nombre des phases varie selon les auteurs. Bien évidemment, les âges que nous indiquerons sont des indications, des moyennes.

En effet, de grandes différences s'observent non seulement entre les races (les chiots de grandes races se développent en général plus lentement que ceux de petites races), mais aussi entre les individus. Scott[389] estime même qu'à l'âge de 3 semaines, il peut y avoir 1 semaine d'écart entre les chiots. Par rapport au développement comportemental du loup européen, le développement du chien se fait en mosaïque, plus rapidement dans certains domaines, plus lentement dans d'autres.

Pour Feddersen-Petersen[134, 136], on ne peut pas parler du « développement du chien », mais plutôt du développement spécifique des races particulières. En effet, certains paramètres varient énormément selon les races, alors qu'ils restent constants à l'intérieur d'une race donnée. Cela signifie que les dates moyennes de l'apparition des divers comportements sont sujettes à de grandes fluctuations raciales*.

D'autres recherches sont actuellement en cours pour étudier non seulement diverses races, mais aussi diverses lignées d'une même race et l'influence des conditions environnementales. Les résultats pourront nous donner de précieuses indications sur les besoins des différents sujets.

Tout en gardant à l'esprit ces observations et en ne nous focalisant pas trop sur les périodes citées, nous pouvons néanmoins diviser le développement des chiots en sept stades :

---

*Par exemple, si les huskies se développent plus rapidement que les loups et que d'autres races de chiens en ce qui concerne la locomotion et le comportement social, chez les bergers allemands, ce sont principalement les comportements olfactifs qui sont en avance. À 5 semaines, le répertoire social des bull-terriers est plus ou moins complet alors que chez les jack russel terriers, les west highland white terriers et les bergers allemands, certains comportements sociaux ne font leur apparition que vers la 9e semaine. Bien que la phase sensible pour la socialisation interspécifique se situe aux alentours de la 7e semaine, on constate des différences entre les races : par exemple, la période de socialisation s'étend de la 2e à la 10e semaine chez le golden retriever mais de la 4e à la 18e semaine chez le labrador ; les labradors nécessitent moins de relations sociales avec les humains que les golden retrievers et des relations sociales moins intenses pour être convenablement socialisés.

- stade 1 : la période prénatale ;
- stade 2 : la période néonatale ;
- stade 3 : la période de transition ;
- stade 4 : la période de socialisation ;
- stade 5 : la prépuberté ;
- stade 6 : la puberté ;
- stade 7 : l'âge adulte.

STADE 1 : LA PÉRIODE PRÉNATALE

L'influence des expériences maternelles

Cette période est peu connue. De nombreuses expériences faites sur des rats montrent que les événements vécus par la mère pendant la gestation ont une influence non négligeable sur le développement futur des ratons. Par exemple, le stress peut exacerber durablement l'émotivité de ses descendants et entraîner une diminution de leurs performances à venir(241, 418, 420).

Le stress provoque des modifications hormonales chez la chienne en gestation, modifications qui, à leur tour, semblent avoir des effets à long terme sur les réponses physiologiques des chiots, sur leurs réactions face à la nouveauté et sur leurs capacités d'apprentissage(150).

Qu'en est-il des états de bien-être de la mère ? Influenceront-ils le tempérament des futurs adultes ? À notre connaissance, peu de recherches ont été faites dans ce domaine. Denenberg et Whimbey(109) ont mis en évidence que les caresses prodiguées à une rate en gestation augmentent l'activité de ses descendants. On peut donc penser que « les capacités tactiles du chiot se développant avant la naissance, il n'est pas exclu qu'une forme d'habituation au contact se produise déjà *in utero,* par caresses données à la mère. Les chiots manipulés de cette façon auraient une tendance au toucher supérieure à celle de chiots nés d'une mère non caressée[103] ».

L'impact des hormones

D'autres influences peuvent se manifester au cours de ce stade. Le système nerveux, qui est en plein développement, est très sensible aux hormones, particulièrement à celles qui sont véhiculées par le sang maternel. Or, juste avant la naissance, sous l'influence des hormones maternelles, les gonades des fœtus mâles vont se mettre à sécréter temporairement (pendant la semaine précédant la naissance et les deux semaines suivantes) de la testostérone. Cette hormone a une influence prépondérante sur le développement futur des chiots mâles. C'est elle qui, en quelque sorte, sexualise l'hypothalamus* et sensibilise certains systèmes organiques aux effets ultérieurs (qui se feront sentir au moment de la puberté) des hormones sexuelles mâles. Au cours de ce processus, il pourrait arriver qu'un fœtus femelle, surtout s'il est placé entre deux fœtus mâles ou s'il y a une majorité de mâles dans la matrice, soit atteint par une quantité suffisante d'hormones mâles pour provoquer un certain degré de masculinisation[219, 220]. Cela a été notamment mis en évidence chez les rats, les souris et les hamsters, espèces chez lesquelles on a constaté que les femelles placées dans l'utérus entre deux mâles se montrent dès la naissance plus agressives que leurs sœurs et se comportent plus comme des mâles que comme des femelles[60, 82, 252, 436, 437]. L'état hormonal précoce est considéré comme un facteur déterminant pour le développement du cerveau, agissant comme un médiateur pour les futures réponses agressives[252].

*Région du cerveau contrôlant le système nerveux végétatif et une partie du système hormonal.

La mise bas

La mise bas peut également être vécue de manière différente par la mère. Le passage de la vie utérine au monde extérieur peut donc exercer une certaine influence sur les chiots. Bien que, chez les canidés sauvages, le mâle et les autres membres de la meute restent dans les environs au moment de la mise bas, certaines femelles se montrent plutôt agressives à leur égard et les maintiennent à distance, surtout pendant les premières semaines de vie des louveteaux[2]. On a pu faire les mêmes constatations en ce qui concerne les canidés domestiques[131, 156, 267]. Il est intéressant de noter que, dans la meute, la relation hiérarchique entre la femelle et le mâle s'inverse parfois au cours de la seconde partie de la gestation.

Quoi qu'il en soit, la mise bas est un événement qui ne passe pas inaperçu. Certains mâles y réagissent en émettant des sons spécifiques d'une très grande pureté, distincts des autres sons du répertoire canin[49]. Nous ne connaissons pas encore la signification de ces sons.

À la lumière de telles différences individuelles, il est normal que certaines chiennes recherchent la compagnie de leur maître à ce moment crucial, alors que d'autres préfèrent s'isoler et se montrent moins tolérantes envers les étrangers. Il est important que la naissance se déroule dans le calme, puisque certaines perturbations environnementales peuvent causer l'interruption momentanée de la mise bas et une augmentation des délais entre les naissances.

STADE 2 : LA PÉRIODE NÉONATALE : DE LA NAISSANCE À 14 JOURS

La période végétative

Cette période est en quelque sorte le prolongement de la vie intra-utérine du stade précédent. Les chiots sont très mal équipés à la naissance, car leur système nerveux n'est pas encore totalement développé, le cortex cérébral est pratiquement inexistant et le tracé encéphalographique d'apparence très plate*[431].

Le jeune se déplace tout d'abord en rampant, car ses membres sont incapables de le soutenir. Vers le 10e jour, il commence à utiliser ses pattes antérieures tout en traînant son arrière-train. Les pattes postérieures entrent en action vers le 15e jour**.

Bien que le cerveau contrôle les battements du cœur, la respiration et l'équilibre (un chiot placé sur le dos est capable de se retourner), il est cependant encore mal organisé. Cela présente toutefois certains avantages, comme de permettre au cerveau de se réorganiser selon les besoins de l'animal et de pallier certains traumatismes, ce qui ne serait pas le cas s'il était complètement développé à la naissance.

Les réponses de l'organisme sont relativement autonomes et de type réflexe***, ce qui n'exclut pourtant pas, comme nous allons le voir, une certaine forme d'apprentissage. En connaissant bien les différents réflexes qui apparaissent ou disparaissent à un âge plus ou moins fixe par rapport à la maturation du système nerveux, on peut assez

*La myélinisation (formation d'une membrane autour des fibres nerveuses ayant pour fonction de favoriser le passage de l'influx nerveux) n'est que rudimentaire à la naissance. L'encéphale ne contient quasiment pas de myéline sauf aux endroits de connexion avec le nerf trijumeau, le nerf facial, la portion vestibulaire du nerf auditif et une partie des nerfs olfactifs. La moelle épinière est encore très immature, sa myélinisation va se faire de manière progressive dans le sens céphalo-caudal[158], ce qui explique que les membres antérieurs du chiot sont fonctionnels avant les postérieurs.
**Au cours des premières semaines de vie, la vitesse de transmission des informations se fait de manière ralentie à raison de 2 m/s. pour atteindre progressivement 120 m/s. Bien qu'aux alentours de 10 semaines, la distribution de myéline soit régulière à travers tout le néocortex, le processus de myélinisation se poursuit jusque vers 9 mois[158]. Par contre, le système neuronal du cortex sensorimoteur, visuel et auditif (densité cellulaire, grandeur des neurones, complexité des dendrites) atteint une maturité relative vers 6 semaines.
***L'ensemble du comportement est sous contrôle sous-cortical.

facilement attribuer un âge au chiot. Par exemple, s'il a tendance à fléchir son corps (position du fœtus) quand on le tient par le cou, il a certainement moins de 5 jours, puisque, à cet âge, ce réflexe est remplacé par le réflexe d'extension qui va se maintenir jusqu'à la période de transition*.

Le développement des sens

Les chiots naissent sourds et aveugles: leurs yeux ne vont s'ouvrir qu'aux alentours du 14e jour (entre le 10e et le 16e jour) et la majorité d'entre eux ne réagissent pas aux sons avant le 19e jour, voire le 25e[395]. D'ailleurs, la mère ne communique jamais par des sons avec ses petits durant leurs premières semaines de vie.

Le sens gustatif semble bien développé: les substances sucrées déclenchent le léchage alors que les substances amères provoquent des mimiques faciales caractéristiques.

Contrairement à ce que l'on entend souvent dire, le chiot est sensible à la douleur, mais il n'y réagit encore que de manière très diffuse. L'amputation de la queue à l'âge de 3-5 jours provoque des vocalisations intenses accompagnées souvent de défécations et de mictions, signes certains de souffrance[335]. Une telle opération, heureusement interdite en Suisse, ne se justifie pas: la probabilité de blessures à la queue (raison souvent invoquée) n'a pas été prouvée scientifiquement**[100].

---

*On observe également chez le jeune chiot le réflexe d'extension croisée: le pincement d'un membre a pour conséquence son retrait accompagné de l'extension simultanée du membre opposé. Il y a également le réflexe du fouissage, celui de l'élimination réflexe et bien d'autres encore. Tous ces réflexes tendent à disparaître avec la maturation du système nerveux.

**La queue joue un rôle important dans la communication intraspécifique. Sa coupe peut diminuer la clarté des signaux; elle peut également perturber l'équilibre du chien.

Les léchages effectués par la mère juste après la naissance semblent jouer un rôle dans l'échange d'informations : la mère s'imprègne de l'odeur de ses chiots et elle imprègne les chiots de l'odeur de sa salive. Ces derniers chercheront très rapidement à s'approcher de tout ce qui porte l'odeur maternelle[(244)], ce qui les aidera à trouver plus facilement les mamelles[(150)]. Lavées au savon, les mamelles n'exercent plus la même attraction. Cela explique pourquoi un chiot nourri au biberon refuse parfois de téter.

Au cours de ce stade, le chiot dépend entièrement de sa mère. Il dort pendant la plus grande partie de la journée (environ 90 % du temps). Il s'agit essentiellement de sommeil agité (paradoxal) au cours duquel on peut observer de nombreux mouvements des pattes et du corps, des contractions de la face, des oreilles et des paupières, des vocalisations. Jusqu'au 17e jour, les tracés de l'électroencéphalogramme sont identiques, que le chiot soit éveillé ou endormi. Les ondes cérébrales se diversifieront vers la 5e semaine.

Les tétées

Le chiot tète environ 7 à 8 fois en 24 heures, mais certaines femelles allaitent beaucoup plus souvent[(202)]. Ces variations peuvent dépendre du tempérament de la mère, de la qualité de son lait, du nombre de chiots, du nombre de portées qu'elle a déjà eues, des conditions environnementales, etc.

Les chiots ne semblent pas choisir une mamelle fixe. En général, ils essayent de se diriger vers les tétines qui produisent le plus de lait (en principe les postérieures) et se poussent les uns les autres. Jusque vers l'âge de 2 semaines, le plus gros des chiots parvient le plus souvent à s'emparer des meilleures tétines. Cependant, si un chiot se trouve déjà en train de téter, il s'accroche si fort que les autres peuvent difficilement le déloger[203].

Juste avant la tétée, le chiot s'agite beaucoup, tourne en rond en rampant et en balançant la tête d'un côté à l'autre. S'il entre en contact avec quelque chose de chaud et de doux, il avance dans cette direction. C'est le réflexe de fouissage *(rooting reflex)*, qui l'aide à localiser les tétines. En fait, toute stimulation tactile de la face déclenche des mouvements de reptation dans la direction d'où vient la stimulation. De même, une stimulation tactile des babines provoque la succion. Pour stimuler la production de lait, le chiot fait des mouvements alternatifs de ses pattes antérieures sur la mamelle. Ce geste se transformera plus tard en geste d'apaisement (ritualisation). Il ne faudrait pas considérer la tétée comme une simple distribution de nourriture: elle joue également un rôle dans l'établissement du lien entre le petit et sa mère[236].

L'élimination

L'élimination n'est pas encore volontaire. Ce sont les léchages de la mère (ou des stimulations de l'abdomen et du périnée) qui déclenchent la miction et la défécation. Au cours de ces opérations, les chiots restent totalement immobiles. Ce comportement se ritualisera pour acquérir une nouvelle signification, devenant peu à peu un geste de soumission passive. Jusqu'à 3 semaines environ, la chienne maintient la propreté de la couche en ingérant selles et urines.

La température corporelle

Des expériences ont démontré que les nouveau-nés ne peuvent pas maintenir une température corporelle normale quand la température ambiante est inférieure à 6 °C ou supérieure à 40 °C, mais leur résistance augmente progressivement : dès le 21e jour, ils sont capables de résister à la chaleur et, dès le 28e jour, au froid[240]. Cependant, comme leurs sensibilités thermique et tactile sont bien développées à la naissance (les chiots ressentent le chaud et le froid et apprécient ce qui est doux), ils sont capables d'atténuer jusqu'à un certain point les écarts de température en modifiant leur comportement. Par exemple, en rampant, ils peuvent s'approcher ou s'éloigner de leurs congénères en fonction de leurs besoins[446].

Ces réactions locomotrices à la température ambiante sont complètement développées à la naissance et peu affectées par l'expérience au cours des trois premiers jours de la vie.

La communication entre la mère et les chiots

Les chiots commencent à vocaliser peu de temps après leur naissance[49, 50], quelques-uns au cours de la mise bas, d'autres lors des premiers léchages maternels ou plus tard. On a noté de grandes différences entre les portées quant à l'apparition des vocalisations, mais on ne sait pas s'il s'agit de différences entre lignées ou entre races. Pendant la mise bas, la mère ne semble pas réagir aux cris des chiots.

Les pleurs ont pour but de signaler un problème (perte de contact avec la mère ou la fratrie, impossibilité de trouver une tétine, souffrance). Les différentes recherches n'ont pas encore défini de façon certaine ce qui fait réagir la mère. Certaines observations nous portent à croire que les pleurs du chiot sont suffisants pour provoquer une réaction maternelle[161]. D'autres observations prouveraient que, pour réagir, la mère doit voir les mouvements de son chiot[50].

L'activité du chiot modifie grandement le comportement maternel : un chiot actif mais silencieux reçoit plus d'attentions qu'un chiot bruyant mais peu actif. Si, par inadvertance, la chienne se couche sur un chiot, elle ne réagit pas aux cris de douleur s'ils ne sont pas accompagnés de mouvements. Cependant, les jeunes – même invisibles – peuvent faire accourir leur mère en émettant un cri de détresse particulier, baptisé «*groan*» par Bleicher. À notre connaissance, aucune recherche n'indique ce qui déclenche ce *groan*. En plus des pleurs, les chiots peuvent émettre des grognements de contentement *(grunt)* quand ils sont bien. Tous ces sons vont se modifier vers le 21e jour.

L'influence de l'environnement

Bien que la vie des chiots soit plus ou moins végétative, il ne faut pas croire que l'environnement n'exerce aucune influence sur eux. En effet, ils sont tout à fait capables de faire certaines associations simples et subissent l'influence du comportement maternel. Par exemple, la fréquence des pleurs ne semble pas être déterminée de manière génétique, mais serait apprise par imitation (expériences suédoises citées par Fogle[150]). Les chiots peuvent être conditionnés à des odeurs[16, 157, 244], à des signaux[93], à différentes manipulations[50, 411], et ils peuvent même être reconditionnés[24, 244].

Si, au cours de ce stade, l'influence des frères et sœurs est faible (le chiot n'établit pas encore de véritables relations avec eux, si l'on exclut le simple contact corporel), l'environnement physique joue par contre un rôle non négligeable. Par exemple, Fox[159] a démontré que de légers stress subis au cours de cette période peuvent être bénéfiques. Certaines stimulations (lumière, son, température, etc.) accéléreraient la maturation du cerveau et favoriseraient son développement*.

*Les neurones deviennent plus larges, les connexions entre neurones plus nombreuses et plus longues. La croissance du système nerveux central est maximale entre 2 et 4 semaines, celle du cerveau est rapide jusque vers 6-7 semaines puis se ralentit brusquement. Seules les synapses qui sont entrées en fonction vont survivre; «dès l'âge de 5 à 7 semaines, le nombre de synapses régresse et les réseaux s'organisent[104]».

Dès leur 2e semaine, les sujets manipulés ont un rythme cardiaque plus rapide et leurs ondes cérébrales lors du sommeil ont une plus grande amplitude que celles des sujets témoins(157). Comme l'amplitude de ces ondes augmente avec l'âge, Fox suppose que les sujets manipulés ont une plus grande maturité que les autres. Ils sont plus actifs, explorent davantage leur environnement et se montrent très sociables envers les humains. On constate l'effet inverse chez les chiots isolés. De telles stimulations apprennent aux chiots à réagir plus calmement, à répondre de manière moins émotive aux nouveautés et à acquérir une plus grande stabilité émotionnelle, ce qui sera bénéfique lorsque, plus tard, ils seront confrontés à des situations complexes d'apprentissage ou lorsqu'ils se trouveront en compétition(269).

Comme l'influence des manipulations varie énormément d'une lignée de souris à une autre(193), il se pourrait qu'il en soit de même chez les chiens. La qualité et la quantité des manipulations nécessaires devraient donc être modulées en fonction des réactions individuelles. Quoi qu'il en soit, un peu de bon sens est nécessaire : des stimulations trop fortes peuvent traumatiser les chiots à vie. S'il n'est pas bon de les déranger sans cesse, il est par contre bénéfique de les caresser et de les stimuler un peu chaque jour. Il ne faut surtout pas les isoler dans un coin. La mère, par son comportement plus ou moins tolérant envers ses congénères ou envers les humains, influencera aussi le nombre de contacts auxquels les chiots seront soumis.

Le comportement des adultes envers les chiots

Tous les chiots, toutes races confondues, présentent des traits communs : une grosse tête, de grands yeux et un petit nez. Ces caractéristiques inhibent en principe l'agressivité chez les adultes de l'espèce et les incitent à prendre soin des petits. Cependant, certains adultes peuvent agresser des chiots inconnus. Un tel comportement a également été observé chez des femelles dans des conditions naturelles. Par exemple chez les dingos, chiens autrefois domestiqués et retournés à l'état sauvage, la femelle dominante tue presque toujours les portées des autres femelles de sa meute. Il semble que dans certaines régions, c'est le moyen le plus utilisé pour réguler le nombre des individus[91]. On a parfois observé un tel comportement chez les louves[298]. Quant aux chiens mâles et jusqu'à preuve du contraire*, leur manque de respect à l'égard des chiots serait plutôt dû au fait que, à travers la sélection humaine, le comportement «paternel» s'est trouvé modifié involontairement.

STADE 3 : LA PÉRIODE DE TRANSITION : DE 14 À 21 JOURS

Le développement des sens

Le début de la période de transition coïncide à peu près avec l'ouverture des paupières et se termine au moment des premières perceptions auditives.

Au cours de ce stade, les coordinations motrices s'améliorent. La démarche n'est pas encore complètement assurée, mais le chiot se déplace de mieux en mieux et de plus en plus vite. Capable de ramper vers l'avant et de reculons, il essaie maintenant de faire ses «premiers pas».

Bien que les paupières s'ouvrent entre le 10e et le 16e jour, le chiot n'a pas encore une vision claire. Ses réactions à la lumière et aux objets mouvants sont encore faibles et variables. Il faut attendre le 21e jour pour que l'orientation visuelle devienne réellement possible. Le canal

*Récemment, des mises à mort de jeunes par des mâles étrangers ont été observées chez un bon nombre de mammifères, notamment chez les lions et certaines espèces de singes.

auditif du chiot s'ouvre entre le 12e et le 14e jour[21]. Les premiers sursauts aux bruits ont été observés entre le 9e et le 15e jour[153]. La localisation auditive commence vers le 16e jour, mais demeure peu stable jusqu'au 26e jour*[21]. Les conditionnements à des signaux lumineux ou sonores sont peu probables avant le 18e jour[182].

Si les chiots passent encore beaucoup de temps à dormir, ils restent éveillés plus longtemps (environ 35 % du temps). Le sommeil lui-même se modifie : les phases de sommeil paradoxal** diminuent pour faire place à des phases de sommeil calme.

Les chiots sont désormais capables de régulariser leur température corporelle. Les réflexes de fouissage et d'élimination disparaissent. Le chiot n'a plus besoin des léchages de sa mère et préfère généralement quitter le « nid » pour faire ses besoins.

Le passage à la nourriture solide

Les premières dents de lait apparaissent. Les jeunes se mettent à manger seuls de la nourriture solide vers le 18e jour. C'est également le début du lapement. Il arrive parfois que, tout comme leurs congénères sauvages, les chiennes régurgitent ce qu'elles ont mangé

*La plupart des auteurs fixaient le premier sursaut au bruit à la fin de ce stade, c'est-à-dire vers 21 jours. Pourquoi de telles différences ? Il pourrait s'agir d'une part de différences génétiques entre les divers sujets testés, d'autre part de différences dans les méthodologies utilisées. Il semble, par exemple, que la réaction des chiots passe du tout au rien en fonction du choix des bruits testés : des sons « neutres » (par exemple un coup de sifflet) provoquent des réactions moindres que des sons ayant une « signification biologique » pour les chiots. Même dans cette dernière catégorie, on observe des réactions plus ou moins intenses : les gémissements de chiots provoquent une plus grande attention que les aboiements de la mère[21].

**Phase du sommeil pendant laquelle le relâchement musculaire est maximal alors que l'activité cérébrale rappelle celle de l'état de veille. La majorité des rêves y prendraient place[353].

pour en faire profiter leurs chiots. Les petits canidés sauvages quêtent d'ailleurs de la nourriture en léchant les babines des adultes de la meute lors de leur retour au gîte. Ce comportement s'observe également chez les chiots et se transformera peu à peu en rituel de salutation, destiné aussi bien aux congénères qu'aux humains, ce qui explique la tendance des chiens à accueillir « leurs » maîtres en bondissant sur eux.

Des relations plus actives

Vers le 14e jour, un nouveau son (baptisé *yelp-whine* par Bleicher[(50)]) apparaît dans le répertoire vocal: un cri de détresse de haute intensité, similaire aux pleurs mais plus puissant. La mère y est extrêmement sensible. Si le chiot se trouve dans une situation qu'il juge effrayante, il accompagnera ce cri d'une défécation, ce qui alertera la chienne en stimulant ses canaux auditif et olfactif.

Nous assistons aux premières relations actives dans la fratrie. Les premiers léchages réciproques s'observent vers le 17e jour et les premiers jeux font leur apparition. Il s'agit de mordillements d'oreilles et de pattes accompagnés parfois par de petits grognements et quelques battements timides de la queue. Bien que les chiots n'aient pas une mamelle « personnelle », un chiot affamé est tout à fait capable de prendre la place de son frère ou de défendre sa place dès l'âge de 2 semaines. Des études ont révélé une hiérarchie linéaire rudimentaire: les animaux les plus lourds sont le plus souvent dominants, ce qui ne sera pas toujours le cas par la suite[(120)].

Les chiots se sentent tellement en sécurité dans leur nid qu'ils n'éprouvent aucun sentiment de peur. Tous les inconnus sont flairés et léchés.

Grâce à tous ces progrès, la découverte du monde peut commencer!

STADE 4 : LA PÉRIODE DE SOCIALISATION : DU 21e JOUR À 10-12 SEMAINES

La maturité des sens

Les ondes électriques du cerveau entre les périodes d'activité et de repos sont maintenant nettement distinctes et, vers la 4e semaine, deviennent comparables à celles de l'adulte*. Le chiot devient assez agile pour courir, sauter et garder son équilibre**. Il s'oriente bien par rapport aux bruits et sa vision est assez bonne***. Jusqu'à 4 mois cependant, la vision reste floue et l'identification des objets ou des individus est difficile, ce qui explique pourquoi certains sujets grognent ou aboient contre des personnes qu'ils connaissent pourtant parfaitement. Ils ne les ont tout simplement pas reconnues(72). L'exploration buccale est intense : les jeunes font connaissance avec les objets en les mordillant.

Le développement des mimiques

Vers la 5e semaine, la face change d'expression et n'est plus le masque rigide du stade précédent. Grâce à l'allongement du museau, au contrôle des muscles des oreilles et des babines, le chiot peut exécuter de multiples mimiques. Vers la 6e semaine, la plupart des comportements des adultes sont acquis (80 % selon Zimen(457)) ; des recherches récentes ont mis en relief de grandes divergences entre les races.

---

*Cependant, le cerveau ne deviendra un système réellement intégré que vers 5 à 6 semaines, époque à laquelle les lobes frontaux terminent leur développement, condition indispensable pour faire des apprentissages complexes.
**Entre la 6e et la 7e semaine, la myélinisation se termine, les coordinations motrices sont de plus en plus semblables à celles de l'adulte ; il en est de même pour le rythme veille/sommeil.
***La myélinisation du cortex auditif se termine vers 10 semaines(157).

Les premiers aboiements retentissent entre le 20e et le 24e jour, pendant les jeux. Les chiots émettent des gémissements qui ressemblent de plus en plus à ceux des adultes. Les grognements apparaissent également mais ne seront associés à des actes agressifs que vers la 8e semaine. Quant aux aboiements agressifs, ils apparaissent rarement avant la 12e semaine[50].

L'adaptation à l'environnement

Dès le début de cette période, le chiot est capable de quitter la couche, mais il préfère rester auprès de ses frères et sœurs. L'exploration des environs se fait plutôt lentement et consiste en de nombreux allers-retours: quelques pas au-delà de la limite du connu et le jeune fait marche arrière à toute vitesse! Placé dans un environnement inconnu, il exprime son désarroi en urinant ou en déféquant, ce qui a pour effet d'attirer la mère. Certains jeunes urinent chaque fois qu'ils franchissent la frontière entre leur univers familier et le vaste monde. Peut-être s'entourent-ils de ces odeurs familières pour se rassurer.

D'après certains auteurs, la période s'étendant entre la 8e et la 10e semaine serait critique pour le chiot, car c'est à cet âge qu'il développerait des réponses d'évitement s'il est confronté à des expériences traumatisantes, qu'elles soient physiques ou «psychologiques[165]». De telles expériences pourraient avoir des effets à long terme[157], surtout si elles ont eu lieu dans les 8e et 9e semaines.

En raison de tous ces progrès, l'individu interagit de plus en plus avec son milieu et ses congénères (parents, fratrie). Les premières relations sociales et les premiers attachements émotionnels se développent. C'est le début des activités de groupe, chacun imitant son voisin.

Au cours de cette période, le chien va découvrir son identité canine, apprendre à reconnaître les espèces amies, s'adapter à son environnement. C'est cette faculté d'apprentissage qui a permis à son ancêtre, le loup, de s'adapter à des environnements si diversifiés, de conquérir de nombreux territoires, de survivre dans des milieux parfois hostiles (de plus en plus souvent, hélas!). C'est elle qui permet aux chiens d'adapter leurs comportements au milieu social où ils vivent et de trouver leur place dans des civilisations humaines extrêmement différentes.

Cette période est délicate en ce qui concerne la formation des relations sociales primaires (les premiers attachements) et l'imprégnation à un milieu. Parce que les expériences que le chien va vivre pendant ce laps de temps sont cruciales pour le reste de sa vie et que certaines d'entre elles sont absolument nécessaires à son équilibre. Si certaines carences peuvent être comblées pendant les périodes ultérieures et certains comportements corrigés, cela ne sera possible qu'au prix de grandes difficultés.

Examinons d'un peu plus près ce qui se passe.

L'imprégnation à ses congénères ou socialisation intraspécifique

L'importance du jeu

À sa naissance, le chiot ne sait pas qu'il fait partie de l'espèce canine et doit apprendre à devenir un animal social. Les six premières semaines de sa vie semblent jouer un rôle primordial dans cet apprentissage, bien qu'il soit encore possible – sous certaines conditions dont nous reparlerons – de combler certains déficits au cours des semaines suivantes. Les diverses recherches éthologiques mettent en lumière le rôle prépondérant des jeux dans l'acquisition de son identité de chien. Les contacts que le chiot entretient avec ses frères et sœurs sont donc très importants, puisque c'est surtout avec eux que les jeux sont les plus intenses et deviennent de plus en plus élaborés. C'est en jouant que les jeunes vont exercer les diverses postures typiques de leur espèce et vont peu à peu leur attribuer une signification grâce aux réactions qu'elles provoquent chez leurs congénères. Ils vont chasser leurs frères, les attaquer, les poursuivre, aboyer contre eux, essayer de leur prendre leurs jouets, solliciter leur participation au jeu, se soumettre, défendre leur « proie ». En bref, se comporter en chien et apprendre ce qui est acceptable ou non dans le monde canin.

Des manifestations précoces du comportement sexuel sont également observées pendant les jeux, déjà vers 3 ou 4 semaines. Aussi bien les mâles que les femelles peuvent ainsi monter leurs frères et sœurs et exécuter même quelques poussées pelviennes.

Comme les vocalisations sont beaucoup plus nombreuses au cours des relations avec les frères et sœurs qu'au cours des relations avec la mère, ce sont surtout les relations entre chiots qui vont leur donner une signification(137). En l'absence de fratrie, ce sont les parents ou d'autres chiens qui vont socialiser le chiot.

L'apprentissage des traits communs aux chiens

L'une des caractéristiques de la socialisation intraspécifique est de ne retenir des congénères que les traits communs à l'ensemble de la gent canine (les caractéristiques aussi bien individuelles que raciales sont négligées). Un chiot correctement imprégné est tout à fait capable de reconnaître un congénère, quel que soit son aspect, qu'il s'agisse d'un chihuahua ou d'un dogue. Il semble donc certain que c'est l'aspect comportemental et non physique qui est pris en compte(291). Cependant, comme certaines caractéristiques raciales (oreilles tombantes, museau aplati) peuvent diminuer l'impact de diverses mimiques, il est souhaitable que le chiot soit, déjà à ce stade, en contact avec des représentants de diverses races, d'où l'importance de lui faire fréquenter des classes de jeux*.

*Sous la conduite de personnes spécialisées, les chiots sont réunis régulièrement afin qu'ils puissent garder un contact suivi avec d'autres chiots et être confrontés au cours des jeux à différentes stimulations, telles que des bruits, des vélos, d'autres animaux, etc.

La socialisation intraspécifique n'exclut cependant pas des préférences individuelles. Les traits particuliers des individus avec lesquels le chiot a grandi et les conditions dans lesquelles il s'est développé peuvent influencer ses préférences futures, aussi bien dans ses jeux que dans le choix d'un partenaire sexuel (voir l'expérience de Fox, citée par Appleby[15]). Si le chiot bénéficie de contacts prolongés à la fois avec des membres de son espèce et avec des membres d'autres espèces, sa socialisation intraspécifique se fera avec les sujets qui lui sont génétiquement les plus proches. Par exemple, des caniches nains élevés en compagnie de chacals et d'autres caniches nains montrent une préférence pour leur propre espèce, notamment au cours des jeux[136].

L'impact de l'isolement

Un chiot nourri au biberon à la suite de la mort ou du rejet de sa mère, ou un chiot placé trop tôt (avant la 6e semaine) dans un environnement humain sera gravement perturbé s'il n'a plus d'interactions ou seulement des interactions sporadiques avec ses congénères. Comme il est « programmé » pour faire une imprégnation, il la fera sur l'espèce avec laquelle il a le plus de contacts, en général les humains, mais il pourra aussi la faire sur d'autres espèces animales. Des chihuahuas élevés dès l'âge de 3 semaines avec des chatons préfèrent à 12 semaines la compagnie des chats à celle de leurs frères et sœurs élevés normalement[155]. Ils peuvent néanmoins se resocialiser rapidement une fois remis en contact avec leurs pairs[157].

« Un chien isolé socialement des autres chiens se montre par la suite asocial vis-à-vis d'eux, soumis à l'extrême ou alors tellement asocial qu'il en est agressif[355, 356] ». Il peut réagir par une excitation diffuse[311], rester complètement passif, ne pas savoir répondre à l'agressivité de ses congénères, jouer de manière indépendante en les ignorant. En un mot, il est peu probable qu'il établisse de vraies relations avec ses congénères[147, 311]. Réciproquement, les autres chiens ont tendance à rejeter un congénère non socialisé à son espèce et peuvent, dans les cas extrêmes, se montrer très agressifs à son égard, jusqu'à le prendre en chasse comme s'il s'agissait d'un individu d'une autre espèce.

Même un isolement social de courte durée (par exemple une semaine entre la 4e et la 5e semaine) peut provoquer des déficits semblables à ceux observés après un plus long isolement. Réinsérés dans leur fratrie, les chiots jouent seuls et préfèrent explorer les objets inanimés plutôt qu'entrer en contact avec leurs pairs[168].

Mais si le chiot n'a pas eu la chance de grandir avec des compagnons de son espèce, y a-t-il un espoir de correction par la suite? Contrairement à ce qui se passe chez quelques espèces (certains oiseaux par exemple) où l'imprégnation (ou empreinte) est immédiate et souvent irréversible, le chien réagit de manière plus souple. Tout dépend de l'âge du chiot, de son tempérament et de l'environnement. Élevé en isolement complet jusqu'à 9 semaines, un jeune peut récupérer son retard très facilement s'il est réintroduit dans un groupe. D'ailleurs, il semble que la notion de groupe soit très importante et que la présence de chiots normalement socialisés soit extrêmement bénéfique. À 16 semaines cependant, il n'y a plus guère d'espoir: le chiot non imprégné sera rejeté et attaqué[147].

La présence de compagnons de jeux du même âge ou d'un âge proche semble tout aussi importante si l'on veut que notre futur compagnon sache modérer la pression de ses mâchoires lorsque, plus tard, il jouera avec nous. Cet apprentissage – appelé « inhibition de la morsure » – se fait aux alentours de la 5e semaine grâce aux réactions que ses comportements déclenchent chez ses pairs lorsqu'il joue trop brusquement avec eux. S'il serre trop fort les mâchoires, il provoquera une certaine souffrance et une réplique de son compagnon qui le mordra à son tour. Il y a de fortes chances pour que le jeu se transforme en bagarre. Comme chaque morsure est immédiatement sanctionnée par la contre-attaque de son vis-à-vis, le chiot apprendra petit à petit et tout naturellement à modérer la pression de ses mâchoires. Cependant, les humains doivent continuer cet apprentissage en réagissant de manière ferme chaque fois que le jeu devient douloureux. Souvenez-vous que les petites dents de lait vont rapidement se transformer en redoutables canines et que votre petit ami est en train de vous tester. Nous en reparlerons.

Pour que ces apprentissages perdurent, il faut que l'animal ait la possibilité de garder des contacts avec ses pairs. Sinon, il risque de se désocialiser. Si, chaque fois que vous voyez pointer au loin une truffe et un bout d'oreille, vous vous précipitez pour saisir à bras le corps votre toutou, vous ne lui rendez pas service !

La socialisation interspécifique

L'importance des contacts positifs

Au cours de la même période, surtout jusqu'à la fin du 3e mois, le chiot s'habituera aux différentes espèces animales (y compris l'homme) qu'il côtoiera. La tendance à former des liens émotionnels avec les êtres qui l'entourent semble très forte, puisque ces liens se forment même si le chiot est traité avec indifférence ou même légèrement puni[(394)].

Dès la 3e semaine, le chiot est attiré par tout objet nouveau, surtout s'il est animé. Une fois acquise une certaine familiarité avec les différentes espèces qu'il côtoie, il aura tendance à considérer ces espèces comme des espèces amies : ayant appris à les connaître au cours de son jeune âge, le chien ne les craindra plus et se montrera amical à leur égard.

Des recherches ont cependant démontré que, contrairement à ce qui se passe lors de l'imprégnation intraspécifique, l'imprégnation interspécifique (tout au moins celle concernant les hommes, qui a été mieux étudiée) semble être beaucoup plus individualisée. S'il n'a des contacts qu'avec un certain type de personnes, le chien risque d'éprouver plus tard une certaine crainte à l'égard d'autres personnes présentant des caractéristiques physiques ou comportementales différentes. Pour qu'il soit le plus sociable possible, le chiot doit établir des contacts positifs très étendus avec de nombreux types de personnes. Des bébés, des enfants de différents âges, des hommes, des femmes, des adolescents, des jeunes adultes, des personnes âgées, etc. Ce sont les différences comportementales observées entre ces catégories d'êtres humains qui expliquent parfois les réactions agressives de certains chiens envers les enfants. Leur brusquerie et leur manifestation de tendresse intempestive peuvent être mal interprétées par un animal qui n'a jamais appris ce qu'est le comportement typique d'un jeune enfant.

Grâce à certains travaux, nous pouvons comprendre un peu mieux comment cette socialisation se déroule. L'âge du chiot au moment de ses premiers contacts avec des humains influencera non seulement son comportement immédiat, mais aussi les relations futures qu'il établira avec les hommes. À 3 semaines, les premiers contacts avec un expérimentateur passif sont aisés et très intenses ; à 5 semaines, si le chiot se montre réticent au premier abord, il surmonte vite ses craintes et devient rapidement très amical. Passé cet âge, le contact devient plus ardu et demande parfois quelques jours(173). Les difficultés augmentent si l'expérimentateur se montre actif et s'il essaie de toucher l'animal, ou si ses gestes sont brusques. La peur peut même se transformer en agressivité(311).

L'impact d'un manque de contact avec les humains

Les chiens élevés en isolement jusqu'à la 14e semaine réagissent à l'approche humaine par un état d'excitation émotionnelle diffuse et courent dans tous les sens, tandis que ceux qui ont bénéficié d'une seule semaine de socialisation entre la 3e et la 9e semaine s'approchent sans crainte.

La période s'étendant entre la 3e et la 7e semaine est celle au cours de laquelle les chiots se montrent les plus réceptifs à la socialisation interspécifique, tout au moins en ce qui concerne les humains(354, 395). La 7e semaine semble être un sommet à partir duquel la capacité de socialisation commence déjà à diminuer(394). À partir de la 8e semaine, la peur prend le pas sur la motivation à établir des contacts(147). Il est donc impératif que, entre la 3e et la 13e semaine, le chiot ait des contacts avec des représentants de notre espèce si l'on veut qu'il puisse par la suite établir des relations normales avec nous.

Cependant, bien socialiser un chiot ne suffit pas : encore faut-il maintenir un bon niveau de socialisation pour que les effets perdurent. Priver un chiot de 12 semaines de contacts humains pendant deux semaines peut influencer négativement et à long terme son attitude à l'égard des hommes en général(354), mais aussi à l'endroit de ses maîtres, si ces derniers se sont montrés indifférents(162). Le maintien des contacts est encore plus important quand nous avons affaire à des sujets timides. Enfin, une socialisation même limitée, entre la 5e et la 9e semaine, semble faciliter l'apprentissage de la marche en laisse(173).

Contrairement à la conclusion pessimiste de Freedman et de ses collègues(173), d'autres auteurs ont montré qu'un loup ou un chien adulte non socialisé à l'homme peut apprendre à développer une bonne relation avec lui, mais ce processus est long, requiert beaucoup de patience et reste limité : l'animal établira des relations privilégiées avec les personnes connues, mais continuera à se comporter en animal sauvage face aux inconnus(334, 450).

Comment assurer une bonne socialisation

Y a-t-il des choses à faire pour que cette socialisation interspécifique soit la meilleure possible ? La distribution de nourriture se surajoutant aux caresses ne semble pas augmenter l'attachement à l'homme*[62], et le processus de socialisation ne paraît pas inhibé par les punitions[147], sauf pendant les périodes très délicates[158]. Bien que ce processus puisse être mis en échec par la pauvreté de l'environnement, il semble inévitable, comme si une « force » intérieure poussait le chiot à établir des contacts[396].

Il reste à savoir combien de temps il faut consacrer aux chiots pour assurer leur socialisation. Si, pour le chien, la socialisation aux humains est relativement rapide, c'est sans doute grâce à la domestication[135]. En effet, pour Fuller[177], il suffit de sortir les chiots de leur cage d'isolement vingt minutes par semaine (chaque session comprenant des jeux, des manipulations, etc.) pour qu'ils se comportent comme des chiots non isolés. Wolfle[448] va encore plus loin, puisqu'il pense que cinq minutes par semaine suffisent. Ces affirmations valent éventuellement pour des chiots de laboratoire qui passeront toute leur vie dans un environnement pauvre, avec des contacts interspécifiques limités au minimum. Quant à nous, nous pensons qu'une socialisation si limitée ne peut en aucun cas rendre le chien apte à la vie familiale. Pour que le chien soit vraiment socialisé, de nombreux contacts journaliers (avec jeux, caresses, etc.) sont indispensables. Enfin, une bonne socialisation aux humains influence à la fois le comportement du chien face aux humains et son comportement avec ses congénères, et ce, même s'il a toujours bénéficié de contacts intraspécifiques[138].

*Bien que la faim semble accélérer ce processus[128], la relation plus intense établie entre le chiot et son soigneur pendant la période de privation alimentaire ne persiste cependant pas quand le chiot est de nouveau nourri à volonté.

L'attitude des chiots à l'égard des humains peut également être influencée par leurs géniteurs, génétiquement ou par imitation*[63, 124]. Wilsson[447] va plus loin en émettant l'hypothèse que l'attitude de la mère envers ses chiots influence la familiarité avec laquelle ces derniers établiront, vers l'âge de 8 semaines, des contacts avec une personne se tenant passivement dans leur enclos. Si les relations mère-chiots sont très intenses (nombreuses morsures inhibées pour les rappeler à l'ordre ou nombreuses séances de léchage), les chiots semblent avoir plus de mal à établir un contact avec l'humain.

Tous les sujets ne se comportent pas pareillement et certaines races de chiens (ou certaines lignées) semblent se socialiser plus ou moins rapidement que d'autres, et semblent rattraper plus ou moins vite leur retard[134, 135, 394].

L'imprégnation sur l'environnement

Le milieu (objets, bruits, odeurs, etc.) dans lequel se déroulent les premières semaines de vie du chiot aura aussi une influence prépondérante sur ses réactions futures face aux nouveautés. En découvrant son environnement immédiat, puis en explorant les alentours, le chiot apprendra à identifier tout ce qui l'entoure. Ce milieu constitue une sorte de cadre de référence qui servira de modèle avec lequel seront comparées les situations nouvelles que le chiot devra affronter. Ce phénomène lui permettra de régulariser son émotivité et il n'aura par la suite aucune réaction si la situation lui semble « normale ». Cette imprégnation au milieu (une sorte d'apprentissage par habituation) se fait en parallèle avec le processus de socialisation dont nous venons de parler.

Si l'on considère les pleurs comme un signe d'anxiété, on s'aperçoit que, dès l'âge de trois semaines, le chiot commence à faire la dif-

---

*Il est évident que si la chienne manifeste des signes de peur à l'approche de tout être humain, les chiots apprendront très vite à craindre tous les hommes.

férence entre un lieu familier et un lieu inconnu(147) sur la base de ses caractéristiques chimico-sensorielles(308). À 4 semaines, il reconnaît sa mère et sa fratrie de la même manière(226). Vers la 7e semaine, la réaction du chiot placé dans un enclos inconnu et vide est la plus forte(129). Ses vocalisations diminuent entre les 5e et 8e semaines si l'enclos contient divers stimuli et s'il a été mis en contact avec un être humain le jour précédant l'expérience(167).

En grandissant, le chiot acquiert donc plus de confiance en lui. Il vocalise moins et son activité augmente d'autant plus qu'il a déjà eu l'occasion d'être confronté à la nouveauté. Comme les auteurs cités plus haut ont utilisé pour leurs expériences des environnements très semblables, nous ne pouvons pas généraliser leurs résultats et conclure que tous les problèmes d'adaptation se résoudront d'eux-mêmes par habituation et maturation. En effet, si le niveau moyen de stimulation est extrêmement bas, ce qui est le cas pour des chiots élevés en isolement, le degré de stimulation requis pour maintenir son équilibre sensoriel (appelé « homéostasie sensorielle ») est bas et l'animal ne se sent à l'aise que dans un milieu peu stimulant. Placé dans un milieu plus riche, ces animaux répondent à des stimulations modérées de la même manière que des chiens élevés normalement répondraient à des stimulations très fortes. Une augmentation des stimuli (en nombre ou en intensité) provoquera une attention accrue, suivie – selon les cas – de réactions de peur qui pourraient vite se transformer en panique. Dans certains cas, notamment lorsque la fuite est impossible, l'animal s'en prend à son propre corps (il se mordille sans cesse la queue, se lèche les pattes ou d'autres parties du corps, se ronge les griffes, etc.). Certes, ces automutilations causent parfois des lésions importantes, mais néanmoins elles permettent de diminuer l'anxiété.

Pour un chien élevé dans un milieu totalement différent de celui dans lequel il est ensuite amené à vivre (par exemple un chien élevé à la campagne et transporté en ville après l'âge de 12 semaines), les troubles sont parfois si importants qu'il est préférable de replacer le chiot dans son milieu d'origine. L'inverse peut également se produire : un chien élevé dans un milieu extrêmement riche, puis placé dans un milieu plus pauvre, peut s'adonner à des mouvements stéréotypés (tourner en rond, faire des va-et-vient incessants et rigoureusement identiques, etc.) qui lui permettent d'augmenter son niveau de stimulation.

Le phénomène de l'imprégnation au milieu peut aussi expliquer les difficultés rencontrées par certains chiots au cours de l'apprentissage de la propreté. Un chiot élevé jusqu'à l'âge de 3 mois dans un chenil et habitué à éliminer sur un sol bétonné se retiendra souvent d'éliminer dans l'herbe et attendra le retour à la maison pour se soulager sur le carrelage de la cuisine, tout simplement parce qu'il a appris à faire ses besoins sur ce genre de surface ! L'imprégnation alimentaire peut également expliquer les difficultés qu'ont certains sujets à accepter une nouvelle nourriture.

Les effets de l'isolement

Lorsque l'isolement est sévère et de longue durée (de 7 à 10 mois), les chiens peuvent présenter des perturbations comportementales dans un milieu semblable à leur environnement familier. Ils se montrent alors soit hyperactifs et leur activité est diffuse et non dirigée[(81)], soit hypoactifs au point où certains se couchent et s'endorment. On parle alors d'un « sommeil hypnotique de déplacement face à une activation émotionnelle trop intense[(110)] ».

Des expériences, même très limitées, faites pendant la période d'isolement peuvent se révéler bénéfiques. Une ou deux expositions brèves à un nouvel environnement contribuent à augmenter le nombre des explorations et à diminuer les vocalisations[(167, 419)]. De simples contacts visuels de courte durée peuvent aussi porter leurs fruits[(157)].

Ces divers résultats démontrent que la pauvreté de l'environnement a un effet néfaste sur la curiosité des chiots, tandis qu'un milieu riche les pousse à explorer toujours plus les nouveautés*[453].

L'isolement a des effets encore plus étranges et inattendus : il rend les chiots incapables d'adopter les comportements qui leur permettraient d'échapper à des stimuli douloureux, et ce, même deux ans après leur sortie de l'isolement[310] !

À nouveau, les divers faits cités doivent être considérés comme des généralités, puisque tous les animaux ne réagissent pas de la même façon. Des chiens peureux seront beaucoup plus affectés par un isolement précoce que des chiots plus téméraires. Certains auteurs pensent que certaines races de chiens seraient plus sensibles que d'autres aux effets de l'isolement, même peu sévère.

L'acquisition de la notion de hiérarchie

L'acquisition de la notion de hiérarchie se fait tout d'abord dans le cadre des relations que le chiot établit avec sa mère – éventuellement avec son père – et avec, ses frères et sœurs, pour ensuite s'étendre aux membres de la famille humaine dans laquelle il vivra.

Le changement du comportement maternel

Vers la 3e ou la 4e semaine, la plupart des chiennes modifient leur comportement et se montrent moins tolérantes lors des tétées. Elles allaitent dorénavant en position debout pour des périodes de plus en plus courtes. Le sevrage proprement dit peut commencer entre la 4e et la

*Bien qu'au sortir d'une période d'isolement, l'électroencéphalogramme montre des salves d'activité désynchronisées (pour un isolement s'étendant au-delà de 10 mois, l'électroencéphalogramme reste anormal)[159], les différences comportementales entre sujets élevés normalement ou en isolement ne semblent pas être dues à une diminution des aptitudes mais plutôt à un état de stress qui provoquerait une sorte de blocage.

7e semaine, selon les mères. La chienne quitte de plus en plus souvent ses chiots et commence à les repousser activement quand ils cherchent à téter. Elle grogne ou pratique une morsure inhibée au museau si les petits insistent ou sont trop turbulents[202, 287]. Chaque mère réagit en fonction de son tempérament, de son passé et du tempérament de ses chiots. Il se pourrait que de telles différences individuelles aient une incidence sur la plus ou moins grande facilité avec laquelle ces derniers seront ensuite éduqués par les humains[169, 172, 447].

Le rôle du père

Les recherches menées par Trumler[425] sur des meutes de dingos démontrent que le père a un rôle important à jouer dans l'éducation de ses rejetons. Lorsque les jeunes dingos quittent le terrier pour la première fois, vers 21 jours, le mâle est dans tous ses états. Infatigable, il cherche à jouer avec eux, les saisit, les lance en l'air. Les chiots vont alors se jeter sur le dos ou regagner la sécurité du terrier, ce qui peut être un apprentissage capital pour la survie. Passé ce premier cap, le père se montre extrêmement tolérant : il veille à ce qu'aucun autre chien ne touche à la nourriture avant que ses rejetons soient rassasiés ; il se laisse même « voler » la nourriture de la gueule. Cependant, plus les jeunes grandissent, plus il fait valoir ses droits.

Quand ils ont la possibilité de côtoyer leurs rejetons, les chiens mâles ne participent pas tous aussi intensément à leur éducation (dans nos conditions d'élevage, les « aptitudes paternelles » ont peu d'importance et les humains ne les ont pas retenues au cours de la sélection artificielle). Certains remplissent bien leur rôle alors que d'autres s'en désintéressent très vite, mais les mâles se montrent rarement agressifs envers les chiots, connus ou inconnus, bien que l'on ait déjà observé des mises à mort de chiots par leur père (expériences allemandes citées par Althaus[11]).

Tout comme le comportement de la chienne, celui du chien face à ses rejetons n'est pas sans influencer leur comportement. Des chiots durement disciplinés par leur père semblent plus enclins à adopter des comportements agressifs que des chiots élevés par un mâle bienveillant (recherches citées par Abrantes[4]).

Certains chiens sauvages (vivant sans contact avec les humains) ont été observés alors qu'ils jouaient avec leurs chiots. Cependant, contrairement à ce qui se passe chez les loups, ils n'ont jamais participé à l'apport de nourriture. Chez les chiens, il semble que ce soit seulement la mère qui remplisse cette tâche. Des observations menées en parallèle sur des groupes de loups et de caniches élevés dans des conditions semblables démontrent que la domestication et la sélection artificielle ont nui à l'intégration des jeunes chiens dans le groupe des adultes. Alors que les louveteaux sont pris en charge par le mâle alpha (le mâle dominant) et par les subadultes à l'âge de 1 mois et demi, les mâles caniches adultes et subadultes semblent plutôt éviter d'entrer en relation avec les chiots. Les premiers vrais contacts entre eux ont lieu à la puberté, au moment où, attirés par les jeunes femelles, les mâles adultes éloignent agressivement tous leurs congénères de même sexe, y compris les jeunes mâles[136, 137]. Il ne faut cependant pas généraliser ces résultats, puisqu'on observe des variations comportementales entre races et lignées.

Le rôle des autres adultes

Quoi qu'il en soit, les chiots doivent apprendre peu à peu à respecter leurs aînés. S'ils ne le font pas spontanément, ils seront vite rappelés à l'ordre. À 2 mois et demi, le chiot sera grondé s'il s'approche d'un adulte, mâle ou femelle, en possession d'un os. S'il se trouve lui-même en possession de l'os, il se le fera sans doute ôter par un chien mâle, connu ou inconnu (à cet âge, les femelles se montrent beaucoup plus tolérantes). À 6 mois, il a tout intérêt à faire son deuil de l'os[120] ! La fin de la tolérance à l'égard des chiots est associée à l'augmentation du niveau de testostérone qui se produit chez les mâles entre 4 et 6 mois, avec un pic aux alentours de 10 mois (avant de décliner peu à peu pour atteindre le niveau des adultes).

Bien entendu, au cours de la période de socialisation, il s'agit pour les chiots de respecter leurs aînés en évitant de dépasser les bornes. Ils continuent à occuper une place à part et ne sont pas encore intégrés dans la hiérarchie des adultes.

La hiérarchie dans la fratrie

Cet apprentissage de la hiérarchie va encore évoluer grâce aux contacts entre frères et sœurs. Dès les premières chamailleries, en fonction des réactions que suscitent ses comportements (il fait de même par rapport aux humains avec lesquels il vit), le chiot prend conscience peu à peu de la notion de rang social dans la fratrie. L'établissement d'une relation hiérarchique avec ses pairs est un processus normal qui prépare l'intégration future des jeunes dans la meute des adultes. Chaque chiot essaie de défendre sa nourriture, parfois avec acharnement, et il apprend à faire respecter ses droits. Cependant, les débuts de la hiérarchisation dans la fratrie sont encore très flous et varient en fonction des circonstances et de la motivation de chacun.

Un début de hiérarchisation corrélée avec le poids du chiot peut s'observer dès la 2e semaine, quand un chiot affamé en repousse un autre ou défend « sa » mamelle[120]. D'autres observations faites auprès de différentes races ont montré que, aux alentours de 5 semaines, 31 % des relations dans la fratrie peuvent être qualifiées de relations de dominance[348, 395]. Ces relations sont d'abord fluctuantes, puis se stabilisent peu à peu, tout au moins en ce qui concerne les rangs extrêmes qui semblent clairement établis vers la 8e semaine[120, 159, 452].

Vers 3 ou 4 mois, la hiérarchie devient linéaire et relativement stable. À cette époque, le rang est fortement corrélé avec le sexe, le poids et la tendance exploratrice de chacun des sujets (les chiots mâles, les plus lourds et les moins peureux face à la nouveauté occupent souvent les rangs les plus élevés). Si différentes fratries sont mélangées, les déterminants du rang sont en général le sexe et l'âge (les mâles ou les sujets les plus âgés occupent les rangs les plus hauts(120)). Par contre, les chiots élevés en isolement perdent leur droit d'aînesse(311). Les agressions deviennent moins directes et prennent la forme de démonstrations de dominance ou de soumission avec quelques combats, plutôt occasionnels.

Cependant, dans quelques lignées de certaines races (notamment les bull-terriers), il arrive que les chiots doivent être séparés vers la 6e ou la 7e semaine, car les animaux s'infligent de graves blessures. On assiste parfois à la formation de gangs qui s'acharnent sur les plus faibles. De tels comportements sont anormaux et sont apparus à la suite de la sélection artificielle faite par l'homme. Dans des cas extrêmes, on obtient des comportements si aberrants que la survie même des individus est compromise(385).

Mesure des tendances sociales

En ce qui a trait aux tendances sociales des chiots par rapport aux humains mesurées par les tests de Campbell (test d'évaluation du comportement), on n'observe aucune corrélation entre la 7e semaine (premier test) et la 16e semaine (second test), et ce, pour de nombreuses races étudiées. Cinquante pour cent des sujets passent de la catégorie « dominant » à la catégorie « neutre », ou de « neutre » à « soumis » ; et 12 % deviennent plus dominants(33).

Comme on peut le constater, le stade de la socialisation est extrêmement important pour le développement de nos chiens. Mais ce que les chiots ont acquis durant ce processus n'est pas fixé définitivement. Il faut que les chiots puissent maintenir des contacts avec d'autres chiens (chiots ou adultes) et avec des humains (hommes, femmes, bébés, enfants, adultes, personnes âgées), et qu'ils puissent connaître toutes sortes d'environnements. Un chiot confiné dans un jardin sans possibilité d'en sortir perdra une grande partie de son acquis et pourra se désocialiser, ou s'effrayer des nouveautés.

STADE 5 : LA PRÉPUBERTÉ : DE 10-12 SEMAINES JUSQU'À LA MATURITÉ SEXUELLE

Une place à part entière dans le groupe

Au cours de cette période, appelée aussi période juvénile, les divers comportements ne changent pas de manière significative, si ce n'est que les chiots deviennent plus adroits dans leurs mouvements. On assiste à la stabilisation du rang social entre frères et sœurs. Cette hiérarchie est à la base de la répartition des rôles lors de la chasse en commun chez les loups ou les chiens sauvages. Les bagarres sont rares, car les jeunes chiens sont maintenant capables de réagir de manière nuancée et d'adapter leur comportement à chaque situation. Les remises en question se terminent le plus souvent par l'adoption de mouvements ritualisés exprimant domination ou soumission. Ce n'est plus seulement la force physique qui compte pour obtenir un rang élevé, c'est surtout l'intelligence et la force de caractère. Les parents, reconnus comme chefs de meute incontestés, exercent leur autorité, et souvent un seul regard suffit pour faire rentrer dans le rang le plus récalcitrant. Le groupe parental s'est transformé en meute dans laquelle les jeunes sont devenus des partenaires à part entière. Ils prennent part à la défense territoriale et, avec leurs aînés, en chassent les intrus.

Ils commencent également à aboyer en entendant différents bruits, surtout la nuit[50]. Le père organise beaucoup de jeux qui préparent les jeunes à la chasse.

Les chiens retournés à l'état sauvage deviennent indépendants à 4 mois[99].

Une période sensible

Selon Brunner[64], entre le 4e et le 6e mois, le chien traverse une autre période sensible au cours de laquelle il sera marqué plus fortement par des événements traumatisants. Cela est à mettre en parallèle avec les observations de Fox[156] : entre le 3e et le 5e mois, le loup devient tout à coup très peureux (à un degré qui n'avait jamais été observé) face à de nouveaux stimuli et à des personnes étrangères ; et puis il réagit fortement à toute modification du milieu. Cette crainte par rapport à toute nouveauté renforce l'attachement des louveteaux aux membres de leur meute et augmente leur méfiance face aux loups inconnus. Ce processus est très important, puisque la première cause de mortalité des louveteaux, au Minnesota notamment, est la mise à mort par d'autres loups[307]. L'intensité et la durée de la perturbation sont dépendantes du lieu : elles sont plus importantes dans un milieu familier que dans un environnement inconnu.

Bien que les capacités d'apprentissage des chiots soient grandes, il est déconseillé à cet âge de leur faire effectuer des tâches difficiles, car ils ont encore tendance à s'exciter pour un rien et ont de la peine à maintenir une attention soutenue pendant de longues périodes.

Pour Feddersen-Petersen[134], il y a une nouvelle phase de socialisation entre le 6e et le 9e mois ; les expériences vécues à cet âge vont consolider les tendances sociales du chien ainsi que son assurance.

La relation avec les humains

Dans la famille humaine, le chiot se montre en principe soumis et facile à éduquer. Il s'attache d'abord à des personnes particulières et montre ses premières réactions d'aversion à l'égard des étrangers, à l'instar de ce qui se passe dans la meute.

STADE 6 : LA PUBERTÉ

L'augmentation de l'agressivité

Si la puberté apparaît soudainement chez les femelles avec les premières chaleurs – généralement entre 10 et 12 mois(231) –, elle se fait plus progressive chez les mâles et est associée à l'augmentation du niveau de testostérone. Celui-ci atteint un sommet vers 10 mois(120) avant de se « stabiliser » à un niveau inférieur. La maturation sexuelle se décèle lorsque les mâles commencent à lever la patte.

Au cours de cette période, le corps subit de nombreuses modifications hormonales qui contribuent à augmenter l'agressivité à l'égard des congénères de même sexe. Au moment du pic de la testostérone, les chiots mâles se trouvent constamment en butte aux harassements des mâles adultes auxquels ils doivent apprendre à se soumettre. Dans des groupes comprenant entre 10 et 20 chiens de même sexe et de même âge, on observe souvent de graves combats, parfois mortels, au moment de la puberté(211). Ces combats sont plus sévères entre les femelles, principalement au moment où une femelle de bas rang est en rut, ce qui la fait monter dans la hiérarchie(135).

Le chien, mâle ou femelle, peut également montrer une certaine agressivité à l'égard de ses propriétaires dans le but d'établir son rang dans le groupe familial. Selon Overall et Beebe(344), les femelles qui vont développer une agressivité de dominance envers les humains commencent très tôt, souvent avant 6 mois, à montrer de l'agressivité envers leurs maîtres. En ce qui concerne les mâles, bien que certains sujets soient également précoces, cette agressivité se développe plutôt au moment de la maturité sociale, entre les 18e et les 24e mois, voire plus tard.

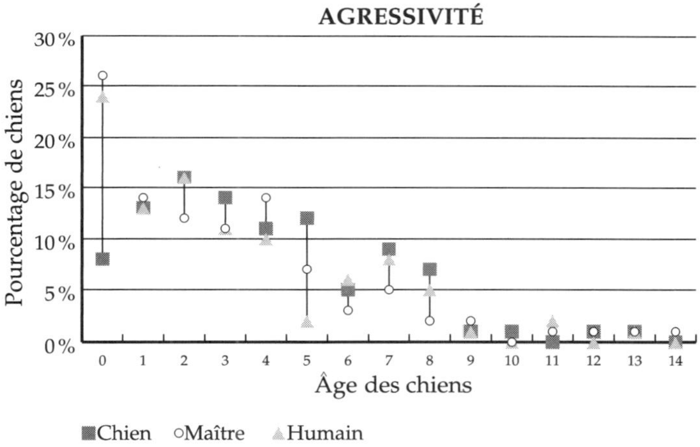

Graphique 3 : Pourcentage et âge des chiens en années qui manifestent de l'agressivité à l'égard de leur maître, d'humains en général ou d'autres chiens. Données obtenues sur la base de 400 appels téléphoniques de maîtres se plaignant de problèmes comportementaux de leur chien.

Il est intéressant de constater que l'agressivité envers les maîtres et les humains inconnus semble se développer beaucoup plus tôt que l'agressivité envers les congénères (connus ou inconnus). Deux hypothèses nous viennent à l'esprit : soit les humains émettent des signaux ambigus qui laissent croire au chien qu'il pourrait prendre la tête de la meute – les menaces sont alors émises pour tester l'humain ; soit ils démissionnent complètement et abandonnent au chien tous les privilèges réservés au chef – les menaces sont alors des avertissements et les morsures, des sanctions.

La perturbation des comportements habituels

La période de la puberté est très difficile pour les propriétaires (et pour les chiens qui cherchent leur place) et rappelle étrangement l'adolescence chez les humains. Les chiens ont tendance à s'enfuir, à ne plus obéir ou même à se rebiffer contre leur maître. Ces « fugues » seraient normales dans la nature : c'est en effet à 4 mois que les chiots commencent à devenir relativement indépendants. Certains chiens adoptent des comportements craintifs inexplicables, d'autres des comportements capricieux ou semblables à des comportements déséquilibrés. Ces comportements incompréhensibles – qui peuvent faire penser que le chien a perdu toutes ses bonnes manières – disparaissent généralement aussi vite qu'ils sont apparus, pour autant que les humains sachent y répondre correctement, c'est-à-dire qu'ils restent fermes sans chercher à mater le chien. En cas de découragement, qu'ils se rassurent en pensant que cette période n'est que transitoire. Évidemment, tous les sujets ne réagissent pas pareillement et cette période peut aussi bien passer inaperçue.

STADE 7 : L'ÂGE ADULTE

Au cours de ce stade, généralement entre le 18e et le 36e mois*, le chien atteint sa maturité sociale, âge auquel il pourrait réellement « songer » à prendre la tête de la meute. L'atteinte de l'âge adulte ne signifie

*L'âge de la maturité est grandement influencé par la race du chien.

aucunement que tout soit joué : de nombreuses observations montrent en effet que le tempérament est encore sujet à des modifications, principalement chez les grandes races dont le développement est lent. Avec les années, le chien va acquérir de plus en plus de maturité et devenir moins rapidement excitable. Tous continuent à apprendre de multiples choses. Le placement dans un nouvel environnement peut même parfois changer le comportement de l'animal et faire disparaître, comme par magie, les problèmes comportementaux.

Si le chien a atteint un rang élevé dans la « meute familiale » (peut-être même la place du chef?), il peut se montrer agressif envers ses maîtres, ce qui, dans certaines circonstances, est un comportement normal. En effet, un leader n'aime pas recevoir des ordres, qu'il considère comme un défi à son autorité. Certains chiens se montrent agressifs pour la nourriture, d'autres pour leur place de repos ou des objets particuliers, surtout ceux qui semblent avoir une valeur affective pour le maître. Cette agressivité peut se manifester sous forme de menaces, de grognements, voire de morsures. Il est rare qu'un tel comportement apparaisse du jour au lendemain ; les prémices ont certainement apparu au cours du stade précédent, mais ont été souvent ignorées des propriétaires.

Il est à signaler que, dans la nature, les loups qui le désirent peuvent quitter la meute, tandis que les chiens, même ceux qui ont un caractère assez fort, sont obligés de rester dans la famille… Cela peut expliquer un certain nombre de conflits.

Nous venons de voir à quel point le chien a besoin d'un environnement riche pour se développer normalement et devenir un adulte équilibré. Il convient maintenant d'essayer de comprendre comment il appréhende son environnement.

Chapitre 6

LES SENS DU CHIEN

Le Chien et l'Homme, déambulant côte à côte, ne vivent pas la même promenade : ils ne détectent pas les mêmes parfums, ne sursautent pas aux mêmes sons, ne relèvent pas les mêmes traces, ne déchiffrent pas les mêmes symboles. Presque rien dans leur corps, dans leur tête, qui soit au même diapason[337].

Interrogeons-nous maintenant pour savoir comment le chien appréhende le monde. Pourquoi est-il si absorbé à renifler certains poteaux, certains coins de mur, tellement absorbé qu'on a parfois du mal à le faire avancer ? Comment peut-il savoir avant nous qu'un visiteur approche ?

NOS MOYENS D'INVESTIGATION

Les organes sensoriels permettent à l'animal de déterminer la nature du signal (visuel, olfactif, auditif), son intensité et, dans le cas de certains récepteurs, sa direction. Les membranes des cellules sensorielles répondent aux signaux qu'elles perçoivent en modifiant localement les propriétés électriques de leur surface. Cela permet aux cellules nerveuses qui leur sont connectées de prendre connaissance du message qui sera transmis au cerveau, de proche en proche, par le système nerveux qui décidera de la réponse.

Malheureusement, bien que l'on sache beaucoup de choses, on est encore loin de tout savoir sur la manière dont les chiens perçoivent le monde qui les entoure. Comme ils ne peuvent pas nous expliquer ce qu'ils « ressentent », différentes techniques ont été mises au point pour nous aider à le comprendre.

La première technique consiste à observer les réactions de l'animal. Mis en présence d'un nouveau stimulus, il est amené à orienter une partie de son corps dans la direction de ce stimulus. Par exemple, le chien fixera du regard un nouvel objet puis, éventuellement, s'en approchera ou le fuira ; il suivra une trace odorante ou flairera longuement une pierre ; il tournera les oreilles dans la direction d'un bruit, etc. Utilisée en laboratoire dans des conditions contrôlées, cette méthode peut nous fournir quelques indications. Malheureusement, l'animal s'habitue très rapidement à de nouveaux stimuli, ses réactions s'estompent vite et les expérimentateurs s'épuisent à devoir constamment renouveler les expériences pour pouvoir obtenir des résultats à long terme.

La deuxième technique, la méthode du conditionnement instrumental, nécessite un apprentissage préalable. On enseigne à l'animal à accomplir une certaine tâche à la suite d'un certain signal (il doit, par exemple, presser une touche avec sa patte chaque fois que retentit une sonnerie). Toute réponse correcte est récompensée (par exemple, par une distribution de nourriture), alors que les réponses incorrectes sont sanctionnées (par exemple, par un jet de citronnelle sur le museau) ou ignorées. Une fois l'apprentissage installé, on modifie le signal quantitativement (le son devient, par exemple, de plus en plus faible) ou qualitativement (le son devient de plus en plus aigu). En répétant de nombreuses fois de telles expériences, on peut détecter les seuils sensoriels* de l'animal (dans notre exemple, le seuil auditif). S'il ne réagit plus à partir d'un certain nombre de décibels alors qu'il s'empresse d'appuyer sur le levier quand l'expérimentateur augmente l'intensité du son, son déficit de réaction signifie sans doute qu'il n'a pas perçu le signal.

La troisième technique, la méthode physiologique, ne prend pas en compte l'animal dans son ensemble, mais s'intéresse à des réactions plus ponctuelles. Toute perception d'une stimulation est traduite par des modifications électriques au niveau des cellules sensorielles réceptrices. Ces impulsions électriques sont ensuite transmises au cerveau par les différents nerfs sensoriels concernés. Ces phénomènes électrophysiologiques peuvent être détectés grâce à l'utilisation de certains appareils très sensibles**.

Toutes ces méthodes requièrent beaucoup de temps et d'argent. Chaque espèce animale étant différente, il n'est pas possible de généraliser les résultats obtenus. Voilà pourquoi il reste encore certains points en suspens. Ce travail est d'autant plus ardu que l'espèce humaine n'est pas sensible à certaines stimulations qui peuvent être de première importance pour l'animal étudié. Comment en effet envisager quelque chose qui nous est inconnu ? Par exemple les ultrasons, perçus par le

*Seuil : limite à partir de laquelle est perçue une sensation ou une variation dans la sensation.
**L'électroencéphalographe, l'électrorétinographe et l'électroolfactographe permettent d'enregistrer les activités d'un ensemble de cellules nerveuses ; d'autres méthodes plus fines permettent d'enregistrer l'activité de neurones particuliers.

chien, mais non détectables par l'oreille humaine. Une autre difficulté consiste à trouver les stimuli auxquels le chien est le plus sensible. Une odeur de rose le laissera sans doute indifférent alors que l'odeur d'une femelle en chaleur mettra tout de suite ses sens en éveil.

Après toutes ces mises au point, il est temps d'entrer dans le vif du sujet.

LA VISION

Toutes sortes de théories ont été émises concernant la manière dont les chiens voient le monde. De la vision des couleurs à celle en noir et blanc, en passant par la vision de certaines couleurs privilégiées (différentes selon les auteurs...). Tout a été dit.

L'étude des canidés vivant en meute a mis en évidence le rôle primordial de la vision, puisque la plupart des communications proches se font sous forme de mimiques, souvent très fines. Lorsqu'il s'agit de décoder l'« humeur » de son vis-à-vis, chaque canidé prend en compte non seulement son attitude générale, mais aussi toute modification de ses mimiques : froncement plus ou moins marqué du museau, ouverture plus ou moins importante de la gueule, position des poils, modification de la pupille, etc.

La physiologie de l'œil

Du point de vue de leur structure, les yeux canins sont semblables aux yeux humains et fonctionnent selon les mêmes principes. Cependant, la plupart des chiens ont des yeux plus aplatis et situés plus latéralement que les nôtres. En outre, comme ces animaux sont plus petits que nous, ils ne voient pas le monde selon la même perspective, ce que l'on oublie très souvent.

Bien qu'ils puissent modifier la forme de leur cristallin, leur accommodation n'est pas aussi fine que la nôtre. Leur champ visuel (la portion de l'espace qu'ils peuvent voir en gardant les yeux immobiles) est plus étendu que le nôtre*, mais leur bulbe oculaire est moins mobile. La portion du champ consacré à la vision binoculaire, qui permet l'évaluation des distances et des profondeurs, est moindre chez le chien que chez l'homme – entre 30° et 60°[(314)] et 80° et 110°[(190)] – pour le chien, contre 130° pour nous. Il en est de même du pourcentage des fibres non croisées (partant de la rétine et rejoignant l'hémisphère du cerveau situé du même côté) qui sont responsables de la vision binoculaire (25 % chez le chien, 50 % chez l'humain[(58)]). En conséquence, les chiens disposent principalement d'une vision de type périphérique, monoculaire, et leur aptitude à accommoder (c'est-à-dire à modifier la distance focale du cristallin pour que l'image d'objets qui sont à des distances variées se forme sur la rétine) est plus limitée que la nôtre.

S'ils ont de la peine à voir un objet immobile sous leur nez et si leur vision, comparée à la nôtre, est certainement un peu floue, ils nous sont par contre supérieurs quand il s'agit de repérer des mouvements, surtout sur de grandes distances**.

Bien entendu, par la sélection artificielle, l'homme a créé des races de chiens fort diverses quant à leur morphologie, ce qui peut avoir une grande influence sur les informations visuelles que chacune d'entre elles peut recueillir. Selon la forme de la tête, les yeux se trouvent placés différemment, certains en position frontale, d'autres en position latérale, leur forme peut varier, et leur mobilité est plus ou moins grande.

*Entre 280° pour un chien au museau allongé et 250° si le museau est plus aplati contre 180° pour l'homme.
**Certains auteurs citent le cas de chiens de berger obéissant aux signaux de leur maître se trouvant à 1 km, voire 1,5 km !

La vision des couleurs

En ce qui a trait à la vision des couleurs, il faut savoir que la rétine contient deux types de photorécepteurs, les cônes et les bâtonnets, qui permettent à l'œil de percevoir la lumière. Alors que les cônes sont responsables de la vision des couleurs, les bâtonnets, eux, ne décèlent que le noir et le blanc mais sont sensibles à des faisceaux lumineux très faibles. Le pourcentage des cônes est moins élevé dans l'œil des chiens que dans l'œil des humains, ce qui signifie que la vision des couleurs est moins évidente chez les chiens que chez l'homme. L'œil possède différents types de cônes, chaque type étant sensible à une longueur d'onde différente. Le chien n'en possède que deux (il est bichromatique) : les cônes qui sont sensibles au bleu et au vert(212). L'homme, lui, possède trois types de cônes et peut voir le bleu, le vert et le rouge. Les chiens n'auraient donc pas la possibilité de voir les jaunes, les rouges et les orange.

Peut-être pourrait-on appliquer à la vision du chien ce qu'a dit Gordon Walls(440) à propos du chat : « Pour tout animal semi-nocturne à l'œil riche en bâtonnets, les lumières spectrales les plus saturées apparaissent au mieux comme de subtils tons pastel d'une nature incertaine. »

La vision nocturne

Quant à la vision nocturne, si tous les auteurs s'accordent pour reconnaître que celle du chien est supérieure à la nôtre, on ne sait pas encore exactement jusqu'à quel point. Les pupilles des chiens sont capables de se dilater beaucoup. Ainsi, même la lumière de très faible intensité peut stimuler la rétine. Leurs yeux possèdent un très grand nombre de bâtonnets, récepteurs rétiniens sensibles aux excitations lumineuses les plus faibles, indispensables à la vision nocturne. Le fond de leur œil est tapissé d'une couche de cellules réfléchissantes, le *tapetum lucidum** (absent chez l'*homo sapiens*) qui agit comme un intensificateur de lumière et permet une meilleure utilisation de la lumière ambiante, aussi faible soit-elle. C'est le *tapetum lucidum* qui fait briller les yeux des chiens (et ceux de beaucoup d'autres animaux) lorsqu'on les éclaire la nuit. Cela ne signifie pas pour autant que les animaux dotés de *tapetum lucidum* puissent voir dans l'obscurité complète. En effet, un minimum de rayonnement est indispensable pour que la rétine fonctionne.

L'acuité visuelle

Le dernier point à examiner est celui de l'acuité visuelle**. Pour que deux points puissent être séparés, il faut que chaque image de ces deux points soit perçue par une cellule visuelle différente, activant chacune une fibre différente. Il faut aussi que ces cellules soient séparées par une troisième cellule non excitée par le flux lumineux. Or, le nerf optique du chien comprend environ 167 000 fibres nerveuses, alors que celui de l'homme en compte environ 1,2 million. C'est la fovéa (ellipse horizontale d'environ 2 mm placée au centre de la rétine et dont chaque cellule est rattachée à une fibre nerveuse) qui fournit la meilleure acuité visuelle. Très développée chez l'homme, elle l'est peu chez le chien, espèce chez laquelle on observe de nombreuses différences entre les races, les lignées et les individus***.

---

*Son rôle consiste à réfléchir vers les récepteurs rétiniens une partie des rayons lumineux qui, sans cette couche, seraient absorbés par des zones non visuelles. Selon Giffroy[190], le *tapetum lucidum* permet de doubler la quantité de lumière parvenant aux récepteurs. Le *tapetum* pourrait également agir en modifiant la longueur d'onde de la lumière réfléchie afin de la rendre plus proche de la longueur d'onde optimale pour la sensibilité des bâtonnets – ce qui permet d'augmenter les contrastes – comme cela a été prouvé chez d'autres espèces[314].

**Distance minimale entre deux points permettant encore au sujet de les distinguer l'un de l'autre.

***Entre 6 400 et 14 000 cellules ganglionnaires par mm^2[212].

Ces constatations physiologiques associées à différentes observations permettent d'affirmer que le chien distingue mal le contour des objets immobiles ou les différents éléments d'une configuration. Comparée à la nôtre, son acuité visuelle serait approximativement de 20/75, c'est-à-dire qu'il devrait se trouver à 20 pi (6 m) d'un objet pour en voir clairement les détails, quand l'humain les voit clairement à 75 pi (22,8 m)(314).

Des expériences démontrent que, si l'on présente aux chiens une série de flashs lumineux, ils peuvent en distinguer jusqu'à 90 par seconde(86), performance supérieure à celle de l'œil humain(290). Ces constatations tendent à montrer que les canidés perçoivent le monde « plus rapidement » que les humains, d'où leur plus grande vitesse de réaction. Cela signifie qu'une émission de télévision peut parfois apparaître aux chiens comme une succession rapide d'images fixes(212).

L'AUDITION

Chez de nombreuses espèces de mammifères, dont les canidés, l'audition joue un rôle de premier plan. Les hurlements des loups servent à délimiter les territoires respectifs de meutes voisines, à avertir les autres membres de la meute qu'un étranger s'approche et à reprendre contact avec la meute(305), comportements que l'on peut observer chez nos chiens lorsqu'ils aboient à l'approche d'un inconnu ou lorsqu'ils hurlent s'ils se trouvent seuls. Si les manifestations vocales des canidés domestiques sont nettement plus nombreuses que celles de leurs cousins sauvages, c'est en grande partie attribuable à la sélection artificielle faite par l'homme qui, dès le début de la domestication, a privilégié les individus qui pouvaient l'avertir de certains dangers. Les émissions sonores sont également utiles pour communiquer son état d'âme à son voisin. C'est ainsi que les chiots signalent à leur mère que quelque chose ne va pas. Lors de rencontres conflictuelles, les signaux sonores ont pour but de renforcer le message émis par les mimiques.

Quelques notions de physiologie

Une plus grande partie du cerveau est consacrée à l'audition chez le chien que chez l'homme. Leurs oreilles mobiles et indépendantes l'une de l'autre donnent aux canidés la possibilité d'être à l'écoute de leur environnement sans devoir bouger la tête et la faculté de distinguer avec une grande précision la provenance d'un son. On sait que le chat utilise deux techniques différentes pour localiser la source d'un son. Premièrement, pour des sons de basse fréquence (la fréquence d'un son détermine sa hauteur), le chat tient compte de l'écart temporel d'arrivée du signal à chacune de ses oreilles. Deuxièmement, pour des sons de fréquences plus élevées (qui ont des longueurs d'ondes trop courtes pour qu'il puisse utiliser la première technique), le chat tient compte des différences d'intensité des sons parvenant à chacune de ses deux oreilles. On peut raisonnablement penser que le chien fait de même.

Puisque ces différences sont dues en grande partie au masquage opéré par la tête (le son est moins intense pour l'oreille la plus distante), on devrait observer des sensibilités auditives variables en fonction de la race[(58)]. Cependant, on n'a pas encore pu les mettre en évidence[(223)].

La sensibilité auditive

Le chien serait capable de localiser la source d'un son en 6 millièmes de seconde[(12)]. Il faut souligner que les chiens aux oreilles dressées sont avantagés, car les pavillons agissent comme des amplificateurs.

Si la plupart des chercheurs s'accordent pour attribuer aux chiens une audition semblable à la nôtre pour les sons de basse fréquence, il semble que le chien soit capable de distinguer certains infrasons* (seuil inférieur : 10 Hz pour le chien, 16 Hz pour l'humain). Si l'on compare humains et chiens, ces derniers nous surpassent de beaucoup pour la perception des sons aigus. Ils peuvent en effet détecter de nombreux ultrasons**. Alors que notre limite supérieure se situe aux alentours de 20 000 Hz (tout au moins dans notre prime jeunesse, car cette faculté diminue ensuite plus ou moins rapidement), les chiens peuvent aisément capter des sons de 40 000, voire 45 000 Hz(222). Grâce aux techniques d'électrophysiologie, certains chercheurs ont même décelé des réponses pour des sons de 60 000 Hz(228, 351, 380).

Du point de vue écologique, une telle aptitude apporte une aide précieuse à la chasse, tout au moins lorsque de grosses proies ne sont pas disponibles et que les chiens et leurs cousins sauvages doivent se rabattre sur diverses espèces de rongeurs. Ils peuvent repérer les ultrasons émis par leurs proies potentielles et suivre leurs déplacements, même dans les hautes herbes. L'homme a mis à profit cette capacité en construisant des sifflets utiles à l'éducation des chiens et inaudibles à l'oreille humaine.

Les chiens sont capables de faire des distinctions très fines entre deux sons presque identiques. Par exemple, ils apprennent vite à faire la différence entre le bruit du moteur de la voiture de leur maître et celui d'une autre voiture, même si le modèle est identique. De même,

*Infrason : vibration de même nature que le son mais de fréquence trop basse pour être perçue par l'oreille humaine.

**Ultrason : vibration de même nature que le son mais de fréquence trop élevée – de 20 kHz à plusieurs centaines de mégahertz – pour qu'une oreille humaine puisse la percevoir. Pour mémoire, 1 Hz correspond à 1 vibration par seconde.

s'ils répondent au sifflet ultrasonique utilisé par leur éducateur, ils ne réagissent pas à celui destiné à faire obéir le copain.

À des fréquences comprises entre 500 et 16 000 Hz, leur audition semble être environ quatre fois supérieure à celle des humains[185]. Selon Morris[319], un hurlement de loup peut être détecté par un congénère se trouvant à 6 km. Mech[301] parle même de 10 à 11 km.

Même au cours de leur phase de sommeil paradoxal, les chiens semblent être capables de différencier divers stimuli auditifs et d'y réagir en conséquence[8].

Hoerlain[228] a montré qu'au-delà de 90 à 110 dB les sons avaient tendance à provoquer une sensation douloureuse chez les chiens. On a tout de suite essayé de mettre à profit ces observations en créant des sifflets destinés à écarter nos petits amis quand ils ne sont pas désirables (utilisés par exemple par des joggers dont la passion a tendance à déclencher le réflexe de poursuite). Quelques-uns de ces gadgets ont été testés, mais les résultats sont peu concluants. Si certains (entre 118 et 120 dB) sont plus efficaces que d'autres, ils provoquent des réactions différentes selon les individus : fuite ou aboiements[48]. Selon une autre recherche, 89 % des sujets testés n'ont eu aucune réaction ou des réactions très minimes, et 11 % ont adopté différents comportements : peur, fuite, menaces, voire agressivité[254].

Tous les stimuli acoustiques ne devraient pas être utilisés indifféremment, car ils n'ont pas tous la même valeur pour les chiens et certains sont plus efficaces que d'autres pour provoquer une réponse particulière. Par exemple, il vaut mieux donner quatre brefs coups de sifflet (ou des ordres brefs) si l'on désire que notre chien revienne vers nous ou qu'il se montre plus actif; mais un long coup de sifflet (ou un mot) est indiqué si l'on veut que le chien se couche ou cesse une activité[295].

Comme chez l'homme, les facultés auditives du chien diminuent avec l'âge et beaucoup d'entre eux deviennent sourds.

L'OLFACTION

L'olfaction est essentielle chez les canidés, notamment pour chasser et communiquer avec leurs congénères.

Pour qu'une odeur soit perçue, il doit y avoir contact entre les molécules odorantes et les cellules chimioréceptives*. Pour qu'un tel contact s'établisse, ces molécules doivent parvenir à l'organe olfactif en étant véhiculées par un courant d'air ou inhalées activement, ce qui implique qu'elles soient volatiles.

Bien que la capacité à détecter des odeurs varie passablement en fonction de la race (donc de la sélection artificielle effectuée par l'homme), il est indéniable que les chiens, même les moins doués, nous surpassent dans ce domaine. Les chiffres varient quelque peu selon les auteurs, mais nous nous référons aux travaux de Le Magnen[(266)]. La plupart des chiens présentent un allongement de la région du chanfrein et un développement de la muqueuse qui tapisse l'intérieur du nez en de nombreux replis (volutes ethmoïdales) qui en augmentent la surface. Un berger allemand possède environ 200 millions de cellules olfactives, un fox, 147 millions, un labrador, 225 millions (l'homme, 10 millions). Une fois aplatie, la muqueuse atteint chez l'homme une surface de 10 cm^2, alors qu'elle recouvre 170 cm^2 chez le berger allemand, 85,3 cm^2 chez le fox et 200 cm^2 chez le labrador.

*C'est Ottoson[(342)] qui a mis en évidence la nécessité du contact : la perception olfactive est impossible lorsque la muqueuse est recouverte d'un filtre en matière plastique. « La molécule odorante est d'abord solubilisée dans le mucus. Une fois que la concentration suffisante (seuil) est atteinte, la molécule est absorbée par un récepteur olfactif[(190 p. 13)] ». Le niveau de stimulation dépend du nombre de molécules qui atteignent la muqueuse par unité de temps[(141)] et varie en fonction de la vitesse du courant d'air.

Les chiens ont une muqueuse olfactive plus étendue que la nôtre et des récepteurs plus nombreux et plus sensibles*. L'aire cérébrale consacrée au traitement des informations olfactives est aussi plus étendue chez le chien que chez l'homme – les neurones impliqués dans l'olfaction seraient 40 fois plus nombreux[(312)]. Le mucus (sécrétion visqueuse produite par les glandes de la muqueuse), qui dissout et concentre les molécules odorantes, est sécrété en plus grande quantité chez les chiens. Et leur nez très mobile est sans cesse en action.

Le chien est encore avantagé par le fait qu'il possède un organe que nous n'avons pas, séparé du système olfactif: l'organe voméronasal, appelé aussi organe de Jacobson. De taille plus réduite chez le chien que chez d'autres mammifères, il est cependant très bien irrigué. De plus, les récepteurs de l'organe voméronasal des canidés sont exceptionnels par le fait qu'ils possèdent des cils[(9)]. Situé dans le plancher de la cavité nasale, cet organe débouche par un canal derrière les incisives de la mâchoire supérieure. Chez d'autres espèces animales, il est spécialement sensible aux phéromones**. Par une mimique caractéristique appelée *flehmen,* consistant principalement à aspirer l'air en ouvrant largement la gueule, nez froncé, l'animal facilite le contact entre les substances odorantes et l'ouverture du canal. On peut formuler l'hypothèse qu'il est ainsi capable à la fois de les sentir et de les goûter.

Bien que, à notre connaissance, le chien n'ait jamais été observé en train d'exécuter cette mimique, il effectue cependant, à certains moments, des mouvements rapides et répétés de la langue contre le

---

*La plupart des neurones récepteurs sont placés sur des cils baignés dans le mucus; chez le chien (comme d'ailleurs chez le chat), les cils sont plus longs et plus nombreux que chez d'autres espèces animales, ce qui augmente à la fois leur sensibilité et leur pouvoir discriminatoire[(58)]. Ces cellules sont continuellement renouvelées[(340)].

**« Une phéromone est une substance chimique, ou un mélange de substances chimiques, sécrétée à l'extérieur d'un organisme et qui provoque sur l'organisme de la même espèce qui la reçoit, un comportement ou une réaction physiologique spécifique[(297)]. »

palais[19]. Il y a donc de fortes chances pour que les fonctions de l'organe voméronasal soient les mêmes que chez d'autres mammifères et qu'elles concernent spécifiquement le comportement sexuel*. Les informations recueillies par ce système seraient ensuite transmises directement au système limbique (ensemble de structures situées sous le cortex cérébral, jouant un rôle sensoriel et comportemental – émotions et affectivité – et intervenant dans la mémoire). Pour cette raison, Fogle[150] pense que l'organe voméronasal n'est pas impliqué dans l'appréciation consciente des odeurs, mais plutôt dans la perception inconsciente des hormones sexuelles.

Des capacités différentes

Voilà pour les moyens mis à la disposition des chiens par la nature. Mais il reste à voir comment ils les utilisent. Les chiens sont-ils réellement capables de toutes les prouesses qu'on leur attribue ? Il y a certainement une grande part de vérité, puisque les chiens sont utilisés avec succès dans de multiples tâches impliquant l'olfaction : rechercher des personnes ensevelies sous une avalanche ou des décombres**, détecter de la drogue ou des explosifs, suivre diverses traces. En débusquant le gibier et en le poursuivant, ils apportent une aide inestimable au chasseur, et les chiens truffiers nous permettent de nous régaler de ces délicieux champignons, les truffes… Des chiens entraînés peuvent même reconnaître les vaches en œstrus et les séparer du troupeau[165] !

*Tous les auteurs ne sont cependant pas d'accord. Ewer[130] pense que cet organe n'est pas fonctionnel chez le chien puisque aucun récepteur chimique n'a été retrouvé à cet endroit.
**Il se pourrait qu'un détecteur d'ondes infrarouges, situé dans son nez, aide le chien dans cette tâche[459].

Cependant, tous les sujets n'ont pas les mêmes capacités: certains sont plus doués que d'autres (il semble notamment que certaines races de lévriers utilisent en priorité leur vision pour chasser dans des espaces découverts, ce qui ne veut absolument pas dire qu'ils sont incapables d'utiliser leur olfaction). Certains obtiennent de meilleurs résultats le nez au ras du sol, d'autres préfèrent humer l'air ambiant. Une étude systématique comparant les capacités olfactives des différentes races reste à faire. Si l'hérédité joue un rôle indéniable, il ne faudrait pas pour autant sous-estimer l'apprentissage (apprentissage de la chasse du jeune dans la meute ou du chien en compagnie de son maître).

Les conditions atmosphériques sont aussi à prendre en considération. Le meilleur moment pour suivre une piste est en début de soirée, quand la température du sol est légèrement supérieure à celle de l'air et que les chiens se mettent en chasse(19). Si la température du milieu ambiant est élevée, ce qui est le cas en été, la substance odorante occupe un volume d'air plus grand et est moins concentrée. La détection sera plus rapide, mais moins précise. L'humidité de l'air joue aussi un certain rôle: en effet, si le degré hygrométrique diminue trop, la muqueuse a tendance à s'assécher, ce qui provoque une perte de l'acuité olfactive. Si l'humidité augmente, les molécules odorantes hydrosolubles se concentrent autour des gouttelettes d'eau en suspension dans l'air, ce qui les rend plus perceptibles. Un terrain humide conserve donc mieux les odeurs. Le vent est également important, puisqu'il apporte ou éloigne les odeurs(66).

La sensibilité olfactive

Cela dit, un chien moyen est capable de détecter un nombre infini d'odeurs, même si elles sont fortement diluées. Cependant, on ne peut pas généraliser les résultats obtenus, car le seuil de perception varie selon la substance testée. Par exemple, le seuil de détection du chien est :

- 108 fois inférieur à celui de l'homme pour l'acide acétique, l'un des constituants des sécrétions de la peau humaine[332] ;
- 300 fois inférieur pour l'acétate d'amyle (beagles[255]) ;
- 1000 à 10 000 fois inférieur pour l'ionone (bergers allemands[320]) ;
- 1 million de fois inférieur pour l'acide n-butyrique, un composant de la transpiration[150].

Quant aux dilutions, le chien retrouve la trace :

- de l'acide acétique, même s'il est dilué un million de fois, ce qui revient à percevoir une seule goutte de vinaigre dans 50 litres d'eau[102] ;
- de l'acide sulfurique à une solution encore 10 fois supérieure*.

Un bloodhound peut suivre une trace de pas vieille de quatre jours[319]. Par ailleurs, il suffit qu'une personne tienne un objet pendant deux secondes pour que le chien puisse retrouver ce même objet parmi d'autres, et ce, même si, entre-temps, d'autres personnes ont manipulé cet objet[278]. Un chien peut encore détecter la trace odorante d'un doigt six semaines après que quelqu'un a touché un verre, même si ce verre a entre-temps été manipulé par d'autres personnes. Le laps de temps passe à deux semaines si le verre est placé dehors[250].

Le chien est capable de faire la différence entre un objet portant l'odeur de son maître et un objet portant l'odeur d'une autre personne. Cependant, lorsque les odeurs proviennent de différentes régions corporelles (par exemple les aisselles du maître et les mains de l'inconnu), les résultats diffèrent selon les recherches[61, 388, 423]. Discerner les odeurs individuelles des différents membres de la famille semble facile[243],

*Pour d'autres acides organiques, voir Moulton et ses collègues[320].

même lorsqu'il s'agit de jumeaux hétérozygotes (faux jumeaux) vivant dans le même environnement ou de jumeaux homozygotes (vrais jumeaux) vivant dans des environnements différents. La tâche devient cependant impossible s'il s'agit de jumeaux homozygotes vivant dans le même environnement(225).

Pour suivre une piste, le chien s'oriente par rapport à un gradient odorant*. L'animal peut retrouver la source odorante en fonction du décalage qu'il perçoit entre sa narine droite et sa narine gauche**. Aucun problème si on place le chien au début de la piste. Mais comment fait-il pour choisir la bonne direction si on l'amène perpendiculairement à un point quelconque de la trace? Dans de telles conditions, un chien naïf choisit la direction plus ou moins au hasard (c'est-à-dire qu'il va remonter ou descendre la piste)(284, 412). Cependant, si l'on renforce le choix correct, il peut apprendre très vite. Placé face à la piste, il fera alors quelques allers-retours sur celle-ci dans le but de comparer les empreintes successives et leurs différentes intensités. Or, dans l'expérience citée plus haut, la différence de concentration odorante entre deux empreintes successives était de 1/1800! En cas de trace continue (par exemple les ornières laissées par des roues de bicyclette), la tâche devient impossible.

Quant au pistage, il se déroule en trois phases:

1. La recherche initiale de la trace: les chiens se déplacent rapidement en reniflant entre 10 et 20 fois entre chaque respiration.
2. La prise de décision: ayant trouvé la trace, le chien choisit la direction à suivre. Il ralentit l'allure et renifle entre deux et cinq

*« Quand l'un des noyaux est excité avant l'autre ou quand un noyau reçoit une excitation plus intense, une narine étant par exemple bouchée, le noyau le plus précocement ou le plus intensément excité envoie un message inhibiteur à son homologue, ce qui accentue la dissymétrie de l'excitation(268 p. 43) ».

**« Ce sont les impacts des molécules odorantes sur les récepteurs chimiques symétriques qui permettent à l'animal de se diriger(268 p. 62) ».

empreintes. Certains chiens s'arrêtent plus longuement à chaque empreinte. Cette phase dure en moyenne trois à cinq secondes.

3. Le pistage proprement dit : l'allure et le nombre de reniflements redeviennent similaires à ceux de la recherche initiale.

Des éthologues observant des loups dans la nature pensent qu'ils sont capables de détecter du gibier se trouvant à 2 km(302).

L'olfaction joue aussi un rôle important dans la prise alimentaire et le comportement sexuel, aussi bien en ce qui concerne la recherche d'un partenaire que la motivation sexuelle en elle-même, mais ce rôle varie en fonction de l'expérience(20, 367). On trouve en effet des connexions directes entre le nez et les régions du cerveau qui régulent de tels comportements. L'acuité olfactive des chiens dépend notamment de leur taux d'hormones sexuelles*.

Les chiens se montrent capables de détecter certaines maladies, la prise régulière de médicaments, certains produits ingérés par l'homme, certaines particularités de la microflore. Ils peuvent anticiper les crises épileptiques(137), semblent modifier leur comportement face à une personne cancéreuse(331) à tel point que l'on commence même à les dresser pour repérer les cellules cancéreuses sur une personne chez qui l'on soupçonne un début de cancer. Ils ont également

* « Les hormones sexuelles modifient le seuil de sensibilité des récepteurs olfactifs, organes de détection des phéromones mais aussi organes de détection de toutes les sensations d'odeurs. Ainsi, les stéroïdes interviennent dans les vastes domaines de la vie du chien qui dépendent de son odorat. La testostérone augmenterait ses capacités olfactives alors que les œstrogènes les diminueraient. Cela a été mis en évidence dans des expériences de pistage au cours desquelles les chiens mâles étaient plus performants quelques jours après avoir reçu une injection de 100 mg d'acétate de testostérone et les chiennes en œstrus se révélaient pratiquement anosmiques » (expériences de Thiellement(417)). « En fait, une imprégnation œstrogénique est indispensable au bon fonctionnement de l'odorat chez la chienne (les chiennes castrées perdent en effet beaucoup de leur odorat). Ce n'est qu'à partir d'un certain seuil que les œstrogènes et les progestagènes inhiberaient l'odorat(280 p. 20). » « ... Les chiennes en gestation auraient une très bonne acuité olfactive dans les jours précédant la mise bas(190 p. 15). »

la capacité de « traduire » les émotions humaines en reniflant certaines sécrétions glandulaires.

Pour la petite histoire, certains produits vendus dans le commerce dans le but d'éloigner les chiens ne semblent pas avoir des propriétés aversives suffisantes pour les repousser(449). Aucune odeur n'est en elle-même dissuasive, sauf si elle a été préalablement associée à un renforcement négatif.

LE TOUCHER, LA RÉCEPTION DE LA TEMPÉRATURE ET DE LA DOULEUR

Le toucher, premier sens à apparaître, permet au chiot de se développer normalement. Un chiot qui ne peut pas établir de contacts corporels deviendra un adulte peureux et aura tendance à s'isoler. Pendant les premières semaines de leur développement, les chiots restent regroupés sur leur couche. Lorsqu'ils se trouvent momentanément éloignés de leurs frères et sœurs, ils cherchent à s'en rapprocher. Peu à peu, ils prennent de la distance mais, même s'ils n'ont plus besoin d'un contact si intense, l'importance du toucher se prolonge tout au long de leur vie. Grâce à ce sens, ils peuvent communiquer avec leurs congénères, se blottissant contre eux, leur donnant des coups de patte, les léchant. En jouant, ils établissent sans cesse des contacts corporels. C'est aussi en partie par le toucher qu'ils indiquent leur position hiérarchique. Par exemple, le dominant pose sa tête ou sa patte sur le cou du dominé ou saisit son museau dans sa gueule. Les communications tactiles jouent un grand rôle dans l'établissement des relations sociales et sont importantes pour le maintien du groupe. Certains chiens passent une grande partie de leur temps libre à se lécher.

Quelques notions de physiologie

Qu'en est-il du point de vue anatomique et physiologique ? La peau du chien contient de nombreux récepteurs sensoriels répartis sur l'ensemble de son corps. Les vibrisses (poils sensoriels spécifiques se trouvant en grand nombre sur le museau, au-dessus des yeux et sous les mâchoires) lui permettent également de recueillir de nombreuses informations sur l'environnement proche. Implantées dans des régions bien irriguées et contenant de nombreuses terminaisons nerveuses, elles semblent être utiles pour déterminer la forme et la texture des objets et jouer un rôle dans la détection des courants d'air(150). Elles fournissent également des indications sur la localisation de la tête dans son environnement immédiat, informations surtout utiles la nuit, ou lorsque l'animal doit se mouvoir dans un passage étroit.

La sensibilité à la température

Les chiens sont sensibles aux variations de température qui modifient la réponse des mécanorécepteurs*. La peau du chien contient deux sortes de thermorécepteurs** : ceux qui détectent le froid*** et ceux qui détectent le chaud****. Citons également les détecteurs à infrarouges situés dans le nez et découverts par le Dr Zotterman(459).

---

*Mécanorécepteur : récepteur sensoriel sensible à des stimulations mécaniques souvent très faibles(353).

**Thermorécepteur : organe animal périphérique sensible aux températures dont il informe les centres nerveux(353).

***Leurs fibres sont myélinisées et donnent une réponse maximale aux alentours de 25-30 °C ; un autre de ces récepteurs dont la fonction est encore inconnue se trouve sur les babines et donne une réponse maximale à 35 °C.

****Leurs fibres ne sont pas myélinisées et donnent une réponse maximale aux alentours de 40-42 °C(13).

Le chien possède aussi deux sortes de récepteurs spécialisés dans la détection des sensations douloureuses: l'un est sensible aux stimulations mécaniques de la peau (pincements, compressions, etc.), l'autre aux températures extrêmes de la peau, chaudes ou froides.

En quoi les contacts corporels sont-ils utiles aux chiens? Il semble qu'ils reçoivent des caresses un bienfait comparable à celui que nous obtenons à les caresser. On observe une diminution du rythme cardiaque et de la pression sanguine, mais seules les caresses d'un humain connu et aimé apportent de tels bienfaits. À l'inverse, les caresses distribuées par un étranger peuvent provoquer une augmentation du rythme cardiaque(373). En un mot, caresser notre chien nous calme et le calme. Ne négligeons donc pas de lui indiquer par ce moyen notre satisfaction pour son obéissance.

LE GOÛT

Quelques notions de physiologie

Les chiens ont beaucoup moins de papilles gustatives que les humains (2 000 contre 10 000). De ce fait, ils sont nettement moins gourmets que nous. Bien que leurs cellules gustatives puissent faire la différence entre le sucré, le salé, l'acide et l'amer, elles sont moins précises que les nôtres(150). Pour le chien, il serait plus juste de parler de goûts plaisants, déplaisants et neutres.

La préférence alimentaire

L'odorat est associé si étroitement au goût qu'il est difficile de les dissocier. L'odorat semble primordial pour la détection de la source de nourriture, mais la texture et le goût jouent aussi un rôle. En effet, lorsque l'odeur n'est pas associée au goût (par exemple un plat sentant la viande mais n'en contenant pas), la préférence alimentaire initiale ne dure pas[233]. Si l'on présente à des chiens deux écuelles contenant chacune une sorte de viande mélangée à des céréales, la majorité préfèrent le porc et le bœuf à l'agneau et au cheval, et de la viande cuite plutôt que crue. Devant un même contenu, ils jettent leur dévolu sur une nourriture humidifiée et tiède[323]. Les chiens anosmiques (privés de leur odorat) n'ont pas de telles préférences, néanmoins ils sont encore capables de choisir l'écuelle contenant de la viande[232]. Si on leur présente une nouvelle nourriture, la plupart la choisissent de préférence, du moins pour un certain temps[233].

Les papilles gustatives les plus abondantes sont celles qui détectent les substances sucrées. Les chiens ont donc une nette préférence pour les douceurs. Malheureusement, ces dernières ne sont pas très bonnes pour leur santé et certaines sont même néfastes. Par exemple, le chocolat contient de la théobromine qui, à certaines doses, peut être fatale pour eux. Ce risque est d'autant plus grand que l'élimination de cette substance se fait beaucoup plus lentement chez le chien que chez l'homme[273].

Pourquoi certains chiens refusent-ils parfois la nourriture que leur maître leur présente alors que d'autres avalent tout ? Comme chez les humains, il y a de petits et de gros mangeurs parmi les chiens. Cependant, il ne faut pas oublier que la prise de nourriture ne peut pas être séparée du contexte social dans lequel l'animal se trouve. Manger avant ou après ses maîtres, ou seulement quand ils sont présents, engloutir rapidement sa pâtée ou chipoter dans son assiette, tous ces comportements peuvent avoir des significations différentes des interprétations qu'on leur donne. Refuser systématiquement une certaine nourriture, exiger une pâtée différente chaque jour ou chaque semaine est souvent une manière de manipuler son maître et de lui montrer sa dominance.

UN AUTRE SENS ?

Vous avez tous lu certaines histoires extraordinaires sur les chiens. Médor, confié à des voisins, retrouve ses maîtres qui ont déménagé à des centaines de kilomètres, dans un endroit totalement inconnu de l'animal. Frimousse a « senti » la mort de son maître et s'est mise à hurler au moment précis où ce dernier a rendu l'âme alors qu'il se trouvait en voyage. Rex regarde fixement le plafond tous les soirs à la même heure et se met à gémir. Certains de ces faits sont troublants et mériteraient qu'on les étudie scientifiquement (ce qui, à notre connaissance, n'a pas encore été fait). Quelques comportements apparemment étranges sont parfois adoptés au hasard et sont renforcés par l'attention que leur portent les humains.

Beaucoup de choses restent inexpliquées dans le domaine animal, mais nous pensons que, avant de recourir à des explications extrasensorielles, nous devrions analyser rationnellement ces phénomènes. Nous avons vu, par exemple, que les chiens ne sont pas toujours sensibles aux mêmes stimuli que nous. Il se pourrait qu'un grand nombre de comportements inexpliqués soient tout simplement à mettre sur le compte de leur grande sensibilité sensorielle et de leur extraordinaire don d'observation.

Les études menées sur l'orientation spatiale de différentes espèces animales démontrent, par exemple, que les animaux sont capables de se diriger en se servant de la lune, du soleil et des étoiles comme compas. Ils peuvent aussi prendre en considération les infrasons provenant par exemple des marées et pouvant être captés à des centaines de kilomètres, élaborer une carte des odeurs qui les entourent, enregistrer les mouvements qu'on leur fait subir. Les chauves-souris détectent leurs proies grâce aux ultrasons qu'elles émettent. On a retrouvé des cristaux de magnétite dans la tête de certains mammifères*, ce qui les rend sensibles au champ magnétique terrestre dont certains paramètres pourraient leur servir de boussole (l'homme lui-même en posséderait, mais aurait perdu leur mode d'emploi[27]).

Sur la base d'informations sensorielles encore mal connues, les animaux pourraient aussi « prévoir » les tremblements de terre. Certains captent les changements de la pression atmosphérique et s'abritent bien avant les premiers coups de tonnerre, etc. Tous ces comportements qui semblaient magiques ont pu être expliqués rationnellement.

Nous l'avons vu, le chien n'appréhende pas le monde à notre manière. Ces différences (notamment sur les plans de l'odorat et de la vue) se reflètent dans ses modes de communication avec ses semblables et avec les humains qu'il côtoie. Alors, qu'en est-il de ses moyens de communication ?

*On en a trouvé notamment chez les dauphins[458] et chez diverses espèces de rongeurs[23, 292, 293].

Chapitre 7

LA COMMUNICATION DU CHIEN

LA COMMUNICATION NON VERBALE

Aucun propriétaire de chien ne peut nier la formidable capacité de cet animal à se faire comprendre et à interpréter les réactions des humains. Quand on observe deux chiens ensemble, on constate que leur comportement, loin d'être aléatoire, dévoile au contraire toute une gamme d'attitudes, de sons et de signaux qui leur permettent de communiquer. Quels que soient leur taille, leur race ou leur pays d'origine, tous les chiens, même quand ils se rencontrent pour la première fois, se comprennent très bien.

Bien entendu, nos compagnons à quatre pattes n'articulent pas de sons, n'utilisent pas de mots, mais ils se comprennent parce que leur mode de communication repose sur toute une série de signaux acoustiques, visuels ou olfactifs qui obéissent à des règles et qui ont une signification reconnue de tous. En ce sens, l'ensemble des comportements qui visent à transmettre un message à autrui (quel qu'il soit) forme un « langage ».

Cette forme de communication, dite non verbale, n'est pas le propre des chiens, mais s'observe à travers l'ensemble du règne animal, y compris chez l'homme. Le corps est en effet un formidable moyen d'expression. Nos mouvements, notre posture, ou encore l'expression de notre visage transmettent des messages, consciemment ou non. Chez l'homme comme chez l'animal, le corps reflète les états émotionnels et les intentions, et c'est parce que l'homme ne communique pas seulement par des mots qu'il peut intuitivement comprendre une grande partie du « langage » non verbal des animaux.

Les messages que renvoie notre corps sont tels que, s'ils ne correspondent pas à notre discours verbal, celui-ci sera perçu comme étant moins crédible. Si un vendeur vous vante la qualité d'un produit mais baisse la tête et évite tout contact visuel direct, il donne l'impression d'être peu sûr de son article. Il est très improbable que vous vous laissiez convaincre.

De même, en l'absence de toute forme de langage verbal, on peut exprimer clairement certaines intentions. Dans les rapports de séduction entre hommes et femmes, une certaine façon de regarder une personne désirée, de se tourner vers elle et de s'en approcher suffit largement à lui communiquer son attirance.

Les signaux visuels offrent de nombreux avantages pour l'émetteur et pour le destinataire. Ils peuvent être instantanément exhibés ou retirés en réponse aux changements dans l'environnement social. Ils permettent aussi d'exprimer les émotions à différents degrés.

LES MOYENS DE COMMUNICATION CHEZ LE CHIEN

Chez le chien, le corps tout entier est source d'expression. La mobilité de ses oreilles, de sa queue, de ses pattes, de son corps et de sa face lui permet, en combinant les signaux, d'exprimer toutes sortes d'émotions et d'intentions. La façon dont il se tient et la manière dont il se déplace permettent à ceux qui l'observent de savoir dans quelle disposition il se trouve. En règle générale, plus une espèce est sociale, plus le « langage » non verbal est élaboré. Pour un animal de meute, pouvoir communiquer avec ses congénères est une question de survie. Chez les canidés moins sociaux qui ne se rencontrent que pendant les périodes de reproduction, les signaux de communication sont moins nombreux. En revanche, les odeurs que ceux-ci produisent sont plus fortes que celles des loups ou des chiens(161). Ces derniers utilisent toutefois l'olfaction pour recueillir de nombreuses informations au cours de leurs rencontres et accordent une attention particulière à la face et à l'arrière-train.

Pour appuyer le « langage » du corps, les chiens possèdent aussi un vaste répertoire de sons, de grognements, de hurlements, d'aboiements ou de pleurs. Ces sons reflètent eux aussi l'état émotionnel de l'animal et peuvent être comparés à ce qu'on appelle le paralangage chez l'homme. On pousse des cris lorsqu'on a mal ou lorsque quelque chose nous surprend et nous fait peur.

Certaines vocalisations ne viennent pas seulement renforcer les signaux visuels ou olfactifs mais peuvent, dans certains cas, agir à elles seules comme des signaux et véhiculer un message. Lorsqu'un individu pénètre dans la propriété, le chien grogne ou aboie pour prévenir son maître. Si les chiens sont très éloignés les uns des autres ou s'ils se trouvent dans un environnement dense – par exemple en forêt, où la visibilité est mauvaise –, ou s'il fait nuit, ils utiliseront davantage les sons que les signaux visuels pour communiquer avec un congénère. Chez le loup (mais aussi chez certains chiens), les hurlements sont émis par tous les membres d'une meute et servent, entre autres choses, à indiquer la présence du groupe et l'occupation du territoire. Ces hurlements sont toujours de longue durée et d'une fréquence qui varie entre 1 200 et 2 900 Hz[161].

Notons que, bien que nous prenions toujours le loup comme modèle pour mieux comprendre le chien, il existe certaines différences entre l'espèce sauvage et l'espèce domestiquée. L'élevage sélectif a en effet provoqué des changements dans certains comportements, par exemple en abaissant ou en augmentant leurs seuils d'apparition[131, 156]. Comparativement aux loups, les chiens ont un répertoire de signaux visuels moins complexe. Par contre, ils ont tendance à émettre des sons plus souvent que leurs ancêtres. Il est possible que, au cours du processus de domestication, la pression sélective pour le « silence », nécessaire aux prédateurs sauvages, ait été relâchée. Cela, joint à une augmentation de la dépendance et de l'infantilisme, a développé chez le chien une tendance à aboyer davantage[85].

En général, et ceci s'applique à toutes les espèces animales y compris l'homme, on peut classer les sons en deux groupes : les sons aigus et les sons graves. Les premiers sont présents à la naissance et déclenchent l'approche d'un congénère, particulièrement de la mère. Ils expriment généralement la peur, la douleur ou le malaise et, lorsqu'ils sont moins aigus, l'envie de jouer. Les seconds apparaissent pendant le développement et visent au contraire à augmenter la distance sociale. Ils indiquent habituellement la menace, la colère et la possibilité d'agression.

Nous-mêmes, lorsque nous sommes fâchés, avons tendance à prendre une voix plus grave, comme pour impressionner autrui. Au contraire, la voix tend à monter dans les aigus lorsqu'on exprime une envie de jouer, lorsqu'on s'adresse à un bébé ou lorsqu'on cherche à amadouer quelqu'un.

Les vocalisations forment essentiellement un « langage » émotionnel. Ainsi, quel que soit le son émis, plus la motivation ou l'excitation est forte, plus le son est intense.

Tous les sons peuvent être combinés entre eux, soit par émission successive, soit par superposition. Un mélange de ces deux formes de combinaisons est également possible. Un son mixte peut, par exemple, alterner avec un son pur. Si un chien se trouve dans une situation qui l'effraie, mais qu'il est malgré tout prêt à se défendre, on peut observer chez lui une alternance de sons de peur et de menace jointe à son expression corporelle et faciale.

Il est également probable que le toucher soit un élément important dans la communication canine. Ces animaux ont en effet de nombreux contacts tactiles et ceux-ci doivent certainement leur permettre d'échanger des informations, notamment sur les émotions et les intentions de chacun. Malheureusement nous n'avons pas assez étudié ce sujet pour comprendre l'importance de cette modalité dans la communication des chiens.

Pour bien comprendre ce que le chien exprime, il faut observer toutes les parties de son corps : chacune peut lancer un ou plusieurs signaux. C'est lorsque tous les signaux sont combinés qu'ils acquièrent un sens. Mais de quoi peuvent bien « parler » les chiens ? On peut regrouper les principaux sujets d'expressions du chien en trois groupes :

- les relations sociales (salutations, dominance, menace, soumission, marquage) ;
- les états affectifs (peur, excitation, contentement, intérêt) ;
- les besoins et les désirs (sollicitation au jeu, recherche d'attention).

LES RELATIONS SOCIALES

Nous nous forgeons une idée générale d'une personne d'après sa façon de bouger, de marcher, de se tenir, d'établir ou d'éviter le contact visuel, etc. Les signaux corporels donnent une impression immédiate. Il en va de même chez les loups et les chiens. On distingue facilement le leader par son attitude[163].

Les salutations

Lorsque deux chiens se rencontrent, s'ils sont tous deux animés d'intentions pacifiques, ils vont se saluer. Ce sont des comportements ritualisés qui visent à neutraliser les possibilités d'agression. Ces « cérémonies » incluent toutes sortes de comportements détournés de leur contexte initial, comme les comportements liés à la cour et aux soins parentaux.

Les animaux s'approchent généralement l'un de l'autre par le côté, s'immobilisent, se reniflent avec attention le museau et les oreilles, puis se tournent autour en se reniflant l'arrière-train (le plus sûr de lui lève la queue, l'autre cache ses glandes anales en maintenant sa queue baissée). Après cette première approche, ils peuvent commencer à jouer. Dans le cas contraire, les animaux vont adopter des comportements de dominance et de soumission pour établir leurs rangs respectifs[3].

La dominance

La dominance n'est pas uniquement une affaire de force physique et les relations sociales se règlent rarement par la bagarre. C'est avant tout la force de caractère qui prime. Il arrive en effet qu'un chien de petite taille (par exemple le yorkshire terrier) domine un chien de grande taille (par exemple le berger allemand ou le dogue).

L'animal dominant cherche avant tout à impressionner l'autre, à l'intimider. Il met tout en œuvre pour avoir l'air grand et sûr de lui. Il se tient droit sur ses pattes, la tête haute, les oreilles dressées et tournées vers l'avant. La queue est relevée. Pour intimider davantage son adversaire, le chien dominant va le regarder fixement dans les yeux.

Les loups et certains chiens grognent parfois lorsqu'ils saluent un congénère, affirmant sans doute leur dominance. Il arrive que les chiens grognent en jouant, mais l'analyse sur audiogramme[161] révèle qu'il n'existe pas de différence significative entre un grognement de jeu et un grognement de menace. Ce sont les signaux émis par la face et le corps qui font la différence.

Ce type d'attitude ne se manifeste pas uniquement en présence d'un chien inconnu. Même quand plusieurs chiens vivent ensemble, l'animal qui détient la supériorité hiérarchique fera fréquemment la démonstration de son rang, comme pour confirmer son autorité. La situation devient gênante quand cette démonstration s'adresse au maître lui-même ! Les chiens ou les loups peuvent également exprimer leur domination en fermant les mâchoires sur le museau du subordonné, en lui donnant de petits coups de museau sur la tête ou sur le cou, en se tenant au-dessus de lui ou en plaçant leur museau ou leur patte sur le cou, les épaules ou le dos du subordonné. Ils peuvent aussi monter sur le subordonné, comme lors d'un accouplement.

Si l'animal à qui s'adresse cette forme d'intimidation accepte la supériorité du leader, les choses n'iront pas plus loin et leur relation pourra prendre un tour amical.

De la menace à l'attaque

Il arrive parfois que des chiens se disputent le rang de leader. Les postures de dominance vont alors se faire plus menaçantes. Les chiens se regarderont droit dans les yeux et montreront les dents, la gueule entrouverte, les lèvres retroussées pour dévoiler les canines. Les poils de l'échine vont se dresser (piloérection). La tête est relevée et les oreilles sont soit dressées et tournées vers l'avant, soit tirées sur le côté et vers le bas. Les chiens peuvent également émettre un grognement de basse fréquence et de basse intensité. Seuls ou jumelés à d'autres sons comme l'aboiement, les grognements sont généralement des signaux de menace. Leur durée et leur intensité varient en fonction de la gravité du conflit.

Si l'adversaire n'est toujours pas impressionné et n'adopte pas une attitude soumise en détournant le regard et en s'éloignant doucement, la menace va s'aggraver. Les chiens baissent la tête en direction du rival. Les quatre pattes sont raides, les animaux semblent marcher sur la pointe des pieds. En guise d'intimidation, ils peuvent lever la patte et uriner, puis gratter le sol bruyamment tout en grognant. Chez certains chiens, la queue est rigide, arquée sur le dos. Chez les loups, elle est droite, presque à la verticale. Le bout de la queue peut être agité de mouvements rapides mais de faible amplitude[(159)].

À ce stade, si aucun des deux adversaires ne se soumet, ils vont passer à l'attaque. Dans la plupart des cas, le conflit se règle par des claquements de dents et des morsures inhibées, mais on observe parfois des morsures violentes. Celles-ci sont généralement déclenchées par la douleur ressentie par un des chiens ou par les deux, ce qui explique pourquoi, quand les maîtres tentent de les séparer en tirant dessus, ils provoquent souvent l'effet inverse et accroissent davantage l'agressivité des chiens.

La soumission

Lorsqu'un chien se soumet (par exemple, lorsqu'on le réprimande), il se détourne immédiatement, tire les lèvres vers l'arrière et rabat les oreilles. La queue est maintenue entre les pattes postérieures et peut être agitée dans cette position. S'il est touché, le chien va s'immobiliser. Il peut également ramper sur le ventre en agitant la queue et en effectuant des mouvements de langue comme pour lécher. Il se comporte comme un loup qui aurait été remis à sa place par un supérieur hiérarchique.

S'il est sévèrement réprimandé, il peut détourner le regard tout en levant une patte avant, indiquant ainsi son intention de rouler sur le dos. Certains chiens roulent sur le dos en signe de soumission complète, exposant du même coup les parties génitales. Ce comportement est comparable à celui que les jeunes adoptent face à leur mère lorsqu'elle leur lèche les parties génitales pour stimuler l'émission d'urine et de selles. Comme les chiots, le chien peut uriner dans cette position. Bien évidemment, le punir pour avoir uriné serait non seulement injuste, mais aussi incompréhensible pour l'animal.

Tous ces signaux, dits de **soumission passive,** ont pour objectif de faire diminuer la menace et de calmer la colère de celui à qui ils sont adressés. Le chien adopte ici un comportement des plus humbles, dont les signaux sont à l'opposé de ceux adoptés dans la dominance ou la menace offensive: il se fait petit, détourne le regard et cherche à montrer qu'il n'est en rien menaçant. Entre chiens, ce comportement stoppe net l'agressivité de celui à qui il s'adresse. Certains maîtres devraient savoir que réprimander un chien qui manifeste sa soumission va à l'encontre des règles canines et place le chien dans une situation de détresse qui peut, si elle se répète, le pousser à mordre.

Les signaux de soumission passive peuvent être joints à des signaux de **soumission active** ou de **salutation amicale.** Lorsqu'un chien voit son maître rentrer à la maison, il aboie d'excitation, bat de la queue placée en position haute et fait des bonds en direction du maître. Lorsqu'il est proche de lui, son comportement change et sa soumission active inclut des éléments de soumission passive. Il peut se coucher sur le dos et uriner ou s'accroupir en battant de la queue, la maintenant baissée.

Lors de la soumission active, ou salutation, les chiens peuvent adopter une expression faciale particulière en étirant les lèvres vers l'arrière, la bouche entrouverte et les coins des lèvres relevés.

La soumission est une solution intelligente et sage. Plutôt que de s'engager dans une bagarre perdue d'avance, mieux vaut rester dans l'ombre des animaux dominants pour profiter des opportunités qui permettent d'accéder aux ressources vitales. En se montrant soumis, les individus d'un groupe pourront aussi tirer avantage de la force même du groupe, particulièrement lorsqu'il s'agit de se défendre contre des rivaux[(4)].

Le marquage

C'est au moment de la puberté que la plupart des chiens commencent à lever la patte et à marquer les objets du voisinage. Ce comportement est essentiellement adopté par les mâles. Les femelles urinent aussi moins fréquemment que les mâles qui, eux, expulsent de petites giclées d'urine tout au long de leur promenade*.

Que nous soyons propriétaires de chiens ou non, nous avons tous remarqué que les chiens mâles urinent souvent au cours d'une promenade, et que mâles et femelles passent une grande partie de leur promenade à renifler poteaux, coins de murs, cailloux et brins d'herbe. Quelquefois même, ils semblent figés, comme hypnotisés par les effluves.

Chez les canidés sauvages, les marquages jouent un rôle très important dans la délimitation territoriale. Il y a en effet deux fois plus de marquages aux limites qu'au centre du territoire[(302)]. Un loup soli-

*Il peut toutefois arriver qu'une chienne urine à la manière des mâles si elle a, par exemple, subi un traitement précoce à base d'androgènes ou si, pendant sa vie intra-utérine, elle a été atteinte par la testostérone sécrétée par les fœtus mâles[(219)].

taire qui traverse le territoire d'une meute évite de signaler son passage par des dépôts urinaires. Les loups et les dingos ont également tendance à marquer autour des ressources partagées par le groupe, comme l'eau dans les régions arides, les terrains de chasse et les bords des sentiers parcourus régulièrement par la meute, particulièrement les intersections[91]. On a émis l'hypothèse que ces marquages seraient utilisés pour faciliter l'orientation spatiale[349].

Le marquage pourrait aussi avoir pour fonction de synchroniser la reproduction. Les études montrent en effet que, lorsque leur taux de testostérone et d'œstrogène augmente, les canidés marquent plus fréquemment et s'intéressent davantage aux odeurs déposées par leurs congénères de sexe opposé[91, 304, 305, 367].

Chez nos canidés domestiques, aucune observation n'a pu mettre en évidence le fait que les marquages olfactifs servent à délimiter le territoire[41, 394]. En effet, les marquages ne sont pas respectés en tant que frontières par les congénères[41]. Dans certaines situations cependant, le chien peut utiliser ses marquages pour affirmer son statut supérieur ou distinguer ses possessions. Il semble en effet y avoir une corrélation entre la fréquence des mictions d'un animal et son statut social[137]. Lorsque le chien domine les humains, il n'est pas rare qu'il lève la patte dans le lit de ses maîtres ou sur des objets leur appartenant, notamment certains vêtements.

Le marquage permettrait aussi aux chiens de se rassurer lorsqu'ils se trouvent dans des endroits peu fréquentés ou en terrain inconnu, puisqu'ils marquent alors plus fréquemment[41, 127, 215, 259]. Mêmes constatations lorsqu'ils se trouvent dans une zone tampon entre deux territoires[282, 283]. Placé dans un enclos occupé préalablement par d'autres chiens, un chien mâle dépose de nombreuses marques odorantes (en moyenne 5,9 pendant les cinq premières minutes) puis l'intensité de ses marquages diminue notablement[215].

Les marquages semblent être source de nombreuses informations. En suivant des mâles qui avaient la possibilité de se déplacer à leur guise, on a pu constater qu'ils allaient renifler quotidiennement certains points odorants[181]. La détection des odeurs laissées par d'autres chiens ne se fait cependant pas toujours. Dans 47 % des cas, le chien passe sans flairer les marques urinaires déposées lors d'une promenade précédente (deux heures plus tôt) par lui-même ou par un autre chien (mâle ou femelle, connu ou inconnu).

Lorsque le chien s'arrête, on observe cinq comportements différents : reniflement ; dépôt urinaire sur un marquage préexistant ou juste à côté ; grattage du sol avec ou sans grognement ; léchage de la marque ; grincement de dents. Ce sont les dépôts urinaires de mâles inconnus et de femelles en chaleur qui provoquent le plus de réactions[201]. Le chien peut distinguer les mâles connus des inconnus sur la seule base de leurs marquages urinaires[122]. Par contre, une certaine expérience sexuelle semble indispensable pour que le chien puisse reconnaître par l'odorat l'état reproductif d'une femelle. Les mâles sexuellement expérimentés passent significativement plus de temps à renifler l'urine d'une femelle en rut que celle d'une femelle qui ne l'est pas, alors que les mâles sexuellement inexpérimentés ne font pas une telle différence[32, 116]. La préférence des femelles dépend de leur état hormonal : en état d'œstrus, l'urine des mâles a la cote.

Il semble donc qu'en reniflant l'urine d'un congénère, le chien soit capable non seulement de déterminer le sexe de l'émetteur et son état reproductif, mais aussi d'obtenir des informations sur son âge, son état de santé, sur ce qu'il a mangé* et, s'il s'agit d'un animal connu, sur son identité[367]. On croit aussi que les émotions ressenties au moment du marquage, comme la colère, la peur ou la satisfaction, qui ont un effet

*Certaines composantes de l'urine sont modifiées en fonction de l'état nutritif[107, 108, 306].

sur les sécrétions hormonales, pourraient être détectées par l'animal qui renifle le dépôt[92].

Quant aux fèces, si les mâles passent plus de temps à renifler celles des femelles, ils ne semblent pas être en mesure de détecter leur réceptivité sur la base de ces seules informations. Les indications fournies par les sécrétions des glandes anales, la salive ou la cire des oreilles (toutes choses qui semblent intéresser les chiens au moment des rencontres) semblent moins précises[117]. Les sécrétions anales d'une femelle en chaleur peuvent cependant provoquer une certaine excitation chez les mâles[113] et chez les femelles[200]. Les chiens adultes évitent de s'approcher des objets souillés par les sécrétions anales d'un chien apeuré[114], ce qui n'est pas le cas des chiots (un processus de maturation ou un apprentissage semble donc nécessaire).

Les chiens passent beaucoup de temps à se renifler les uns les autres (surtout la tête, le cou, les commissures des lèvres et les zones génitales). Ils font de même avec les humains qu'ils côtoient. Les recherches portant sur les relations établies entre les enfants ou les adultes et leur chien démontrent que les différentes parties du corps ne sont pas flairées de manière aléatoire[125, 142, 143, 145, 316, 317, 318]. Leur choix dépend des événements qui se sont déroulés juste avant le début de cette activité. Si le contact de l'enfant était amical, les reniflements sont dirigés vers le visage. En cas de comportement litigieux, le chien reporte son attention sur les mains et les bras. Une odeur connue (par exemple celle du propriétaire) dirige les reniflements sur différentes parties corporelles, tandis qu'une odeur inconnue (par exemple celle d'un étranger) pousse le chien à se concentrer sur les zones anale et génitale. Toutes ces données laissent à penser que certaines zones corporelles (surtout le visage, les bras ou les mains) transmettent au chien des informations sur l'état émotionnel de son vis-à-vis, alors que d'autres zones (principalement la zone génitale) sont plus utiles pour son identification.

Contrairement aux autres modes de communication, le marquage présente l'avantage de propager des informations de façon différée. Mais pourquoi les chiens marquent-ils en hauteur et pourquoi grattent-ils le sol ensuite ? Probablement pour s'assurer que le marquage sera repéré et que l'information qu'il contient sera transmise. Si l'odeur imprègne un objet en hauteur, elle se diffuse plus facilement et surtout plus loin dans l'atmosphère. Et gratter le sol permet de marquer doublement le lieu, en déposant l'odeur des glandes interdigitales et en attirant l'attention des congénères. Le fait de voir un autre mâle marquer est un déclencheur visuel très fort qui suscite automatiquement le marquage du mâle observateur(41). Par contre, le grattage du sol ne semble pas jouer un rôle significatif dans la diffusion des odeurs, puisque les substances déposées sont rarement touchées au cours de l'opération(41, 350).

LES ÉTATS AFFECTIFS

La peur

Lorsqu'on emmène un chien craintif pour la première fois dans un lieu inconnu, il va saliver, tenir la tête basse, les oreilles en arrière, la queue entre les pattes postérieures, et il pourra parfois uriner. Tous ces signaux indiquent que le chien a peur.

Le chien peut aussi émettre des sons lorsqu'il souffre ou est inquiet. Les pleurs typiques sont de courte durée et le plus souvent cycliques (fréquence moyenne : 2000-3000 Hz). Les loups et les huskies(161) sont les seuls à étendre ces sons sur plusieurs secondes. On peut comparer ces pleurs aux « miaulements » caractéristiques des jeunes chiots lorsqu'ils sont mal à l'aise ou apeurés.

L'intérêt

Lorsqu'on dépose un nouvel objet dans son jardin, le chien ira immédiatement l'examiner. Il le regarde, incline légèrement la tête sur le côté, la gueule détendue et entrouverte, les oreilles dressées et pointées vers l'avant. La queue est tenue presque à l'horizontale et pointe dans la direction opposée au museau, mais sans raideur.

L'excitation

Dirigez-vous vers la porte d'entrée, prenez la laisse et le collier, et voilà le chien qui bondit vers vous en battant vigoureusement de la queue. Plus la queue bat vite, plus l'excitation est intense. L'ampleur du mouvement n'est pas ici à prendre en considération, puisqu'elle dépend de la race et de la morphologie du chien.

La queue est haute, mais à un angle différent de celui adopté lors d'un comportement agressif ou amical.

Lorsqu'il est excité et joyeux, le chien accompagne presque toujours ses mouvements d'une expression faciale joueuse (gueule entrouverte et halètements). On peut comparer ces mouvements au rire chez l'homme, puisqu'ils sont produits dans des contextes similaires, lors de rencontres ou de jeux.

Le contentement

Un certain type de grondement *(grunt)*, différent du grognement de menace, est parfois émis lorsque le chien éprouve un certain soulagement (par exemple quand un stimulus inconfortable disparaît), lorsque son maître le caresse, ou encore lorsque le chiot retrouve sa mère.

Le chien qui se gratte ou qui se roule dans une substance malodorante adopte une expression faciale particulière*. Les lèvres sont légèrement tirées vers l'arrière, les oreilles sont baissées et les yeux mi-clos. Le chien peut également poser sa tête sur ses pattes, les paupières entrouvertes, lâchant un soupir qui en dit long.

Lorsque le chien s'exprime ainsi, c'est qu'il éprouve un profond plaisir.

LES BESOINS ET LES DÉSIRS

La sollicitation au jeu

Le chien d'humeur joyeuse qui cherche un partenaire pour une partie de poursuite agit de façon tout à fait typique, ne prêtant à aucune confusion. L'expression faciale est similaire à celle de la soumission, mais elle est moins intense. Les oreilles sont tournées vers l'avant et le chien halète d'excitation tout en agitant sa queue dans la position haute. L'avant-train touche le sol, dans une manière de révérence. Le chien peut aussi lever alternativement les pattes avant, simulant exagérément une approche.

Pour inciter quelqu'un à le poursuivre, il peut bondir en avant, feindre une morsure ou donner un coup de museau avant de sauter en arrière pour s'enfuir.

*Plusieurs explications ont été proposées pour ce comportement:
1. masquer les odeurs corporelles pour optimaliser la chasse;
2. attirer l'attention des congénères sur soi ou sur le passage d'une proie;
3. comportement individuel sans signification biologique.

La recherche d'attention

Il serait trop long de décrire ici tous les moyens dont sont capables les chiens pour capter notre attention. Leurs stratégies dépendent d'une part de leur tempérament, d'autre part de la réaction du maître. Si le fait de courir après sa queue fait accourir son maître, le chien recommencera chaque fois qu'il aura envie qu'on lui accorde un peu d'attention. Il en va de même pour le chien qui aboie, creuse, pleure, etc. Certains chiens vont même jusqu'à faire semblant d'attraper des mouches, sautant et claquant les dents dans l'air, au grand désespoir des maîtres qui les croient devenus fous*.

Lorsqu'il s'agit d'attirer l'attention, surtout lorsque les maîtres sont occupés ou reçoivent des visiteurs, les chiens savent se montrer particulièrement ingénieux.

Mais ils semblent toutefois affectionner un certain signal, au grand dam des voisins: l'aboiement. De tous les canidés, c'est le chien qui possède le plus large répertoire d'aboiements. Les chiens aboient dans des contextes très variés: salutations, sollicitation au jeu, défense, recherche d'attention, détresse, vocalisations de groupe, etc.

Les aboiements peuvent être simples ou joints à des jappements ou à des grognements. Les aboiements amicaux sont plus aigus que les aboiements menaçants.

Le fait qu'ils soient produits dans des contextes aussi différents tend à montrer que les sons ne véhiculent pas à eux seuls une information, mais visent plutôt à attirer l'attention. Ce sont les autres indices, visuels et olfactifs, qui donnent toute sa signification au signal(50).

Dans certaines situations, les chiens expriment de véritables besoins et appuient leur requête par des pleurs, comme lorsqu'ils ont une

*Attention: certains de ces comportements peuvent indiquer d'autres problèmes, aussi bien physiques que «psychologiques».

envie pressante de sortir se soulager, ou qu'ils ont véritablement faim. Ces gémissements se distinguent des pleurs de peur ou de souffrance par leur plus grande intensité. Ils peuvent se combiner avec des jappements, qui sont une forme raccourcie et contractée de pleurs. Ils sont tout à fait spécifiques aux chiens et peuvent aussi se combiner en alternance avec un grognement ou un aboiement.

LES SIGNAUX AMBIVALENTS

Si les signaux de dominance ou de soumission sont clairs et facilement reconnaissables, il arrive que le chien en situation conflictuelle émette des signaux contradictoires. Ceux-ci peuvent être émis soit successivement, soit simultanément. S'il aperçoit quelque chose qui l'intéresse et l'inquiète en même temps, il va alternativement lever puis baisser la tête, la queue et les oreilles. Ces changements de position signifient que le chien est successivement attiré et inquiété par une situation inconnue.

Un exemple courant est celui du chien qui mord par peur. Placé dans une situation qui l'effraie, le chien combinera des éléments de soumission et d'agressivité. Si les gens se font facilement mordre par ce type de chien, c'est souvent parce que le chien exprime de la soumission avec sa face (oreilles plaquées et lèvres tirées), mais sa queue, maintenue haute, indique qu'il est malgré tout prêt à passer à l'attaque.

Lorsque l'intrus s'immobilise ou recule doucement, le chien se calme, mais si, au contraire, il avance au-delà de la distance critique*, le chien le mordra pour se défendre.

Une situation comparable est bien connue des facteurs. Lorsqu'un chien aperçoit le facteur qui pénètre sur son territoire,

*Distance critique : c'est la distance à partir de laquelle un animal, qui n'a pas la possibilité de s'enfuir, se trouve obligé de faire front contre son agresseur.

il peut se mettre à aboyer furieusement pour manifester son agressivité. Mais lorsque le facteur arrive à proximité du chien, celui-ci se calme et recule parce qu'il a peur. Et puis, dès que le facteur s'en va, le chien se remet à aboyer.

Ces quelques exemples illustrent bien le fait qu'il faut regarder l'ensemble des signaux émis par le chien pour comprendre ce qu'il veut exprimer. Ensuite, on adapte son propre comportement en conséquence.

Les modifications artificielles

Les différents signaux permettent aux chiens de communiquer entre eux et sont universellement reconnus. Toutefois, les choses se compliquent lorsque les hommes sélectionnent des traits qui vont entraîner une ambiguïté dans certains signaux visuels(404). Les grandes oreilles pendantes, par exemple, réduisent la capacité de l'animal à utiliser ces structures comme signaux de communication. De même, de très longs poils limitent la piloérection et la détection des signaux émis par les yeux et la gueule. Le recours à la chirurgie pour modifier la longueur de la queue ou la forme des oreilles accroît davantage l'ambiguïté de certains signaux. Ainsi, pour certaines races de chiens, les signaux de communication sont devenus difficiles à interpréter.

L'élevage sélectif a également favorisé, en fonction des besoins, l'une ou l'autre des modalités sensorielles, en en faisant des particularités raciales. Certains chiens utilisent davantage les signaux visuels que d'autres, qui préfèrent les signaux olfactifs(156). D'autres encore auraient plus facilement tendance à aboyer. D'après Feddersen-Petersen(137) et Goodwin et ses collègues(199), il y aurait aussi des différences interraciales par rapport au nombre de signaux émis par chaque partie du corps. Par exemple, les loups adultes exprimeraient 60 signaux avec la tête, contre 14 pour les caniches, 16 pour les bergers allemands et 43 pour les malamutes.

Chez des chiens sélectionnés pour le combat, l'homme a réduit les comportements de menace, favorisant ainsi la capacité à se battre. Un grand nombre de ces chiens passeraient directement à l'attaque et ne permettraient pas à l'adversaire de se retirer pacifiquement. De même, on a favorisé la tendance à mordre et à maintenir sa proie chez des races comme le pitbull(277).

Ces différences morphologiques ou comportementales peuvent parfois conduire à des erreurs d'interprétation en brouillant certains signaux. Ainsi, des études comparatives des populations de chiens de même race dont la queue a été coupée ou non démontrent que les interactions agressives sont plus fréquentes entre les chiens sans queue(137, 199). En général, les chiens mordent plus rapidement que leurs ancêtres les loups. Les comparaisons entre loups et caniches élevés dans les mêmes conditions montrent aussi que les relations agressives apparaissent plus tôt et sont parfois plus sérieuses chez les caniches(138). On a proposé différentes hypothèses pour expliquer ce phénomène. Les études sur l'ontogenèse* des loups et des caniches révèlent que les jeux sociaux sont très fréquents chez les louveteaux et ont tendance à augmenter au cours de la première année. Par contre, chez les caniches, de tels jeux sont plus rares et souvent teintés d'agressivité, et ils diminuent au cours de la première année. Une fois les caniches devenus adultes, les conflits mineurs se transforment plus souvent en combat. Alors que les conflits entre les loups d'une même meute sont en principe ritualisés, les caniches, dans 70 % des cas, poursuivent le combat même après que leur adversaire a adopté l'attitude de soumission. D'après Feddersen-Petersen, cette tendance à l'agressivité serait liée aux expressions plus grossières de nos chiens.

---

*Développement de l'individu depuis l'œuf fécondé jusqu'à l'état adulte(353).

Chapitre 8

L'ORGANISATION SOCIALE DES CANIDÉS

L'IMPORTANCE DU RESPECT DE LA HIÉRARCHIE

Lorsqu'on examine les moyens de communication des chiens, il apparaît que leur principale préoccupation est de savoir « qui domine qui ». Cette question est si fondamentale qu'elle influence la majorité des interactions non seulement entre un chien et ses congénères, mais aussi entre un chien et son maître.

La question de la dominance est bien connue de la plupart des propriétaires de chiens qui savent que, s'ils veulent se faire obéir, ils doivent exercer sur leur animal une certaine ascendance. Malheureusement, cette notion est souvent mal comprise et confondue avec un rapport de force et d'agressivité. Voilà pourquoi certains maîtres crient constamment après leur chien ou le frappent pour l'obliger à obéir. Ou alors, ne voulant pas avoir ce type de rapport avec leur chien, ils renoncent à agir et tant pis si l'animal n'en fait qu'à sa tête. La première méthode, parfois préconisée par les mauvais dresseurs (qui veulent « casser » le chien), est cruelle et souvent néfaste. Elle peut engendrer divers troubles comportementaux allant de l'agressivité (offensive ou défensive) à la prostration. Par ailleurs, si les maîtres qui choisissent la deuxième solution pensent rendre leur chien heureux en le laissant agir à sa guise, ils se trompent. En effet, lorsqu'on cède à ses moindres caprices, on place involontairement (ou non) son chien en position de supérieur hiérarchique, cependant on exige aussi qu'il obéisse parfois comme un subordonné. Or, ces deux positions, chef et subordonné, sont incompatibles et créent chez l'animal incompréhension et frustration. C'est la porte ouverte à toutes sortes de problèmes comportementaux. Pour tenter d'assumer sa position ou de soulager son inconfort, le chien peut, dans certains cas, adopter des comportements de défense, de fuite ou de compensation qui sont jugés « indésirables » par le maître. Ce dernier risque de se désintéresser d'un tel animal et de l'abandonner.

La notion de hiérarchie sociale est un concept fondamental qu'il est important de réhabiliter si l'on veut améliorer les relations entre les hommes et les chiens. Méconnaître les lois qui régissent cette hiérarchie revient à nier la nature même de l'animal et à laisser libre cours à toutes sortes d'interprétations erronées de la part des propriétaires, même les plus bienveillants.

UN GROUPE ORGANISÉ

Les loups

Pour qu'un groupe d'animaux puisse fonctionner efficacement, un système d'ordre doit régner entre les membres et un système de communication doit permettre de renforcer cet ordre. Sans ces deux aspects, la survie du groupe est menacée. Chez les loups, la communication et l'ordre social sont particulièrement bien développés. Cela leur permet de cohabiter avec un minimum de conflits et de coordonner leurs efforts pour chasser, se déplacer ou élever les petits.

On peut distinguer deux ordres hiérarchiques dans la meute : celui des mâles et celui des femelles. Tous deux sont linéaires, c'est-à-dire que si l'animal A domine B, et que B domine C, alors A domine C. Les individus au sommet de cette hiérarchie sont appelés « mâle alpha » et « femelle alpha ». Notons que la femelle alpha domine tous les autres mâles.

Le mâle et la femelle alpha sont à l'origine de la meute, puisqu'ils sont les parents de la plupart de ses membres. La femelle alpha est habituellement la seule à se reproduire et elle veille à sauvegarder ce privilège en agressant les autres femelles qui sollicitent un mâle ou qui sont réceptives. Sa seule présence peut parfois suffire à inhiber les chaleurs des autres femelles. Toutefois, dans les périodes d'abondance, on peut observer deux portées dans 20 à 40 % des meutes, mais la plupart des louveteaux engendrés par des femelles subordonnées ne survivent pas(302).

Chez le mâle dominant, la situation est un peu différente. Si le mâle alpha est le plus sollicité par les femelles en période de reproduction, son activité sexuelle diminue fortement alors que sa position de chef de groupe se renforce. Il peut arriver exceptionnellement que le mâle bêta (juste au-dessous du mâle alpha) s'accouple avec la femelle alpha, ce qui n'enlève rien au prestige du chef de meute(299).

Le mâle bêta occupe la position la plus difficile de la meute. En effet, convoitant la place la plus haute de la hiérarchie, il se lie étroitement au couple alpha avec lequel il va coopérer. Ce faisant, il peut déceler les moindres signes de faiblesse du souverain (âge, maladie, etc.). Par ailleurs, pour conserver sa place, il doit maintenir tous les autres membres de la meute sous sa coupe et repousser leurs tentatives pour monter en grade.

On peut distinguer trois autres classes de loups:

1. les subordonnés sexuellement matures et hiérarchisés entre eux;
2. les loups oméga, dont le rang est si bas qu'ils évitent les membres importants de la meute et restent à la périphérie du groupe;
3. les juvéniles.

L'observation des louveteaux révèle que le statut social d'un loup peut être établi très tôt. Les différences génétiques influencent probablement le tempérament et le rôle social de chaque individu(258, 281). À l'âge de 3 semaines, les petits commencent à jouer et à se battre, établissant ainsi un ordre de dominance. Un des louveteaux, habituellement le plus fort, mais surtout le plus sûr de lui, peut facilement être identifié comme l'instigateur et le catalyseur de la majorité des interactions sociales entre les jeunes. C'est aussi celui qui a le plus souvent en sa possession des objets nouveaux, comme des os ou de petites proies (insectes, rongeurs, etc.). Les louveteaux moins confiants ont tendance à suivre un tel individu qui pourra devenir le chef des juvéniles(163). Tant que les animaux ne sont pas parvenus à maturité sexuelle, l'ordre hiérarchique s'établit provisoirement entre les juvéniles, sans distinction de sexe.

Les membres de la meute se montrent généralement très amicaux les uns envers les autres (sauf envers l'oméga). L'ordre hiérarchique permet à chacun de connaître sa place et ses droits et assure ainsi une cohabitation harmonieuse. Plus la meute est ancienne, plus sa structure sociale est stable. En effet, plus il y a de louveteaux qui grandissent sous la surveillance d'un mâle alpha, plus la position de celui-ci est solide(299) et moins il y a de conflits au sein de la meute. Les observations démontrent que les individus alpha établissent leur dominance très tôt sur les jeunes, surtout lorsque ceux-ci ont trop d'initiative[302, 305]. Il semble aussi que la régurgitation de nourriture permette aux adultes d'exercer un certain contrôle sur les louveteaux. En effet, si ces derniers insistent trop, les adultes n'hésitent pas à grogner[305].

La position du dominant est rarement mise en question et il n'a pas besoin d'avoir recours à la menace pour se faire respecter. Au contraire, il est souvent l'individu le plus calme du groupe. Son influence sur les autres va jusqu'à déterminer l'ambiance qui règne dans le groupe. Si le loup alpha est de nature amicale et joueuse, la meute le sera tout autant[163]. Son assurance lui permet de préserver son statut et l'harmonie du groupe. En d'autres termes, plus le mâle dominant est sûr de lui-même et de sa position, plus la hiérarchie du groupe est stable et l'ambiance paisible. Au contraire, si le statut des loups de haut rang n'est pas clairement défini ou si la meute n'est composée que de jeunes individus, de nombreux conflits vont éclater, chacun essayant de « monter en grade ».

Dans la plupart des cas cependant, l'ordre social est stable et les individus de rang supérieur sont rarement agressifs envers les subordonnés.

Deux événements particuliers peuvent rompre l'ordre établi :

1. Avant et pendant les périodes de reproduction, les interactions entre les loups s'intensifient. Celles-ci peuvent être de nature amicale, mais aussi conflictuelle, les animaux étant parfois rivaux. Si la stabilité de base de la meute est maintenue, on peut observer de nombreux changements de statuts au cours de ces périodes. Des bagarres parfois violentes éclatent, mais se résolvent au cours d'interactions ritualisées et causent rarement des blessures graves.
2. La perte du mâle dominant peut occasionner des bouleversements dans le groupe. S'il meurt, ou s'il devient trop vieux ou trop malade

pour maintenir son statut, la compétition qui éclate entre les autres loups est telle que la structure sociale du groupe est menacée. Si le nouveau chef de meute ne crée pas de liens d'allégeance avec les autres loups, il sera incapable de maintenir l'unité de la meute. Certains jeunes adultes au tempérament de chef peuvent alors quitter la meute pour en former de nouvelles[(307)].

Les dingos

Une structure sociale tout à fait similaire à celle des loups s'observe chez les dingos. Ces derniers descendent probablement du loup indien *(Canis lupus pallipes)*, dont de petits groupes domestiqués auraient été importés en Australie par des hommes préhistoriques. Retournés à l'état sauvage depuis 3 000 ans, ils se sont répandus sur tout le continent[(336)].

L'observation des dingos peut nous aider à mieux comprendre le comportement des chiens, puisqu'on peut les considérer comme étant la seule race pure de chiens. Ils se situent entre les loups et nos chiens actuels.

De même que chez le loup, la plupart des meutes de dingos sont constituées d'un couple et de leurs petits, ainsi que de quelques-uns de leurs descendants plus âgés. Ici encore, le groupe est régi par un ordre hiérarchique[(91)].

Bien que la meute comporte plusieurs femelles sexuellement matures, la femelle alpha est généralement la seule à se reproduire et chaque meute n'élève qu'une seule portée par an, tout comme chez les loups. Par ailleurs, il est possible que la femelle dominante pratique l'infanticide. En effet, certaines femelles subordonnées sont en gestation pendant les périodes de reproduction, mais elles n'élèvent jamais de petits[(91)].

Ici encore, tous les membres de la meute coopèrent pour la chasse et l'élevage des petits. Tous aident le couple alpha à les nourrir en leur régurgitant de la nourriture. Lorsque les petits grandissent, les adultes leur apportent des morceaux de proies. Plus tard, entre la 9e et la 14e semaine, ils sont emmenés en périphérie des lieux de chasse pour se nourrir. Ensuite ils peuvent accompagner les adultes sur le terrain même de la chasse. Les chiots sont sevrés vers la 16e semaine, mais restent avec la meute dont ils partagent les activités.

LE CHOIX D'UNE VIE EN MEUTE

Cette forme particulière de structure sociale que l'on observe chez les loups et les dingos procure aux animaux un certain nombre d'avantages quant à leur survie. Lorsque plusieurs individus mettent leurs efforts en commun, ils sont capables de défendre un grand territoire, ce qui permet au groupe de disposer d'un nombre suffisant de proies. De plus, la chasse en groupe leur permet de s'attaquer à de grosses proies, ce qui accroît les chances de chacun de manger à sa faim.

Des observations sur les loups et les dingos révèlent que la taille de la meute dépend non seulement de la disponibilité de la nourriture, mais aussi de la taille des proies. Ainsi, plus les proies sont grandes (par exemple des élans), plus les meutes sont grandes(242). Et un territoire qui comporte un grand nombre de proies pourra abriter une meute plus large qu'un territoire où la densité des proies est faible(91). Toutefois, dans la grande majorité des cas et même dans des conditions écologiques idéales, les meutes se composent généralement de 8 à 12 individus. La taille des meutes dépend de quatre facteurs :

- du nombre minimum d'individus nécessaires pour localiser et tuer une proie ;

- du nombre maximum d'individus qui peuvent se nourrir des chasses ;
- du nombre d'individus avec lesquels chaque membre de la meute peut tisser des liens sociaux ;
- de l'intensité de la compétition sociale que chacun peut supporter[299].

Ce type de structure favorise la survie des jeunes, puisqu'ils sont nourris conjointement par plusieurs adultes de la meute. Par ailleurs, la vie en groupe assure une meilleure protection à chacun des membres.

La variété des tempéraments procure à la meute une diversité de capacités individuelles qui, réunies, forment une « supra-intelligence[163, 302] ».

*La notion de territoire**

L'étude des loups du Minnesota[299] a révélé que les meutes évitent d'entrer en contact les unes avec les autres et s'établissent sur des territoires dont les frontières sont bien délimitées et respectées, ce qui n'exclut pas, par endroits, un chevauchement des territoires[152]. Le respect du territoire est important. Un grand nombre de loups tués par des congénères sont retrouvés le long des frontières territoriales[303]. Toutefois, en période de disette, les frontières ne sont plus respectées[456].

Les travaux de Harrington et Mech[213, 214] démontrent que les hurlements, qui signalent l'occupation d'un territoire, jouent un rôle important dans les relations entre les meutes. Les loups répondent plus fréquemment aux hurlements des meutes voisines lorsqu'ils se trou-

*Territoire : partie de l'espace vital défendue contre l'intrusion d'individus de la même espèce.

vent en présence d'une proie fraîchement tuée ou de nouveau-nés. Ces hurlements permettraient donc d'éviter des rencontres malencontreuses lorsque deux meutes s'approchent d'une région où leurs territoires se chevauchent, ou lorsqu'une meute retourne dans un lieu qu'elle n'a pas fréquenté depuis longtemps et dont les marquages odorants sont estompés.

Ainsi, les marquages et les hurlements sont complémentaires dans le partage de l'espace. Ceux-là permettent une communication à long terme et ponctuelle ; ceux-ci sont immédiats et se propagent sur de grandes distances.

L'influence de l'environnement sur la structure de la meute

Des comparaisons entre des meutes vivant dans des habitats différents ont mis en évidence le fait que la structure même d'une meute est susceptible de varier en fonction des facteurs environnementaux. Par exemple, les loups des parcs nationaux d'Amérique du Nord continuent à vivre en meute. À l'inverse, les loups européens – décimés par la forte compétition avec l'homme – vivaient, jusqu'à tout récemment, en solitaires, ayant peu de chances de se reproduire, ou alors en petits groupes constitués d'un couple et des petits de l'année. La taille du groupe était limitée d'une part par l'intervention humaine, d'autre part par le manque de nourriture. Dans les Abruzzes, l'analyse des excréments avait révélé que les principales sources de nourriture des loups étaient les décharges publiques. Il semble cependant que, à la suite de la réintroduction d'ongulés sauvages, ces populations forment aujourd'hui des meutes plus larges (les loups issus de la population italienne, qui ont colonisé le Mercantour, forment des meutes de huit ou neuf individus).

Chez les dingos, des comparaisons entre les meutes ont révélé les mêmes tendances: les dingos qui se sont établis dans des régions sauvages tendent à former des meutes larges et stables. En revanche, dans les régions pastorales, les groupes sont plus petits et les variations à l'intérieur des meutes sont essentiellement dues à l'intervention humaine(91).

Mais revenons à ce qui nous préoccupe: la question de la dominance. Quelle que soit la structure de la meute, celle-ci est toujours dirigée par un chef. Tâchons maintenant de mieux comprendre le rôle de ce dernier et de voir comment il assure sa suprématie.

LA POSITION ALPHA

Quelques avantages

On peut distinguer deux aspects dans la position de chef de meute: les privilèges et les obligations. Lorsqu'il y a compétition, par exemple pour la nourriture, ou lorsque la proie est de petite taille, la dominance prend la forme d'un privilège, puisque les animaux de haut rang s'empareront de l'objet convoité. Les autres membres de la meute ne tentent pas de s'interposer, mais cherchent à amadouer les deux membres alpha par des mimiques de soumission exagérées. Lorsque la proie est importante, il arrive que tous les membres de la meute mangent en commun; cependant, c'est le mâle alpha qui s'octroie les restes(305).

Par ailleurs, comme nous l'avons vu, la femelle alpha est généralement la seule à se reproduire. Quant au mâle alpha, s'il n'est pas toujours le père des louveteaux, il est convoité en priorité par les femelles en chaleur. Toutefois, lorsque la meute est grande ou lorsque la nourriture est particulièrement abondante(307), il peut arriver que d'autres femelles se reproduisent(183, 184).

Des observations en captivité ont révélé qu'il existe malgré tout des exceptions quant aux privilèges liés au rang. De même, il semble qu'il existe chez les loups des règles de propriété qui permettent parfois à un individu subordonné d'empêcher un animal dominant de lui prendre sa nourriture. Cette situation a été mise en évidence lors d'une expérience au zoo de Saint-Paul (Minnesota)[(299)] où un animal de troisième rang s'est emparé de la viande et l'a défendue farouchement contre les individus dominants. Cette expérience révèle un droit de propriété au premier loup qui saisit la viande. Précisons toutefois que, dans des conditions naturelles, c'est habituellement l'animal dominant qui s'octroie le premier les proies.

De nombreuses responsabilités

Mais la dominance ne consiste pas seulement à jouir de certains privilèges, mais aussi à mener le groupe, tâche autrement plus importante. Le terme anglais qui désigne l'individu « alpha » est plus adapté à la réalité que celui de « dominant », puisque « *leader* » signifie « meneur ». Dans une meute, les loups ne décident pas individuellement quelle direction prendre pour voyager, quand dormir et quand chasser. Certains prennent l'initiative, les autres suivent.

N'importe quel individu très motivé peut influencer les activités de la meute et entraîner les autres. Dans des situations où le groupe est détendu, lors de jeux par exemple, l'ordre semble être la résultante des impulsions et des motivations de chacun[(384)]. Toutefois, lorsqu'il s'agit d'activités plus importantes, comme voyager, chasser ou s'accoupler, c'est le mâle alpha qui est le plus motivé. C'est donc lui qui initie le mouvement des différentes activités de la meute. Par exemple :

- Il décide quand dormir et, lorsqu'il se réveille, il se dirige vers chacun des loups du groupe pour qu'ils se lèvent à leur tour. Pour surveiller la meute et les environs, le couple alpha dort toujours à la place la plus élevée et légèrement en retrait des autres.

- Il dirige les déplacements de la meute. Lorsque le loup de tête se repose, les autres en font autant. Ils reprennent la route lorsque le leader le décide[299, 302].
- Il veille à la protection de la meute. Lorsqu'un intrus s'aventure sur le territoire, le mâle alpha se précipite à sa rencontre pour le chasser. Au zoo de Chicago, le mâle alpha patrouille les limites de l'enclos et raccompagne systématiquement le gardien jusqu'à la porte. Ainsi, de tous les loups, ce sont les supérieurs hiérarchiques (alpha et bêta) qui se montrent les plus agressifs envers les intrus[192, 259], surtout pendant la période de reproduction[299]. Les autres sont généralement amicaux ou indifférents.
- Il ira, plus fréquemment que les autres, déposer des marques odorantes et visuelles (urine, selles, sécrétions des glandes interdigitales) aux endroits stratégiques du territoire (intersection des sentiers, lieux de rencontre, etc.) et aux frontières, à la fois pour marquer sa suprématie et pour signaler sa présence aux visiteurs éventuels. Parfois, c'est le seul mâle à lever la patte. En captivité, on a observé que les loups de bas rang urinent dans les points d'eau, certainement une façon de minimiser les signes de leur présence[305].
- L'individu alpha s'impose aux adultes subordonnés plusieurs fois par jour pour maintenir sa dominance. Il les menace, les regarde fixement dans les yeux ou les oblige à se soumettre en les plaquant parfois au sol. Il s'assure aussi de sa dominance sur les plus jeunes en leur montrant dès leur plus jeune âge qui est le chef. Plus les louveteaux prennent des initiatives et se montrent entreprenants, plus ils sont rappelés à l'ordre[302, 305].

Un roi ou un président ?

On ne comprend pas encore de quelle manière le mâle dominant gère sa suprématie. Est-il un monarque absolu que les autres suivent aveuglément, ou bien est-il un leader plus démocratique qui tiendrait compte des signaux émis par chacun des membres de la meute pour prendre ses décisions ? Il est possible que la dominance soit composée des deux formes d'autorité : autocratique et démocratique[299].

Citons un exemple : une meute de 16 loups avait parcouru une trentaine de kilomètres à travers des contrées neigeuses. Beaucoup d'entre eux montraient des signes évidents de fatigue, mais le leader semblait déterminé à poursuivre sa route et revenait constamment vers les autres pour les presser. Ils parcoururent encore un kilomètre puis, arrivés face à une étendue de glace dure et déchiquetée, ils firent demi-tour. Il parut évident à l'observateur que c'était l'hésitation du groupe qui avait poussé le dominant à retourner sur ses pas[299].

Il arrive également que le mâle alpha agisse de façon indépendante. Alors que la meute mentionnée plus haut chassait un élan, le leader arrêta soudain la poursuite et empêcha les autres de continuer.

Il semble que les meutes de loups soient gouvernées par un système hiérarchique basé à la fois sur une autocratie et une démocratie. Bien qu'il agisse de façon autoritaire la plupart du temps, le comportement du mâle dominant peut cependant être influencé par celui des autres.

Cette forme d'organisation sociale ne serait pas possible sans moyens de communication très évolués. Nous avons vu que la communication chez les canidés est basée sur la vision, l'odorat, l'ouïe et le toucher, ce qui leur permet de transmettre et de recevoir des informations sur le rang social et sur les émotions de chacun. Chez les animaux qui vivent en meute comme les loups, le comportement et les postures ont évolué de telle sorte qu'ils permettent de maintenir la cohésion du groupe et de réduire les agressions entre les membres (voir chapitre 7). Sans ces comportements ritualisés, les animaux d'une meute seraient en perpétuels conflits, et si épuisés qu'ils n'auraient plus assez d'énergie pour chasser ou se défendre contre un prédateur éventuel[4].

Maintenant que nous comprenons comment les canidés sauvages s'organisent socialement, tournons-nous vers les chiens. Mais, avant d'aller plus loin, arrêtons-nous un instant sur ceux qui, parce qu'ils ont fugué un jour ou qu'ils ont été abandonnés, vivent indépendamment des hommes. Comment s'organisent-ils ? Vivent-ils solitairement ou forment-ils des meutes ? S'ils vivent en groupes, ceux-ci sont-ils organisés et hiérarchisés ? Des réponses à ces questions nous permettraient de mieux comprendre comment les chiens envisagent la vie dans nos familles.

LES CHIENS INDÉPENDANTS DE L'HOMME

De nombreuses recherches sur les chiens errants ou sauvages ont été conduites en Italie. On estime la population de chiens errants dans ce pays à plus de 800 000. Presque toutes les régions sont concernées. Parmi ces chiens errants, 10 % vivent en totale indépendance de l'homme, n'ayant plus la moindre attache avec lui.

C'est dans les régions montagneuses des Abruzzes qu'ont été menées la majorité des études[51, 52, 53, 54, 282]. La plupart des chiens de cette région sont typiques des Abruzzes (bergers de Maremme-Abruzzes) et des croisés bergers allemands. Ces races ont été utilisées pendant longtemps pour protéger les troupeaux contre les loups. D'après la population locale, l'apparition des chiens errants aurait coïncidé avec la diminution du nombre de loups. Devenus inutiles, les canidés domestiques auraient été délaissés par leurs maîtres. Ces animaux sont de taille moyenne ou grande. Aucun chien de petite taille n'a été aperçu en compagnie de chiens errants ou vagabonds.

Ces recherches sont particulièrement intéressantes, car elles permettent de comparer des chiens vivant dans des lieux adjacents mais différents. L'Italie centrale comporte en effet des zones habitées, constituées par de petits villages, et des zones plus sauvages, les campagnes. Par ailleurs, la similarité phénotypique des chiens (la similarité des caractères apparents des animaux) et leur proximité géographique permettent de supposer que, si leur organisation sociale est différente selon qu'ils vivent en campagne ou dans les villages, cette différence est due aux variations écologiques et non à l'appartenance à une race. En effet, les chercheurs ont suivi en parallèle: les chiens des villageois qui, bien qu'appartenant à des propriétaires, sont laissés très libres et doivent parfois se procurer eux-mêmes leur nourriture; les chiens sauvages vivant dans les alentours, mais qui n'ont pas de contact avec l'homme; les loups qui fréquentent la région. Voyons d'un peu plus près ce qui se passe.

Les chiens de village

Lorsqu'ils vivent dans les villages, les chiens restent plus ou moins en contact avec les humains. Ils sont souvent nourris par les habitants et certains d'entre eux, bien que libres de vagabonder, retournent occasionnellement chez leur propriétaire.

À première vue, ces animaux semblent plutôt adopter un mode de vie solitaire. Une étude plus approfondie de Macdonald et Carr[282, 283] a pu mettre en évidence l'existence de groupes sociaux discrets, d'associations. Ces groupes défendent des territoires dont l'existence a été révélée par deux sources. La première provient de l'utilisation de l'espace par les animaux de chaque groupe (parmi ces derniers, certains utilisent le territoire dans son entier, d'autres n'en utilisent qu'une partie) et la seconde, de la localisation et de la nature des interactions hostiles.

Dans le village de Sant'Iano par exemple, les auteurs ont identifié quatre territoires d'environ 0,25 hectare, occupés chacun par un groupe. En dehors des différents territoires, il y a des zones neutres où les chiens évitent d'entrer en conflit : ce sont principalement les environs des décharges, ressources alimentaires principales de tous les chiens. Les frontières entre deux territoires sont sujettes à des marquages intensifs ; c'est d'ailleurs là que la plupart des rencontres hostiles ont lieu.

Ces territoires sont défendus par les occupants. Si, en de rares occasions, un chien s'aventure sur un territoire voisin, il fuit dès qu'il est repéré par les « propriétaires » et se fait généralement raccompagner à la frontière. En deux occasions, Macdonald et Carr[(283)] ont pu observer un intrus qui se faisait repousser par un animal qu'il avait lui-même expulsé de son territoire peu de temps auparavant. Dans ce contexte, c'est donc le lieu et non l'individu qui détermine l'issue du conflit.

Sur la totalité des interactions hostiles observées, seules 2 % ont eu lieu entre chiens d'un même groupe. Les interactions entre chiens de groupes différents ont été principalement observées aux frontières de leurs territoires respectifs. Ainsi, bien que chacun des membres du groupe passe le plus clair de son temps seul ou en association préférentielle avec certains chiens, les relations sociales entre les membres d'un même groupe sont amicales.

Les chiens de campagne

Éloignés des hommes et ayant perdu tout contact direct avec eux, ces animaux adoptent un mode de vie sociale différent de ceux des villages. En effet, il semble que ces chiens préfèrent se déplacer en groupes relativement stables qui se composent en général de deux couples de chiens et de leurs jeunes.

Tout comme leurs voisins villageois, ces animaux forment des groupes qui défendent des territoires. Ici encore, les chiens se montrent agressifs envers les intrus (spécialement dans la zone centrale de leur espace vital). La plupart du temps, les aboiements suffisent à éloigner les visiteurs, mais il arrive que des bagarres plus sérieuses aient lieu, se terminant parfois par la mort d'un participant. Bien que l'un des membres prenne souvent une part plus active dans la défense territoriale, tous les membres présents, excepté les chiots, se joignent à lui pour repousser l'intrus, ce qui a déjà été observé ailleurs[98, 99].

La zone de chevauchement des territoires est constituée par la décharge communale, source principale de nourriture. Dans les zones neutres, les chiens se montrent tolérants envers leurs congénères étrangers.

La vie en groupe

Boitani et ses collègues[54] ont observé durant trois ans un groupe de chiens constitué par un noyau de deux couples. Les liens entre les partenaires sont stables et perdurent jusqu'à la mort de l'un d'eux. Lorsqu'un animal se retrouve « veuf », il recherche un autre partenaire parmi les nouveaux arrivants (chiens qui ont fugué ou qui ont été abandonnés récemment) ou parmi les jeunes issus de portées précédentes. Il semble toutefois que le recrutement de nouveaux membres dans un groupe déjà constitué soit déterminé par les femelles. En effet, lorsqu'elles sont en rut, elles attirent les mâles des environs (souvent des chiens des villages). Choisis comme partenaires sexuels, ils sont automatiquement intégrés au groupe. Étonnamment, les mâles du groupe se montrent peu hostiles à leur égard[54].

Contrairement aux canidés sauvages, ces animaux ne pratiquent pas d'accouplement exclusif et toutes les femelles peuvent avoir des petits. Avant la mise bas, les futures mères s'éloignent du groupe et recherchent un endroit isolé. Pendant six semaines, elles restent en compagnie de leurs chiots et ne s'éloignent que pour rechercher de la nourriture. Le père ou d'autres membres de la meute rendent parfois visite à la femelle. À l'occasion, on a pu voir le père jouer avec les chiots. Cependant, contrairement à ce qui se passe chez les loups, ni le père ni les autres membres du groupe ne participent au nourrissage des jeunes*. Les chiots commencent à se socialiser réellement avec leurs aînés aux alentours de leur 14e semaine et continuent à dormir loin des adultes jusqu'à la 20e semaine. Les abords du terrier ne deviennent pas un lieu de rendez-vous comme chez les loups[54].

Le sevrage se fait vers la 5e semaine. Les jeunes deviennent relativement indépendants vers l'âge de 4 mois. La mortalité est extrêmement élevée, selon une estimation de Macdonald et Carr[282, 283]. Seuls 16 % des chiots atteignent leur 20e semaine et, selon Boitani, 5 % seulement survivent à leur première année. En Italie, la plupart des chiots sont éliminés par les hommes.

En général, les groupes sont stables. Boitani et ses collègues[54] ont rapporté qu'un des mâles agissait comme le chef du groupe en menant les interactions agressives lorsqu'il y avait intrusion sur le territoire. Il était aussi le dernier à battre en retraite lors de ces rencontres. Aucune des observations relatées n'a malheureusement per-

*Chez les loups, à l'époque de la mise bas, la prolactine est sécrétée aussi bien chez les mâles que chez les femelles, même immatures, ce qui pourrait expliquer pourquoi tous les adultes s'occupent si bien des louveteaux[19, 302]. Qu'en est-il chez les chiens? À notre connaissance, aucune recherche n'a été faite sur ce sujet.

mis de préciser davantage la fonction du chef de groupe parmi ces populations de chiens.

D'AUTRES OBSERVATIONS DE CHIENS ERRANTS

De nombreuses autres recherches sur des chiens errants (ayant gardé des contacts plus ou moins étroits avec les humains) et sur les chiens domestiques retournés à l'état sauvage ont donné des résultats contradictoires en ce qui concerne la sociabilité de nos canidés. Selon certaines recherches, les chiens ne semblent pas créer des liens durables avec leurs congénères[37, 45, 96]. D'autres chercheurs ont par contre observé la formation d'associations de plus ou moins longue durée entre certains chiens[98, 99, 151, 265, 374], avec des séances de salutations matinales entre les membres du groupe et quelques (rares) rituels de dominance et de soumission avec préséance pour la nourriture et le choix d'une place de repos[151]. Dans un cas, deux femelles se sont associées pour élever en commun leurs chiots. Bien que ces dernières aient maintenu de nombreux contacts avec leurs congénères, ceux-ci n'ont cependant pas participé au nourrissage des chiots[99]. Des observations identiques ont été faites sur des groupes de fox, de terriers et de beagles vivant en enclos avec un minimum de contacts avec l'homme[394]. Dans d'autres cas, les chiots se sont dispersés ensemble ou ont été assimilés dans le groupe parental[98].

En ce qui a trait à la formation d'un territoire, les résultats divergent encore une fois[45, 96, 99, 151]. On a constaté que certains moyens étaient parfois mis en place pour éviter les rencontres avec des congénères étrangers, notamment des marquages et des aboiements. Il semble que la présence des jeunes augmente la superficie du domaine vital* ou la

*Domaine vital: étendue spatiale nécessaire à un animal ou à un groupe social pour assouvir ses besoins annuels.

fréquence des aboiements[98, 99]. Si ces moyens ne sont pas suffisants, les interactions entre chiens sont modulées en fonction de leur familiarité : en cas de tension, l'agressivité dirigée envers un animal non familier est en général plus importante que celle montrée à l'égard d'un animal connu[98].

PEUT-ON PARLER DE MEUTE CHEZ LE CHIEN DOMESTIQUE ?

Reste à savoir si, chez les chiens, on peut parler de meute. Tout d'abord, comment peut-on définir une meute? Une meute est un groupe d'animaux agissant le plus souvent de concert pour leurs déplacements, leurs phases de repos et la recherche de nourriture. En principe, les membres d'une meute de canidés sauvages travaillent ensemble pour chasser et défendre un territoire commun. Chez les loups, la meute est généralement formée d'un couple reproducteur et de ses descendants. Il s'agit donc souvent d'animaux apparentés. La meute est également hiérarchisée. Chaque animal y occupe une place définie et les communications entre les membres se font principalement sur la base de mimiques et de rituels permettant à chacun de connaître sa position hiérarchique.

Les chiens livrés à eux-mêmes

Dans les villages, les chiens (qui restent en contact plus ou moins étroit avec les humains) adoptent un style de vie comparable à celui des renards : les individus vivent en groupes sociaux plus relâchés et défendent un territoire commun tout en menant une existence plutôt solitaire[282, 283]. Dans ce cas, on peut difficilement parler de meute, puisque les animaux n'unissent pas leurs forces pour rechercher la nourriture et qu'un simple rudiment de hiérarchie a pu être observé parmi les membres d'un groupe.

En ce qui concerne les chiens retournés à l'état sauvage et partageant les mêmes conditions écologiques que les loups, ils vivent et se comportent presque exactement comme ces derniers. En effet, Boitani a montré que les loups italiens, vivant proches des habitations humaines, ne chassent pas en meute, mais se nourrissent dans les mêmes décharges que les chiens, se déplacent solitairement, ou parfois en couple. On peut donc parler de meute même si, contrairement à ce qui se passe généralement chez les loups, une meute de chiens n'est pas formée d'individus apparentés et que souvent les nouveaux membres doivent être recrutés parmi les chiens des villages environnants. Ces différences sont en partie provoquées par les hommes qui tuent un grand nombre de chiens sauvages et éliminent leurs portées. Des analyses récentes montrent cependant que, chez les loups également, il arrive que des membres étrangers soient intégrés dans une meute déjà formée[18, 307, 444], et cela plus souvent qu'on l'avait suspecté.

La différence la plus importante est la non-participation des chiens du groupe à l'élevage des chiots, ce qui est certainement à mettre sur le compte de la domestication. Il est difficile d'analyser les comportements sociaux des chiens errants en les interprétant d'après des stratégies évolutives. En effet, puisque l'homme décime régulièrement ces populations, on peut considérer que celles-ci sont soumises à la pression humaine plutôt qu'à la sélection naturelle.

Quels avantages les chiens sauvages retirent-ils en s'organisant en meute ? En se regroupant, les chiens peuvent défendre plus efficacement un territoire et les ressources qu'il contient. Les auteurs supposent que la proximité des loups favorise cette organisation car, étant regroupés, les chiens peuvent entrer plus facilement en compétition avec ces derniers. Un loup, en effet, n'hésite pas à affronter un chien et peut aisément le mettre à mort (les chiens représentent 3,5 % de la diète du loup des Abruzzes[51]). Cependant, les loups hésitent à défier les chiens si ces derniers sont numériquement supérieurs.

Que conclure de toutes ces informations parfois contradictoires? Tout d'abord, bien qu'il ait été domestiqué depuis des milliers d'années, le chien semble encore capable de se débrouiller par ses propres moyens, même dans des environnements hostiles. Tout comme le loup, il a gardé une grande capacité d'adaptation et peut modifier son organisation sociale en fonction de ses besoins. Sa sociabilité est grandement influencée par le milieu (zones urbaines ou rurales), par les ressources disponibles (nourriture et abris) et par la densité des chiens (le groupe peut se scinder en fonction des besoins[(99)]).

Dans certains cas, les chiens ont d'ailleurs tout intérêt à ne pas vivre en groupe. Quand le chien partage la même niche écologique que son ancêtre le loup, il vit comme lui. Il semble cependant que la domestication ait irrémédiablement modifié les tendances originelles à l'élevage commun des jeunes. Cela contribue certainement à augmenter la mortalité infantile, ce qui pousse le chien à recruter des membres étrangers pour maintenir la stabilité numérique du groupe. Cette dernière obligation ne contribue-t-elle pas à modifier (voire à relâcher) les relations sociales entre les membres de la meute? Cela pourrait expliquer en partie les différences constatées entre l'organisation sociale des chiens et des loups.

Les chiens compagnons de l'homme

Afin de déterminer si les chiens établissent une hiérarchie sociale avec leurs pairs, beaucoup d'observations ont été faites sur des chiens vivant en groupes[(120)].

Les résultats révèlent que, tout comme les loups, les chiens établissent des hiérarchies distinctes entre les sexes. Habituellement, le chef

« suprême » de la meute *(top dog)* est un mâle, mais il arrive que cette charge soit assumée par une femelle. Dans les groupes étudiés, l'ordre entre les mâles s'est révélé parfaitement linéaire et stable (on n'a observé que très peu de variations sur une période de 10 ans). En cas de compétition, l'issue est presque toujours déterminée par l'ordre hiérarchique. Chez les femelles, en revanche, l'ordre est sujet à une plus grande flexibilité et le succès d'un animal dépend de la situation. En règle générale, la première à s'emparer de l'objet convoité pourra le garder – et la femelle se montre beaucoup moins encline à partager que le mâle.

En dehors des situations de compétition*, la plupart du temps provoquées par les expérimentateurs, les relations entre les animaux vivant en groupe sont amicales et détendues. Ces données viennent encore une fois confirmer la grande similitude des rapports sociaux qui s'établissent dans un groupe de chiens et dans un groupe de loups. Mais cette similitude va plus loin. Les recherches ont en effet permis de mieux définir le comportement de chacun en fonction de son rang, et notamment le comportement du leader. Ainsi, on s'aperçoit que le chien dominant n'est pas un animal agressif, bien au contraire. L'individu alpha ne grogne pas souvent et on le voit rarement menacer un subordonné. En fait, ces animaux sont très calmes de nature : puisqu'ils sont assurés de leur position et de leurs privilèges, ils n'ont nul besoin d'user de la force.

Les chiens de rang très bas ne sont pas plus agressifs : il serait en effet imprudent pour eux de défier leurs supérieurs.

---

*Les chiens sont placés dans des situations de rivalité où les commodités, telles que les places pour dormir, les bols de nourriture et d'eau, les jouets, etc. sont en nombre limité. On a également observé l'issue de l'interaction entre deux chiens lorsque :
1) on lance un os à une distance équivalente entre les deux animaux ;
2) on donne un os à l'individu subordonné.

Ce sont essentiellement les individus de rangs intermédiaires qui vont exhiber des postures de menace. Il semble que les grognements, la piloérection et les bagarres soient principalement des signes d'insécurité et de manque de confiance en soi. Ces signaux sont à mettre en corrélation avec l'incertitude quant à la position hiérarchique individuelle, puisque les rangs intermédiaires sont moins stables.

Qu'impliquent ces données ? Nous allons voir que cette hiérarchisation des individus ne se limite pas aux relations que les chiens entretiennent entre eux lorsqu'ils sont en groupe. Au contraire, chaque fois qu'ils entrent en contact avec un congénère ou un humain, il est prioritaire pour eux d'établir « qui domine qui ». Cela fait, l'animal saura quelle attitude et quel rôle adopter face à son interlocuteur.

Chapitre 9

QUI EST LE CHEF ? L'HOMME OU LE CHIEN ?

LE CHIEN, LA MEUTE, LA FAMILLE

Il y a 20 ou 30 ans, la plupart des foyers n'étaient pas encore équipés du chauffage central et chaque pièce devait être chauffée séparément. Pour économiser la chaleur, on maintenait les portes fermées. Quel rapport y a-t-il entre le comportement des chiens et le chauffage des maisons ? En fait, les implications sur les relations que nous entretenons avec nos chiens sont capitales. En effet, autrefois, en maintenant les portes fermées, on limitait les déplacements du chien dans la maison. Celui-ci passait la plus grande partie de la journée dans la cuisine ou dans la cour et il avait rarement accès aux autres pièces de la maison.

Par ailleurs, jusqu'à tout récemment, nos connaissances en matière de nutrition animale n'étaient pas aussi développées, et les aliments industriels n'étaient pas aussi disponibles. Les chiens étaient nourris des restes de table.

Ainsi, les déplacements du chien sur le territoire étaient limités et sa place pour dormir était située en périphérie du groupe, et puis il devait manger après la famille.

Aujourd'hui, les choses ont bien changé. Les maisons disposent désormais du chauffage central, les portes restent toujours ouvertes et le chien peut se déplacer librement dans toutes les pièces. Il peut donc occuper tous les lieux stratégiques, comme le haut des escaliers et le passage des portes. Dans bien des cas, il peut dormir où il veut, y compris dans les chambres ou sur le lit de ses maîtres.

Autre fait marquant : depuis que les aliments industriels sont devenus facilement accessibles, de nombreux propriétaires ont tendance à nourrir leur chien avant de passer à table. Ils pensent à tort que si le chien a le ventre plein, il sera moins enclin à mendier. Malheureusement, bien que cela ne change rien à son comportement, ils continuent à nourrir le chien en premier, comme pour se donner bonne conscience.

Au-delà des changements liés à notre mode de vie, le statut même du chien s'est modifié ces dernières décennies. Autrefois animal essentiellement utilitaire qui devait travailler pour mériter sa pitance, la majorité des chiens sont devenus des animaux de compagnie au sein de la famille. Le chien est souvent considéré comme un ami, un confident ou un enfant et devient, de ce fait, l'égal de ses compagnons humains. À ce titre, on lui donne libre accès aux canapés et fauteuils de la maison, on le caresse, on l'embrasse chaque fois qu'il réclame de l'attention et on lui donne de la nourriture de notre assiette lorsqu'il le demande. Il suffit à Médor de s'asseoir devant nous pour qu'on le prenne en « pitié ». Bref, par souci de son bien-être, comme on le ferait pour un ami ou un enfant, on veille à satisfaire chacune de ses demandes.

Mais notre bienveillance à son égard va plus loin. Il sort le premier à l'heure de la promenade et précède tout le monde. En tant que propriétaire attentionné, on attend Boomer chaque fois qu'il s'arrête pour faire ses besoins. Lorsque le chien veut jouer, il lui suffit de présenter sa balle pour qu'on le suive dans une partie de jeu et c'est toujours Milou qui finit la partie en possession de la balle.

Combien de maîtres se reconnaîtront-ils dans cette description ? Quel mal y a-t-il, me direz-vous, à se préoccuper du bien-être de son animal ? Aucun. Bien au contraire, tant que nous sommes sûrs de satisfaire les besoins de notre animal et non les nôtres ! Mais tâchons maintenant de nous mettre à la place du chien pour comprendre comment il perçoit cette situation.

1. Il peut dormir où il veut, y compris sur les canapés, les fauteuils et le lit de ses maîtres. En revanche, personne n'occupe sa place et son lit dans la cuisine reste inviolé. Or, dans une meute, ce sont les individus dominants qui choisissent la meilleure place pour se reposer et dormir. Ils vont privilégier les places en hauteur qui leur permettent de surveiller le groupe et les environs.
2. Il peut se coucher devant les portes (particulièrement devant les portes d'entrée) et dans les passages. Or, chez les canidés sociaux, ce sont les animaux de rang supérieur qui déterminent les déplacements des membres de la meute et qui sont en charge de protéger le territoire. Quelle meilleure place pour ce faire que de s'installer devant le seul accès au territoire : la porte d'entrée !
3. Il mange en premier. Pour Mirza, l'ordre d'accès à la nourriture est déterminé par l'ordre hiérarchique !
4. Il reçoit de la nourriture de l'assiette de ses maîtres alors que ceux-ci sont à table. Du point de vue du chien, un animal de rang élevé n'est pas dérangé pendant son repas et ne tolère aucun subordonné à proximité. Lui donner un morceau de notre steak pendant qu'on

mange revient à lui dire qu'on le considère comme notre supérieur hiérarchique.

5. Lorsque Médor sollicite notre attention en aboyant, en plaçant son museau ou sa patte sur nos genoux, nous le caressons aussitôt. Médor est un très bon dresseur !
6. Plusieurs fois par jour, pour lui manifester notre affection, nous nous précipitons sur Milou pour le caresser ou l'embrasser. De même que nous embrassons nos semblables sur le visage, nous embrassons nos chiens sur le museau. Ce faisant, nous agissons comme les animaux subordonnés soumis à leur chef.
7. Lorsque l'heure de la promenade arrive, Ixia se précipite par la porte d'entrée et sort toujours la première. Or, nous avons vu que pour le loup et le chien, c'est l'animal alpha qui dirige les déplacements de la meute.
8. Athos tire sur sa laisse durant toute la promenade. Or, c'est le chef de meute qui mène lors des déplacements du groupe.
9. Au cours de la promenade, nous attendons notre chien chaque fois qu'il s'arrête pour renifler une odeur ou pour faire ses besoins. Selon les codes de Valentine, chaque fois que le chef de meute s'arrête, tout le monde s'arrête et ce n'est que lorsqu'il repart que les autres se remettent en mouvement. En revanche, un individu de rang inférieur qui s'arrête n'a aucune influence sur les déplacements de la meute.
10. Eros marque tout au long de la promenade, laissant une trace de son passage sur tous les objets qu'il croise. Or, selon les lois canines, plus l'animal a un rang élevé, plus il marque. Nous ne connaissons aucun maître qui prend la peine d'uriner plusieurs fois pendant qu'il promène son chien.

11. Ulysse aboie furieusement dans la voiture dès qu'il aperçoit un passant (canin ou humain). En tant que leader, il doit défendre son territoire et la voiture en fait partie.
12. Lorsque Falline apporte sa balle, c'est avec plaisir que nous la lui lançons. Comme le chien est plus persévérant que son maître, c'est souvent lui qui récupère le jouet en fin de partie. Il en va de même lorsqu'on joue à tirer sur une corde ou un chiffon. Évidemment, nous n'attachons aucune importance au fait de gagner ou de perdre la partie, d'autant que le trophée baveux n'est pas du plus bel effet sur la cheminée. Pour le chien en revanche, celui qui gagne l'objet est celui qui a fait preuve d'une plus grande force et de plus de persévérance. Rappelons que les chiots jouent beaucoup à des jeux compétitifs. Lorsque ces jeux impliquent la possession d'un objet, le vainqueur est celui qui a réussi à récupérer l'objet convoité. Plus ils gagnent, plus ils montent dans la hiérarchie(148). Le jeu, plus qu'un simple amusement, représente pour Falline un moyen de tester la force physique et psychologique de son partenaire.

Si on résume la situation du point de vue du chien, qui est le chef ? Le maître, parce qu'il tient la laisse et emmène Médor aux cours de dressage toutes les semaines ; ou le chien à qui l'on signifie dans les actes les plus courants de la vie quotidienne qu'on le considère comme notre leader ?

À première vue, traiter son chien comme le chef de meute n'apparaît pas comme un problème, d'autant que nombreux sont ceux qui admettent, sourire aux lèvres, que c'est leur chien qui décide. Mais les choses ne sont pas si simples et placer son chien en position dominante n'est pas sans conséquences, surtout si le chien a du tempérament. En effet, celui-ci risque non seulement de veiller à sauvegarder les privilèges qui lui reviennent, mais aussi d'assumer les responsabilités liées à son rang. Il exprimera un ou plusieurs des comportements suivants :

- Il précède le maître pour le passage des portes et lors de la promenade. Il est fréquent que le chien aille jusqu'à bousculer son maître pour passer devant lui.
- Il bouscule les enfants. Le chien montre ainsi qu'il ne les respecte pas.
- Il monte pseudo-sexuellement sur le maître et ses enfants.
- Il fixe les membres de la famille, et surtout les adultes, dans les yeux.
- Il réclame continuellement des caresses.
- Il montre de l'anxiété en présence d'étrangers et réagit de façon excessive (sauts, aboiements). De même, il manifeste son mécontentement si on l'enferme quand il y a des visiteurs.
- Il interfère et cherche à attirer l'attention lorsque le maître discute avec d'autres personnes.
- Dans des lieux nouveaux, il s'engage dans une exploration frénétique.
- Il se montre difficile en ce qui a trait à la nourriture.
- Il n'obéit pas aux ordres, mêmes connus. Notons que bien des chiens qui suivent des cours d'éducation se montrent parfaitement obéissants dès qu'ils posent les pattes sur le terrain du centre d'éducation, mais n'écoutent plus rien une fois à la maison.
- Lorsqu'il s'installe sur le canapé, le fauteuil préféré ou le lit de son maître, il refuse d'en descendre lorsqu'on le lui demande.

Tous ces comportements s'expliquent aisément. On pense habituellement que la dominance se manifeste par des actes agressifs, or il n'en est rien : « Le chien dominant est celui qui obtient ce qu'il veut, qu'il utilise ou non l'agressivité pour l'obtenir[148]. »

La dominance peut être très subtile. Un chien peut, par exemple, demander à sortir avec insistance, mais il ne sortira pas quand le maître excédé lui ouvre enfin la porte. Il peut également quémander de l'attention en plaçant ses pattes sur les genoux d'une personne ou encore donner des coups de museau dans le journal que son maître est en train de lire. Il peut aussi poser sa tête sur l'épaule de son propriétaire lorsqu'ils sont en voiture. La liste n'est pas exhaustive et les chiens, êtres intelligents, ont bien des moyens d'exercer leur contrôle sur leurs compagnons humains.

Dans certains cas, malheureusement, le chien dominant va plus loin et, pour faire valoir ses droits ou pour remettre un subordonné à sa place, il le menace en grognant ou en montrant les dents. Il peut aussi aller jusqu'à pincer ou, pire, jusqu'à mordre plus ou moins gravement. Voici un exemple typique :

Alors que Mirza se repose paisiblement dans son fauteuil préféré, Carole se dirige vers elle tout en gesticulant, cherchant visiblement à la faire descendre. Ne pouvant tolérer d'être dérangée de la sorte par une femelle subordonnée, Mirza réplique par un grognement et menace Carole en dévoilant sa dentition puissante (même si Mirza est un chihuahua). Ne voulant pas se faire mordre, Carole décide de ne pas insister et cherche un autre endroit pour s'asseoir. Le canapé fera très bien l'affaire. Mirza, triomphante, se remet dans une position confortable et reprend sa sieste : elle sait que, désormais, elle ne sera plus dérangée.

D'après Voith V.L.[(434)], l'agressivité liée à la dominance se manifeste surtout lorsqu'un membre de la famille :

- caresse ou cajole le chien ;
- le dérange pendant son repas ;
- tente de lui retirer de la nourriture ;
- le fixe dans les yeux ;
- tente de le faire coucher.

Ainsi, un chien qui exerce sa dominance par l'agressivité risque de mordre parce qu'il estime devoir remettre un subordonné à sa place, ou avoir été menacé (par exemple lorsque le maître le fixe dans les yeux).

UNE DOMINANCE DIFFICILE À VIVRE

Dans la majorité des cas, nous l'avons vu, ce ne sont pas les chiens qui revendiquent une position dominante, mais plutôt les maîtres qui, croyant bien faire mais ignorant les règles canines, placent leur compagnon à la tête de la « meute ». Or, s'il est parfois difficile de vivre sous la gouverne de son chien, il est encore plus difficile pour ce dernier d'assumer une position dominante.

Rappelons que le *leader* doit notamment mener le groupe, déterminer le moment des sorties, en assurer le bon déroulement et définir les itinéraires. Comment un chien enfermé dans une maison et dépendant des disponibilités de ses maîtres pour l'heure de la promenade pourrait-il assumer sa tâche ? Par ailleurs, puisqu'il est promené en laisse la plupart du temps et qu'il n'est pas libre de ses mouvements, comment pourrait-il défendre le groupe et décider du chemin à prendre ? Pire encore, comment un chien dominant peut-il comprendre que son maître sorte seul et qu'il doive, lui, rester enfermé dans l'appartement ? Il y a de quoi se sentir frustré et passer son énervement sur le mobilier, non ?

Autre contradiction que vit un chien placé dans une position dominante : les réprimandes. De son point de vue, il est responsable de ses maîtres et du territoire qu'ils occupent. Pourtant, quand il urine sur les plantes du salon ou qu'il aboie pour faire fuir un intrus, ou quand il saute sur le facteur, il se fait furieusement gronder par un subordonné !

La liste de situations incompréhensibles pour le chien n'est pas exhaustive. Celles-ci étant trop nombreuses pour être décrites dans ce chapitre, nous invitons nos lecteurs à identifier eux-mêmes les contradictions que les chiens de leur entourage doivent supporter, en tenant compte des règles canines que nous avons énumérées.

Retenons de tout ceci que, dans de telles conditions, il est très pénible pour le chien d'assumer une position hiérarchique supérieure. Il se retrouve forcément soumis à de nombreuses frustrations et incompréhensions auxquelles il lui est très difficile de faire face. Même s'ils sont intelligents, les chiens restent limités par leurs possibilités de compréhension et ne peuvent faire autrement qu'appréhender la réalité en se référant à leurs codes de vie.

Ces incompréhensions peuvent être la cause de désordres émotionnels comparables à ceux des humains. Certains chiens peuvent notamment devenir boulimiques, anorexiques, anxieux, ou même sombrer dans une sorte de « dépression » semblable à la dépression humaine. Ces problèmes comportementaux perturbent gravement et parfois irrémédiablement la relation entre l'humain et le chien. La plupart des chiens ne développent pas de tels symptômes, mais il reste que, quand on les place en position dominante (surtout si c'est contre leur gré), on court le risque de les exposer à de nombreuses sources de frustrations et d'incompréhensions.

À l'inverse, un chien maintenu au plus bas de la hiérarchie est relevé de toute responsabilité et peut en toute tranquillité jouir des avantages de la vie domestique.

Mais qu'est-ce qui fait que, placé dans une position de chef de meute, un chien se montre agressif, alors qu'un autre développe plutôt toutes sortes de perturbations comportementales, signes évidents de stress ? C'est que chacun réagit en fonction de son tempérament et de son vécu. Tâchons d'identifier d'abord le rôle joué par l'hérédité dans le domaine du comportement.

Chapitre 10

L'HÉRÉDITÉ

L'IMPORTANCE DE LA SÉLECTION

Les différentes races de chiens se distinguent par des aptitudes particulières, celles pour lesquelles les chiens ont été sélectionnés depuis des générations. Par exemple, un chien d'arrêt prend très tôt, au cours des jeux, la position qui servira plus tard au marquage de la proie, ce qui facilite le dressage pour la chasse. Cela ne veut cependant pas dire que des chiens d'autres races sont incapables d'accomplir la même chose. Il ne faut pas oublier que les comportements du chien n'ont pas été créés de toutes pièces, mais sélectionnés à partir de comportements préexistants chez le loup.

Nous ne voulons pas aborder en détail ces caractéristiques raciales, cependant nous désirons attirer l'attention du futur propriétaire sur certaines tendances plus générales qui devraient impérativement être prises en considération. Nous pensons notamment au besoin d'exercice de certains sujets. Il est par exemple aberrant, si on ne désire pas faire journellement de grandes promenades, de vouloir faire vivre en appartement une race sélectionnée pour être sans cesse en mouvement (par exemple les chiens auxiliaires des bergers), à moins qu'il n'existe des lignées obéissant à d'autres critères sélectifs. Dans le cas contraire, c'est placer le chien dans un environnement inadéquat et préparer toutes sortes de problèmes comportementaux qui traduiront le malheur de l'animal. Malheureusement, le sujet n'ayant pas, à notre connaissance, fait l'objet d'études scientifiques, nous ne nous y attarderons pas.

Avant d'entrer dans le vif du sujet, nous désirons mettre en garde les lecteurs : si les recherches que nous allons citer mettent en évidence certaines différences raciales, il ne faudrait en aucune manière extrapoler ces résultats et en faire des caractéristiques raciales. En effet, la plupart des recherches n'ont pris en compte qu'un nombre restreint d'individus et de races. De ce fait, il se pourrait que les différences trouvées soient attribuables à des différences de lignées plus qu'à des différences entre les races – d'autant plus que ces expériences n'ont pas été répétées. Il faut retenir également que la plupart des sujets étudiés ont été élevés dans des conditions de laboratoire (milieu plus pauvre qu'un environnement familial). Or, la pauvreté du milieu tend à exacerber des différences qui, dans un autre contexte, passeraient peut-être inaperçues. Enfin, gardons en mémoire que les critères de sélection pour une race donnée sont souvent différents d'un pays à l'autre et même d'une époque à l'autre dans un même pays, ce qui rend les généralisations sujettes à caution. Les faits présentés ont pour but non de différencier les races entre elles, mais de montrer comment la génétique peut exercer son influence.

Les différents thèmes que nous avons retenus sont traités d'une façon inégale : n'y voyez pas le signe d'un manque d'intérêt de notre part, mais bien celui d'un manque de données scientifiques.

L'AGRESSIVITÉ

Il y a de multiples circonstances au cours desquelles un chien peut se montrer agressif. Lorsqu'il s'agit de mettre sur pied une thérapie comportementale, il est primordial de déterminer s'il s'agit d'une agressivité provoquée par la douleur, par la garde territoriale, par la peur, par la position hiérarchique, etc. Dans ce paragraphe, notre propos n'est pas de traiter en détail ces différentes formes d'agressivité, mais plutôt de nous focaliser sur les plaintes les plus fréquentes qui nous ont été adressées par nos clients lors de leur premier contact téléphonique. Sur un total de 400 appels téléphoniques de clients se plaignant du comportement de leur chien, nous avons vu que:

- dans 24 % des cas, l'agressivité est dirigée contre le propriétaire ou contre d'autres membres de la famille;
- dans 23 % des cas, l'agressivité est dirigée contre les congénères (grognements, voire attaques), principalement au cours des promenades;
- dans 21 % des cas, l'agressivité est dirigée contre des humains, connus ou inconnus, ne partageant pas le même habitat que le chien.

Avant de poursuivre, il nous semble indispensable de faire la distinction entre l'agressivité à l'intérieur de la meute (dirigée envers les autres chiens ou les humains qui partagent le même habitat) et l'agressivité à l'extérieur de la meute (envers des membres étrangers, chiens ou humains de rencontre). Si l'on examine de plus près ce qui se passe chez les loups, on s'aperçoit qu'ils chassent souvent sans pitié tout congénère étranger qui franchit les limites territoriales et n'hésitent pas à le blesser sérieusement, voire à le mettre à mort s'il n'obtempère pas assez rapidement. Dans certaines régions, le nombre de loups mis à mort par des congénères est très important et peut aller jusqu'à

52 % du total des morts dans les régions où la présence humaine est limitée(28, 300, 305, 307, 444).

Nos chiens pourraient agir pareillement, mais ils se montrent beaucoup plus tolérants que leurs ancêtres, et l'on devrait même s'étonner que le chien se montre si sociable ! S'il l'est, c'est d'une part grâce à la domestication, processus au cours duquel on a favorisé, dans la majorité des cas, la reproduction des sujets les plus dociles ; et d'autre part grâce aux nombreuses rencontres qu'il peut faire durant la période de socialisation et même au-delà. En effet, contrairement à son ancêtre qui, en situation naturelle, ne côtoie que les membres de sa meute, le chiot entrera en contact avec un grand nombre de chiens et d'humains – il faut du moins l'espérer – et apprendra ainsi à se comporter amicalement à l'égard de tous ces « étrangers ».

L'agressivité à l'intérieur de la meute permet quant à elle d'établir et de maintenir un système de dominance. Dès que la position hiérarchique individuelle est clairement définie et acceptée, les relations entre les individus sont en principe détendues. Bien que la position occupée par un individu dépende de la situation dans son ensemble et des réactions de tous les membres du groupe, hommes ou chiens, il semble que certains sujets se montrent plus acharnés que d'autres à vouloir occuper les échelons supérieurs. Beaucoup de clients qui ont vécu en harmonie avec leurs chiens précédents se trouvent tout à coup confrontés aux grognements, voire aux morsures de leur nouveau compagnon même s'ils n'ont en rien modifié leur comportement – et l'on n'observe pas forcément des différences de personnalité entre les propriétaires de chiens venant consulter pour des problèmes de dominance et les propriétaires de chiens non agressifs(111).

Il est évident que tous les chiens, comme tous les loups, ne se comportent pas de la même manière : certains spécimens peuvent à juste titre être considérés comme des bagarreurs invétérés qui recherchent le moindre prétexte pour se mesurer à leurs conspécifiques ou à « leurs » humains, alors que d'autres semblent ignorer les menaces de leur vis-à-vis ou se soumettent à peine ont-elles été esquissées. Il s'agit, il est important de le signaler, plus de différences quantitatives que qualitatives[394]. En effet, tout chien suffisamment stimulé est capable de se battre. Mis à part les facteurs environnementaux que nous aborderons plus tard, il est indéniable que l'hérédité joue un rôle appréciable dans le passage plus ou moins rapide à l'acte agressif.

Des recherches ont mis au jour des différences dans le degré d'agressivité entre les races, les lignées d'une même race, les sexes et les individus. C'est ce que nous allons voir avec plus de détails.

Les différences entre les races de chiens

Toutes conditions d'élevage étant identiques, les terriers (quel que soit leur âge) se montrent en général plus vite agressifs que les beagles ou que les cockers spaniels[394]. La tolérance à l'introduction d'un nouveau membre dans un groupe déjà formé semble également varier en fonction de l'âge et de la race des membres du groupe. Alors que les fox se montrent intolérants dès la 7e semaine, les basenjis ne le deviennent que vers l'âge de 15 semaines[394]. Les réactions sont parfois telles qu'il faut séparer les animaux pour éviter de graves blessures[348].

Bien que l'on ait observé des différences notables dans la rigidité de la hiérarchie sociale chez les loups, il semble que la sélection effectuée par l'homme en ait fait une caractéristique pseudo-raciale. Il s'avère notamment que la hiérarchie est linéaire et très stricte chez les terriers et les basenjis, alors qu'elle est beaucoup plus souple chez les beagles et les cockers, groupes dans lesquels plusieurs animaux peuvent occuper le même rang[394].

Si plusieurs races de chiens sont rassemblées, on a constaté que ce sont presque toujours les sujets d'une certaine race qui prennent la tête de la hiérarchie. Par exemple, dans les groupes de terriers et de beagles élevés ensemble dès leur naissance, les terriers ont toujours dominé les beagles(238). De même, les caniches se sont montrés plus dominants que les loups. Il est donc probable que, à l'intérieur de groupes hétérogènes, la dominance soit déterminée par des facteurs héréditaires(414).

Les races se distinguent également par des différences dans la distance interindividuelle tolérée: certains chiens, notamment ceux sélectionnés pour chasser en meute (par exemple les beagles), acceptent de vivre en contact étroit avec leurs congénères, alors que les sujets issus d'autres races (par exemple les lévriers) peuvent se sentir agressés par une telle promiscuité(414). Lors des rencontres entre congénères, certains sujets recherchent des contacts rapprochés (nombreux flairages, léchages, contacts pelage contre pelage), d'autres se montrent au contraire beaucoup plus distants. «La race du chien pourrait être une caractéristique importante pouvant conditionner la quantité et la qualité des interactions interindividuelles(143).» De telles différences pourraient expliquer à la fois la plus ou moins grande facilité avec laquelle ces chiens vont accepter des humains étrangers et leur réaction face à leur maître(158).

Les bagarres peuvent également évoluer différemment en fonction de la manière dont le chien ressent la douleur. Certains animaux douillets auront tendance à se soumettre complètement à la première échauffourée, alors que d'autres seront plutôt stimulés par la souffrance et «préféreront» se battre jusqu'à la mort plutôt que de se soumettre(159).

Les différences entre lignées d'une même race

Au cours du processus de domestication et de sélection artificielle, l'homme a pu modifier les seuils (augmentation ou diminution) à partir desquels les comportements s'actualisent. En modifiant les critères de sélection d'une race à l'autre ou d'une lignée à l'autre, il a ainsi pu agir sur l'agressivité. Par exemple, on a observé plus de morsures attribuables à la peur dans certaines lignées de golden retrievers que dans d'autres(253), et plus d'agressivité envers les humains, familiers ou non, dans certaines lignées de springers spaniels anglais(369) et de charplaninas(415).

En allégeant le poids de la sélection naturelle – dont l'une des conséquences est de maintenir le comportement dans certaines limites –, l'homme a parfois permis à des comportements aberrants de se perpétuer(216, 217). Le problème devient inquiétant quand on sait que certaines lignées peuvent être sélectionnées pour leurs « aptitudes » à l'agressivité. Schleger(385), qui a étudié des cas d'hypertrophie (développement excessif) de l'agressivité chez des lignées de bull-terriers, a relevé de graves perturbations comportementales dans quatre domaines (des constatations identiques ont été faites dans certaines lignées de pitbulls et de staffordshire-terriers(138)) :

1. Dans le comportement de cour, les femelles en rut se montrent extrêmement agressives envers les mâles et ne les laissent pas approcher, et les mâles, quant à eux, leur répondent agressivement et acceptent le combat, ce qui est tout à fait anormal.
2. Dans les relations mère-chiots, certaines chiennes, même lorsqu'elles ont beaucoup de lait, refusent d'allaiter leurs petits et tentent de les éloigner en grognant et en les mordant, parfois sans inhibition de morsure (certaines morsures sont même mortelles). Elles ont aussi tendance à répondre par des morsures aux cris de douleur de leurs rejetons. Le port d'une muselière, tout au moins pendant les deux premières semaines, est parfois nécessaire si les éleveurs veulent sauver les portées.
3. Dans les jeux, qui peuvent tourner vite en bagarre entre la mère et les chiots ou entre les chiots eux-mêmes. Certaines mères

sollicitent les jeux beaucoup trop tôt (avant l'ouverture des yeux des chiots). Leurs mimiques se modifient et la chienne se montre très brusque, attrape sans ménagement ses chiots par les extrémités ou les frappe avec les pattes. Les comportements agressifs des chiots sont particulièrement précoces (entre la 3e et la 4e semaine). Les comportements ritualisés sont peu nombreux (froncements du museau et grognements sont quasi inexistants) et les jeux de combat dégénèrent rapidement[136]. Pour éviter de graves blessures, les chiots de telles lignées doivent être séparés entre 8 et 12 semaines.

4. Dans les relations sociales avec leurs congénères, certains mâles se montrent incapables de mener une vie sociale normale, car ils n'ont pas pu acquérir l'inhibition de la morsure. Les gestes de soumission de leur adversaire ont perdu leur pouvoir inhibiteur, si bien que le combat se prolonge souvent jusqu'à la mise à mort*. Certains de ces sujets semblent éprouver le besoin perpétuel de mesurer leur force par comparaison[136].

En fait, les perturbations du comportement social sont si importantes que, sans intervention humaine, de telles lignées ne pourraient se reproduire. On a aussi constaté que, dans ces cas extrêmes, les conditions d'élevage n'ont aucune influence : il semble que la régulation des mécanismes comportementaux n'est tout simplement plus possible.

Hélas, certains humains considèrent leur chien comme une arme, et non comme un compagnon, et ils semblent rechercher de telles aberrations. C'est ce qui se passe notamment avec certains propriétaires de

---

*Feddersen-Petersen, qui a comparé les comportements sociaux des loups et des caniches, montre également que les gestes de soumission de l'adversaire ont perdu de leur pouvoir inhibiteur chez les caniches.

pitbulls. Ils choisissent leur chien sur la base de ses antécédents agressifs et ne poursuivent qu'un but : le rendre encore plus agressif par toutes sortes de conditionnements et de mauvais traitements. Une telle attitude porte préjudice non seulement aux pitbulls, mais aussi à tous les représentants de l'espèce canine. Interdire ces chiens ne ferait que reporter le problème sur d'autres races qui seraient à leur tour mises au pilori. Puisque la sélection permet d'abaisser le seuil de l'agressivité*, il est tout à fait possible d'inverser cette tendance et d'élever le seuil en établissant un programme strict d'élevage(196). La balle est dans le camp des éleveurs.

Les différences entre les sexes

Les chiots mâles montrent plus d'acharnement que les femelles lors des jeux de combats et ces différences tendent à s'amplifier avec l'âge(394). Cependant, en ce qui concerne l'agressivité hiérarchique envers les humains, les premiers signes apparaissent souvent plus précocement chez les femelles (vers deux mois) que chez les mâles(360).

Bien que les comportements agressifs semblent plus fréquents chez les mâles que chez les femelles**(34, 35, 55, 216, 217, 261, 275), celles-ci peuvent s'acharner autant que leurs congénères de sexe opposé lorsque les choses deviennent sérieuses. Si, à l'intérieur de la meute, les mâles établissent souvent une hiérarchie plus rigide et plus stable que les femelles(31, 120), une femelle alpha très dominante peut inhiber par sa simple présence les chaleurs des autres femelles de la meute. Les

---

*Abaisser le seuil de l'agressivité signifie que le chien devient plus vite agressif et a des réactions plus fortes.

**Pour mémoire, nos résultats montrent également que, comparés à une population de référence, les mâles sont significativement plus agressifs que les femelles envers leurs maîtres, envers les humains étrangers et envers leurs conspécifiques.

femelles ont d'ailleurs tendance à se montrer plus agressives que les mâles envers leurs congénères qui partagent le même toit. En effet, la plupart des combats sérieux (avec graves blessures) impliquent deux femelles, et, en cas d'altercation entre mâle et femelle, les femelles prennent deux fois plus souvent l'initiative de l'attaque(403).

Cela ne signifie pas qu'elles ont toujours le dernier mot: mises en compétition avec un mâle pour la possession d'un os, elles doivent capituler la plupart du temps, et si parfois le mâle consent au partage, il s'octroiera sans doute le meilleur bout! Et ce, indépendamment du poids respectif des deux compétiteurs(30, 31), ce qui est souvent le cas entre mâles adultes(120), mais pas toujours(403).

Les mâles, quant à eux, se montrent en général moins tolérants que les femelles à l'égard de congénères étrangers, et il leur arrive même d'attaquer des femelles étrangères(361, 403).

On entend souvent dire que la castration et la stérilisation sont des panacées pour régler les problèmes d'agressivité. Qu'en est-il réellement?

La castration des mâles ou l'injection d'hormones femelles fait diminuer les bagarres entre mâles dans une grande proportion des cas(47, 55, 403, 433, 454), entre 50 %(216) et 62 %(229), voire 80 %(219) selon les études. Cependant, comme « les stéroïdes sexuels jouent un rôle important dans le développement de ces comportements (comportements déclenchés dans des situations de compétition hiérarchique) au moment de la puberté, puis deviennent secondaires chez l'adulte mature(346) », il ne faut pas s'attendre à ce que la castration à elle seule rende le chien totalement pacifique. La testostérone est en fait un modérateur du comportement qui fait réagir le chien plus intensément, plus rapidement et plus longuement. La castration en soi n'est pas un traitement, mais peut être un complément utile lors de la thérapie comportementale d'un chien agressif: elle peut diminuer la motivation hormonale, mais n'aura pas, à elle seule, une influence sur la composante apprise d'un tel comportement[343].

Quant à la stérilisation des femelles, si elle ne semble pas avoir d'effet positif sur l'agressivité[34, 35, 360], elle pourrait parfois avoir des effets néfastes, tout au moins chez certaines femelles. La stérilisation d'une femelle de moins d'un an (ayant déjà manifesté des signes d'agressivité hiérarchique envers les humains qui partagent sa vie) augmente les risques[339]. De même, si une femelle a déjà fait preuve d'agressivité envers des congénères de même sexe, la stérilisation peut la rendre encore plus agressive[369, 403] et contribuer à augmenter son agressivité à l'égard des enfants qui vivent avec elle[361].

Les différences entre individus

On a observé des différences quant à l'acceptation d'étrangers chez des louveteaux élevés de manière identique et soumis aux mêmes expériences[156], ainsi que chez des renardeaux sauvages[415]. Les différences observées dans la réactivité des louveteaux, dans leur comportement exploratoire et dans leur habileté à tuer des proies ont pu être mises en corrélation avec la place qu'ils occupaient dans la hiérarchie[159].

Les expériences d'hybridation confirment le rôle de l'hérédité : les rejetons issus du croisement coyote/beagle sont beaucoup plus agressifs envers leurs congénères de même sexe que les beagles de pure race, alors qu'ils sont pourtant élevés dans les mêmes conditions[161].

Chez les souris de laboratoire, on a pu « créer » différentes souches qui se distinguent par leur degré d'agressivité[413]. Des recherches conduites sur différentes espèces ont mis au jour le rôle joué par certains neurotransmetteurs. Des différences dans leur taux pourraient expliquer à la fois l'acte agressif et le manque d'inhibition de certaines morsures[370].

Pour Quéinnec et Gilbert[364], « le statut du dominant dépend de gènes et cela se voit très tôt dans la portée ». Des études physiologiques semblent confirmer leurs dires : chez les sujets à tendance dominante, les stress sociaux provoquent une augmentation du taux de certaines hormones*, alors que « chez les sujets dominés, on constate au contraire une diminution de leur taux[363] ». Cependant, tous les auteurs ne sont pas d'accord**. Des recherches plus approfondies semblent donc nécessaires pour trancher cette question. L'agressivité de dominance pourrait également dépendre de désordres anxieux ou de troubles du métabolisme[343].

Quant à Fox[161], il a observé que les chiens dominants avaient un rythme cardiaque moyen plus rapide que les dominés. De plus, les sujets au rythme cardiaque élevé au cours des trois premiers jours deviennent les plus actifs, alors que les chiots au rythme plus lent ont tendance à se montrer plus calmes et timides. Dykmann et ses collègues[123] observent également des différences dans le rythme cardiaque à l'âge de 2 semaines, âge auquel les chiots ne sont pas encore en mesure de s'affronter. À notre connaissance, aucune étude ne relève systématiquement les différents rythmes cardiaques entre chiots d'une même portée et la mise en place de la hiérarchie.

Enfin, il nous semble justifié de mettre en parallèle tempérament agressif et acharnement à vouloir occuper la place hiérarchique suprême. En effet, un chien qui a du tempérament hésitera moins à se servir de ses crocs pour atteindre son but[59]. Les races sélectionnées pour la garde et le combat devraient donc se montrer plus « obsédées »

---

*Augmentation notamment du taux de l'hormone lutéinisante (l'une des hormones qui augmentent l'activité des testicules et des ovaires) et de la testostérone (hormone synthétisée par les testicules) ; or ces deux hormones ont tendance à augmenter les réactions agressives.
**Pour Knol[251], la régulation des concentrations de l'hormone lutéinisante et de la testostérone dans le plasma sanguin ne dépend pas de la place occupée par le chien dans la hiérarchie, contrairement à ce qui se passe chez d'autres espèces.

par la dominance, ce qui semble être le cas*[338]. Cependant, ne nous leurrons pas : des problèmes de hiérarchie, nous en rencontrons au sein de toutes les races et il serait injuste de mettre au pilori certaines d'entre elles.

Il nous semble pertinent de terminer ce chapitre en abordant un trouble comportemental grave : l'« agressivité idiopathique », aussi appelée « syndrome de rage paroxystique ». En bref, il s'agit d'agressions brusques faites par le chien sur une personne vivant en principe dans son entourage immédiat. Il y a morsure sans raison apparente et sans avertissement ; l'acte agressif se déroule rapidement et le chien semble tout à fait normal après l'attaque. Après le premier incident, plusieurs passages à l'acte peuvent avoir lieu dans un court laps de temps. Selon certains auteurs (notamment Dunbar[119]), chaque attaque est sévère (blessure) et il y a souvent plusieurs morsures de suite. Cependant, il est probable que des stimuli, non détectés par l'entourage humain, déclenchent l'attaque, d'autant plus que la régression du chien sur le plan hiérarchique a fait diminuer de tels symptômes[324]. Pour Dunbar, le syndrome de rage paroxystique représente un accès d'agressivité défensive chez un chien pauvrement socialisé et qui a peu d'inhibition de morsure. D'autres auteurs insistent sur l'environnement social dans lequel vivent ces chiens (qui sont aussi agressifs dans d'autres domaines) et interprètent de telles attaques comme des manifestations de la dominance sociale plutôt qu'un phénomène séparé et pathologique[361].

Cependant, même si certaines conditions environnementales semblent jouer un rôle dans l'apparition de tels accès de rage, les différences observées entre les lignées suggèrent l'influence de différences

---

*Les postures rigides exigées par certains standards lors des tests de sélection privilégient les sujets ayant le plus fort tempérament. Ceux-ci seront ensuite plus sollicités pour la reproduction puisqu'ils ont obtenu de meilleurs résultats.

génétiques et neuroendocriniennes[361]. Ce symptôme a été observé principalement chez certaines lignées de cockers spaniels, surtout ceux de couleur uniforme[361, 386], de cockers américains[111], de bouviers bernois[429], de mastiffs du Tibet[410], de Chesapeake bay retrievers, de springers spaniels anglais[111], de dobermans, de bergers allemands, de saint-bernards[219], de bull-terriers, de montagnes des Pyrénées, de cockers[333], de golden retrievers[149].

LA PEUR

La peur peut être définie comme « un état de motivation qui provient de certains stimuli spécifiques et qui, normalement, donne naissance à un comportement défensif ou à la fuite. La peur est généralement accompagnée par des changements dans l'activité du système nerveux autonome tels qu'une accélération du rythme cardiaque et des changements dans les modes de circulation sanguine[297] ». Cet état peut se traduire par une hyperactivité (l'animal peut se mettre à courir de façon incontrôlée, droit devant lui, sans s'occuper de ce qui l'entoure), par une hypoactivité (l'animal ne bouge plus et se terre), par de l'agressivité (morsure défensive envers ce qui lui semble un danger). Avoir peur d'un stimulus inconnu est normal, mais avoir peur de tout et de rien et être toujours sur le qui-vive doit être considéré comme un comportement anormal. Or, beaucoup de chiens manifestent des peurs anormalement élevées envers des stimuli qu'ils expérimentent pourtant régulièrement. Dans des cas extrêmes, on peut observer une généralisation d'un stimulus à d'autres stimuli de plus en plus divers. Cela peut amener certains sujets à refuser de sortir, à prendre la fuite au moindre bruit (peur panique), voire à mordre pour faire fuir des inconnus qu'ils considèrent faussement comme dangereux.

Les différences entre lignées d'une même race

De nombreuses recherches ont mis en évidence l'importance des facteurs héréditaires dans le développement d'un tempérament craintif qui peut apparaître quel que soit le milieu dans lequel le chiot grandit. On a par exemple pu « créer », par simple sélection, des lignées de chiens peureux qui comptent 80 % de chiots craintifs*. Comparativement à d'autres chiots, ces derniers exploraient moins leur environnement, se figeaient au moindre bruit et évitaient le contact avec les humains. Ces différences apparaissent vers 2 mois, ont tendance à augmenter avec l'âge et sont accompagnées d'un ralentissement du rythme cardiaque(5, 63, 124, 161, 196, 253, 326, 327, 330, 363, 421).

Si les facteurs génétiques semblent avoir une influence sur la peur en général – à l'exception toutefois de certaines peurs, notamment celles des bruits dont nous reparlerons –, les facteurs environnementaux, qui jouent aussi un grand rôle, paraissent avoir des effets plus spécifiques(197). Comme on observe de grandes similitudes entre des chiens élevés normalement mais anormalement peureux et des chiens élevés en isolement, Fox(154) croit qu'un chien timide, en limitant par lui-même ses contacts, se crée en quelque sorte un environnement appauvri.

Les différences entre les races

Après avoir examiné les différences entre les lignées de chiens de même race, on peut se demander si de telles différences s'observent entre les races. Il semble que cela soit le cas. Bien que l'on observe des recoupements, les représentants des diverses races semblent réagir différemment, non seulement dans leur propension à la peur, mais aussi dans leurs

*Concernant le poids relatif attribué aux différents géniteurs et les croisements entre différentes races, voir références(63, 194, 195, 196, 256, 391, 394).

réactions. Parmi les chiens étudiés, les collies, les bergers allemands, les caniches (miniatures et standards), les corghis et les teckels se sont montrés plus peureux que les terriers et les boxers. Dans une autre recherche où l'on a comparé des labradors, des bergers allemands, des boxers et des bergers australiens, élevés dans des conditions identiques et croisés entre eux, les labradors ont été les moins peureux et les bergers allemands, les plus craintifs[197, 286, 357]. Par contre, en cas d'élevage dans un environnement pauvre (vie en chenil), les différences raciales s'estompent et la peur se généralise.

Les différences entre les sexes

Si les mâles se montrent parfois plus téméraires[357], nos analyses statistiques ne montrent aucune différence entre mâles et femelles*.

Pour ce qui est de la peur des coups de feu, pétards ou autres bruits sourds, qui est assez courante chez nos chiens et peut provoquer la panique, elle pourrait être due à une sensibilité auditive exacerbée, donc héritée[235, 363]. Il en serait de même pour la crainte du toucher manifestée par certains sujets.

L'EXCITABILITÉ, LA RÉACTIVITÉ

En observant le comportement de différents chiens, on remarque qu'il y en a de plus excitables que d'autres. Certains passent de nombreuses heures couchés, se contentant de jeter de temps en temps un coup d'œil autour d'eux pour s'assurer que tout va bien. D'autres au contraire sont sans cesse en mouvement et le plus petit bruit les met en état d'alerte. Ils se mettent alors à sauter en tous sens, à aboyer, et tous leurs mouvements semblent exagérés.

*Test de X2 pour deux échantillons indépendants.

Bien que l'attitude du maître et des autres membres de la famille soit parfois responsable d'un certain degré d'excitation (voir chapitre 11), l'hérédité influence indéniablement le tempérament. Des différences dans la réactivité et dans le comportement exploratoire ont également été constatées chez des louveteaux[160, 166]. Campbell[72] pense que, tout comme chez les humains, il y a des chiens introvertis et des chiens extravertis, et que cela les prédispose à réagir différemment dans des situations semblables. Il ne faut pas oublier que le génome* influence les sécrétions des neurotransmetteurs qui, à leur tour, influenceront les réactions de l'animal. Par exemple, un niveau de dopamine élevé provoque un certain degré d'excitation. Or, des recherches démontrent que les chiens utilisés pour la protection des troupeaux (par exemple les montagnes des Pyrénées ou les charplaninas) ont un niveau de dopamine plus bas que les chiens utilisés pour la conduite des troupeaux (par exemple les borders-collies), ce qui pourrait expliquer leur différence de tempérament[87].

L'étude des chiens élevés dans les mêmes conditions confirme que les réactions émotionnelles (comportementales et physiologiques) varient quantitativement et qualitativement en fonction des races, et que ces tendances se renforcent avec l'âge. Par exemple, la plupart des terriers, des beagles et des basenjis réagissent plus fortement que les shetlands et les cockers[132, 175, 176, 237, 393, 394].

Quant aux aboiements, les analyses statistiques révèlent que, comparativement à une population de référence, les mâles aboient plus que les femelles.

*Génome : ensemble des gènes portés par les chromosomes de l'espèce.

LA SOCIALISATION

Le tempérament du chien affectera sa socialisation. Par exemple, un chien peureux sera plus timide face aux humains ou aux autres chiens. De ce fait, il limitera ses contacts, ce qui contribuera à l'appauvrissement de son environnement. Rappelons qu'une sélection aberrante basée sur l'agressivité peut aussi nuire à la socialisation.

Parmi toutes les races élevées de manière identique, Scott et Fuller(394) ont remarqué que, à tout âge, les basenjis sont les moins attirés par les humains, alors que les cockers sont les plus sociables. La distribution de nourriture semble suffire à prévenir la peur des humains chez toutes les races, excepté les basenjis qui nécessitent des interactions plus approfondies.

Les récentes recherches sur le développement comparé de différentes races démontrent qu'il n'y a pas un processus de socialisation typique, tout au moins en ce qui concerne la socialisation aux humains. Par exemple, les labradors n'ont pas besoin d'autant de relations sociales que les golden retrievers pour être socialisés correctement à l'homme. La période de socialisation s'étend de la 2e à la 10e semaine chez les golden retrievers, de la 4e à la 18e chez les labradors, et ces derniers se montrent plus indépendants et moins sensibles. L'apparition de certains comportements sociaux se fait plus tardivement chez le caniche que chez le bull-terrier(133).

L'intensité de la relation entre le maître et le chien varie en fonction de la race. Par exemple, les caniches nains et toys ont tendance à montrer une dépendance excessive qui peut causer de graves problèmes d'anxiété de séparation. Des différences sont observées entre les différentes races élevées dans le même environnement, mais non entre les individus d'une même race. Cependant, cela n'exclut pas que, dans une même portée, il puisse y avoir des individus plus timides et d'autres plus hardis.

Les facteurs héréditaires semblent aussi responsables de la facilité avec laquelle des chiots ayant vécu isolément surmontent leurs problèmes. Par exemple, une fois libérés, des terriers retrouvent rapidement le même comportement que leurs pairs élevés en famille, tandis que des beagles[178, 179] qui ont vécu isolément entre la 4e et la 15e semaine ont tendance à réduire leur activité au minimum[180]. Il semble que l'isolement révèle des différences raciales qu'on ne remarquerait pas dans des conditions normales d'élevage[177].

Cependant, l'hérédité ne fait pas tout. Le chien, ainsi que tout mammifère supérieur, apprend tout au long de sa vie de multiples choses qui vont conditionner ses réponses. Comment apprend-il ? C'est ce que nous examinerons au chapitre suivant.

Chapitre 11

L'APPRENTISSAGE

L'IMPORTANCE DE L'APPRENTISSAGE

Nous avons vu que le chiot apprend beaucoup de choses au cours de son développement et que certaines expériences doivent impérativement être vécues, sous peine de perturbations comportementales à l'âge adulte. De telles bases sont certes indispensables, mais n'expliquent pas tout. C'est en effet au cours des mois suivants (voire des années) que le chien apprend à s'intégrer au milieu social et physique dans lequel il vit. Les réponses qu'il en reçoit l'amènent à modifier son comportement en conséquence. Cette aptitude à s'adapter et à faire des apprentissages se maintient durant toute la vie des canidés. Sans elle, le loup ne pourrait pas survivre dans des environnements si extrêmes (de la toundra du Grand Nord aux vallées italiennes) et les chiens auraient du mal à changer de foyer. Or, cette aptitude ne pourrait exister sans l'apprentissage, qui est « le résultat de la réception, de l'intégration et du stockage dans la mémoire d'informations auxquelles l'individu pourra faire appel en vue de l'exécution d'un comportement adapté[189] ».

Nous allons examiner les types d'apprentissage qui pourraient expliquer certains comportements de votre chien (en ce qui concerne l'imprégnation et le processus de socialisation, voir chapitre 5).

L'APPRENTISSAGE PAR IMITATION

Votre teckel a la mauvaise habitude d'aboyer pour tout et pour rien. Comme vous pensez qu'elle s'ennuie, vous lui offrez comme compagnon un charmant chiot caniche. Malheureusement le solo se transforme en duo et vos voisins ne semblent pas apprécier cette polyphonie.

Il s'agit d'un cas typique d'apprentissage par imitation qui, chez le chien, s'observe principalement chez les individus jeunes et subordonnés. Un jeune animal, qui n'a pas encore développé sa « personnalité », aura tendance à imiter ses frères et sœurs : si l'un d'eux se met à courir, il le suivra. Un chiot sera aussi influencé par le comportement de sa mère : si la chienne est peureuse et qu'elle réagit anormalement à la moindre stimulation, le chiot deviendra anxieux et aura tendance à réagir comme elle, par la fuite ou l'agressivité.

Dans la meute, un subordonné se conforme au comportement du chef ou d'un chien de rang supérieur. Il attaque un intrus qui franchit les limites territoriales si le chien alpha se montre agressif envers lui. Si le leader s'éloigne d'un air décidé, tous les membres de la meute le suivent, alors qu'ils ne réagissent pas aux mouvements d'un inférieur.

Un chiot nouvellement adopté sera donc enclin à imiter son congénère plus âgé. Tout comme il le seconde dans ses vocalises, il peut l'accompagner dans ses fugues ou l'aider à déterrer les bulbes de tulipe ou à s'acharner sur le canapé du salon !

Soulignons que dans la plupart des cas il s'agit plutôt de la transmission d'un état émotionnel d'un individu à l'autre que d'une vraie imitation. Le chien s'aperçoit que son congénère est joyeux, ou irrité, et il participe à cet état émotionnel en adoptant le même comportement. Après quelques répétitions de ce type, il se comportera toujours comme son compagnon, même en son absence(140). En ce qui concerne les apprentissages par imitation plus complexes, les loups semblent plus habiles que les chiens(170).

L'APPRENTISSAGE PAR HABITUATION OU ACCOUTUMANCE

Au début de son séjour chez vous et pendant quelques jours, votre chien allait se réfugier en tremblant dans sa niche chaque fois qu'un avion survolait le jardin, c'est-à-dire très souvent, puisque vous habitez près de l'aéroport. Au bout de quelques semaines, les vrombissements n'ont plus l'air d'interrompre ses rêves.

Votre chien a donc appris que les vrombissements ne sont pas dangereux. « L'habituation est la disparition de la réponse motrice non apprise à un stimulus donné après que l'animal a été de façon répétée mis en présence du stimulus sans que ce dernier ait été associé ou renforcé par une stimulation favorable ou défavorable*(188). »

LE CONDITIONNEMENT CLASSIQUE**

Votre braque de Weimar salive dès qu'elle entend l'ouverture de la porte du réfrigérateur. Elle a vite compris qu'il vous est impossible de

---

*Des analyses physiologiques ont décelé certains changements au niveau cellulaire gouvernant ce mécanisme d'apprentissage(297).

**Cet apprentissage est également appelé apprentissage par associations ou apprentissage pavlovien.

résister à ses grands yeux et elle anticipe les bouts de fromage ou la tranche de salami que vous lui donnerez.

Ivan Pavlov, le célèbre physiologiste russe, a fait les mêmes constatations que vous et les a longuement étudiées. Il a découvert que, si l'on fait précéder l'apparition de la nourriture par un stimulus qui n'a aucune signification pour l'animal, par exemple le son d'une cloche ou l'ouverture de la porte du frigo, le chien se mettra peu à peu à saliver dès que le stimulus apparaîtra, et ce, même en l'absence de nourriture. Autrement dit, l'animal associe un stimulus neutre (le son de la cloche, l'ouverture de la porte) à un stimulus familier (la nourriture), et y répond de la même manière, par la salivation*.

Selon les circonstances, l'âge du chien et son tempérament, un seul stimulus associé à un événement négatif est parfois suffisant pour provoquer un réflexe conditionné. Par exemple, certains chiens se mettent à trembler à la vue du vétérinaire, et ce, depuis leur première visite au cours de laquelle ils ont été vaccinés. Pourquoi?

Chez certains sujets sensibles, une injection peut être douloureuse et peut provoquer diverses manifestations neurophysiologiques (augmentation de la pression sanguine ou de la respiration, réactions viscérales, etc.). L'animal se trouve ainsi dans un état émotionnel déplaisant. Il suffit qu'il associe un stimulus présent dans la salle de consultation (par exemple la blouse blanche du vétérinaire) à cette sensation désagréable pour qu'à la seule vue de ce stimulus il éprouve la même sensation.

---

*Le stimulus associé ou conditionnel signifie que la nourriture va être distribuée: la réponse est renforcée. La réponse conditionnée par le conditionnement classique est un réflexe contrôlé principalement par le système neurovégétatif et n'implique pas l'intervention du cortex cérébral. Elle est toujours involontaire (Mélodie ne peut pas contrôler son taux de salivation) et souvent d'ordre physiologique (contractions musculaires, sécrétions glandulaires, tremblements…).

Bien que les propriétaires soient animés des meilleures intentions, ils contribuent souvent, bien involontairement, à renforcer des comportements qui pourtant les ennuient. Ils détestent voir baver leur chien, mais partagent à chaque repas leur steak avec lui; ils sont ennuyés parce qu'il tremble dès qu'un étranger approche, mais, au lieu d'adopter une attitude neutre ou de détourner son attention (l'adoption d'une attitude joyeuse peut faire des miracles), ils le saisissent immédiatement dans leurs bras, le caressent et lui susurrent des mots doux, ce qui ne fait que le conditionner à la peur.

L'APPRENTISSAGE PAR ESSAIS ET ERREURS*

Frimousse s'est cassé la patte il y a six mois et, en dépit de tous les soins, elle continue à boiter. Après avoir consulté trois vétérinaires, sa maîtresse doit se rendre à l'évidence: la patte est complètement guérie. Elle se met alors à observer Frimousse et découvre que la boiterie disparaît comme par enchantement quand la voisine la promène… Comme la voisine n'a jamais de biscuits dans sa poche, les tentatives de Frimousse pour obtenir des friandises grâce à la boiterie ont échoué et ont donc disparu, alors que la maîtresse se laisse attendrir à tous les coups!

Selon le même processus, Médor s'est un jour gratté avec véhémence. À la suite du regain d'attention que cela a engendré, les grattages sont devenus un «geste miracle» et sont particulièrement intensifs lorsque le maître cherche à lire tranquillement son journal ou lorsqu'il parle trop longuement au téléphone…

Twist est un as de la fugue. En fait, pourquoi resterait-il à se morfondre tout seul au jardin alors que ses pérégrinations lui procurent de

*Cet apprentissage est également appelé conditionnement opérant ou conditionnement instrumental.

nombreuses stimulations : copains, chiennes en chaleurs, chasse aux souris, nourriture, etc.

Frimousse, Médor et Twist ont tous appris qu'un certain comportement avait des conséquences agréables : attention du maître, distribution de friandises, ou fin de l'ennui. Alors, pourquoi y renoncer ?

Ce type d'apprentissage a été longuement étudié par Skinner, dont les expériences les plus connues ont consisté à placer des rats dans une cage contenant divers objets, parmi lesquels un levier qu'il suffisait d'actionner pour obtenir de la nourriture. Le rat commence à explorer son environnement et, par hasard, il appuie sur le levier et reçoit une croquette, ce qui, petit à petit, provoquera une pression de plus en plus rapide et de plus en plus fréquente sur cet objet miraculeux.

« Lors de cet apprentissage, l'animal sélectionne, parmi les opérations qu'il effectue spontanément et au hasard dans son environnement, celles qui lui sont favorables. Il apprend donc une réponse[(189)]. » En revanche, si son action « est suivie d'une nuisance ou d'une punition, sa probabilité décroît[(297)] ». Contrairement à ce qui se passe dans le conditionnement classique, il s'agit ici toujours de réponses volontaires.

Comme de nombreux comportements canins (souhaitables ou non) sont conditionnés de la sorte par les humains, parfois à leur insu, attardons-nous un peu sur le sujet.

Les renforcements

Lorsque la réponse donnée est suivie d'effets favorables (appelés renforcements), elle se trouve renforcée. On distingue deux sortes de renforcements :

1. Le **renforcement positif** peut être assimilé à une récompense. Frimousse boite et reçoit un biscuit, Twist fugue et rencontre des copains, etc.

2. Le **renforcement négatif** implique la cessation ou la non-apparition d'un stimulus désagréable. Par son comportement, l'animal peut soit échapper au stimulus répulsif, soit l'éviter. En lâchant le hérisson, Boule n'est plus piquée (échappatoire) ; en s'arrêtant à un mètre de la clôture électrifiée, Fido ne reçoit pas de décharge (évitement).

Comment renforcer ?

Bien qu'il soit possible d'entraîner le chien en utilisant uniquement des récompenses verbales et bien qu'un grand nombre d'éducateurs soient farouchement opposés aux friandises, de nombreuses études démontrent que les animaux apprennent plus vite et avec plus d'entrain lorsque des récompenses alimentaires sont associées aux récompenses verbales, surtout pendant la phase initiale du processus d'apprentissage. Notons toutefois que, pour être efficace, la nourriture doit être présentée au chien une fois l'ordre réalisé et non servir d'appât pour se faire obéir. Par exemple, si au moment du rappel on agite systématiquement un paquet de biscuits, il ne faut pas s'attendre à ce que le chien obéisse le jour où l'on aura oublié les friandises. Une fois l'apprentissage acquis, il convient de diminuer progressivement et de manière aléatoire ce type de récompense.

La qualité et la quantité des renforcements peuvent également influencer la vitesse avec laquelle l'apprentissage se met en place. À chaque maître de trouver ce qui convient le mieux à son chien.

Au début de l'apprentissage, la réponse désirée doit être renforcée **immédiatement** après son apparition (moins d'une seconde), sinon on risque de renforcer d'autres réponses apparues dans l'intervalle ; et le renforcement doit être distribué **systématiquement** (c'est-à-dire que toutes les réponses doivent être renforcées).

Une fois l'apprentissage bien installé, le renforcement peut être légèrement différé et devenir intermittent – c'est-à-dire que les réponses correctes peuvent être renforcées de manière plus aléatoire. L'animal « attendant » une récompense mais ne « sachant » pas quand elle aura lieu a alors tendance à se montrer plus persévérant, ce qui dans certains cas peut être à double tranchant, car l'apprentissage s'en trouve renforcé.

Vous aviez toujours partagé le contenu de votre assiette avec Mirza, mais devant les remarques désobligeantes de vos amis vous avez décidé de lui faire passer cette mauvaise habitude. Bien que vous ne lui donniez plus rien quand vous allez au restaurant avec vos copains, Mirza devient de plus en plus désagréable : elle gémit, pose sa tête sur vos genoux, vous griffe les pantalons et fait tant et si bien que vos copains menacent de se passer de votre présence ! Que se passe-t-il ? Vous sentant culpabilisé de manger sous son nez, il vous arrive, quand vous êtes seul, de partager quelques miettes avec elle, surtout quand elle insiste un peu trop. Mirza a compris qu'il suffit de persévérer et elle ne s'en prive pas ! Alors, que faire ? Renoncer à vos sorties ? La laisser seule à la maison en vous morfondant au restaurant ? Non, il y a une autre solution : le déconditionnement.

Le déconditionnement

En principe, pour que l'apprentissage disparaisse, il suffit de ne plus jamais renforcer le comportement (c'est la loi de l'extinction). Mais il est important de savoir que, au début de la phase de déconditionnement, le comportement a d'abord tendance à augmenter en fréquence : au lieu de se décourager, il faut considérer cette augmentation comme un signe positif (c'est le signe que quelque chose se passe et qu'on est sur la bonne voie). Dans votre cas, il ne faut plus jamais donner de la nourriture pendant votre repas, même si elle se met à aboyer ou… à tousser. Lui céder une seule fois, c'est renforcer son comportement, et ce, même si le petit bout de steak est accompagné de tout un discours destiné à faire comprendre à Mirza qu'elle ne doit pas se comporter de la sorte !

Le renforcement involontaire

L'agressivité du chien est parfois récompensée en toute innocence par le comportement de son propriétaire. Dagobert partage le lit de ses maîtres. Une nuit, le maître doit se lever et quelle n'est pas sa surprise, lorsqu'il veut réintégrer la chaleur des draps, de se faire accueillir par un grognement ! Persuadé que, perdu dans ses rêves, Dagobert a cru avoir affaire à un voleur, son propriétaire se moque gentiment de lui en riant. Deux jours plus tard, ayant oublié ses clés sur la table de nuit, le maître retourne dans sa chambre et sa femme n'a que le temps de saisir Dagobert par le collier alors qu'il se précipite sur son maître tous crocs dehors. Elle le caresse ensuite longuement, en se moquant gentiment de lui. De nouveau, on interprète son comportement comme une monumentale erreur. Or, si Dagobert a menacé son maître, ce n'est pas parce qu'il l'a pris pour un étranger, mais parce qu'il désirait défendre ses privilèges : le lit et la proximité de sa maîtresse. En le caressant et en lui parlant, les maîtres n'ont fait que confirmer sa position hiérarchique supérieure !

Autre exemple de renforcement involontaire : les aboiements contre le facteur. Hobby – qui ne peut pas comprendre que, une fois son travail accompli, le facteur s'éloignera de la propriété – croit qu'il fait fuir l'homme par ses aboiements… Pour éviter de tels malentendus, il serait bon que les deux « antagonistes » apprennent à se connaître pour nouer des liens positifs (une friandise et des caresses feront l'affaire).

Les punitions

Qu'en est-il maintenant des **punitions**? Elles sont de deux sortes:

1. **Positives** quand le comportement entraîne l'apparition d'un stimulus désagréable. Par exemple, Benji reçoit un coup de griffe quand il est trop brusque avec le chat.
2. **Négatives** quand elles entraînent le retrait d'un stimulus attirant déjà présent: le maître ôte l'écuelle quand Mara se précipite sans attendre l'autorisation.

Une punition peut provoquer diverses réactions chez un chien. Tout dépend de son caractère, des relations qu'il entretient avec son maître (notamment de sa place dans la hiérarchie), de la compréhension qu'il a de la punition (c'est-à-dire de l'association qu'il peut faire entre la punition et son action), des expériences passées, de son âge, de la sévérité de la punition. Une même punition peut par exemple:

- faire cesser le comportement non désiré;
- déclencher une réplique agressive du chien (grognements, morsure);
- provoquer la peur qui peut s'accompagner de réponses viscérales involontaires (vidange des glandes anales, diarrhée, miction de soumission) ou d'une morsure.

Ce qui complique les choses, c'est que, bien souvent, maître et chien n'ont pas les mêmes critères de jugement: ce que celui-là considère comme une punition peut être interprété par celui-ci comme une simple marque d'attention (donc une sorte de récompense). Certains sujets semblent d'ailleurs préférer une punition, même sévère, à l'indifférence de leur maître.

Pour toutes ces raisons, une punition est souvent inutile, parfois même néfaste. À ce sujet, nous mettons en garde nos lecteurs contre l'utilisation du collier électrique – d'ailleurs interdit dans certains pays –, car les décharges peuvent provoquer des souffrances importantes et être à l'origine d'une détresse acquise. Le simple fait de tester le collier sur le chien pour voir sa réaction ou d'envoyer la décharge à un mauvais moment peut aussi déclencher des comportements problématiques. En effet, il est possible que le chien fasse une association erronée entre le choc reçu et l'objet de son attention à ce moment précis (cela peut être un chien, un enfant, un objet, son propriétaire). Par la suite, face à ce même stimulus, le chien peut devenir peureux ou agressif.

Si vous continuez à penser que rien ne vaut une bonne tape de temps en temps, vous devez impérativement respecter certaines règles. La punition doit respecter les règles suivantes:

1. Être adaptée au caractère du chien, ni trop forte ni trop molle (elle ne doit pas être interprétée comme une caresse!).
2. Être stoppée au moment où le chien adopte une attitude de soumission (queue sous le ventre, pattes fléchies, couché sur le dos, pattes en l'air). En effet, une telle attitude a été sélectionnée au cours de l'évolution pour inhiber l'agressivité des congénères. Ne pas la respecter représente une grave violation des codes canins, ce qui augmentera l'incompréhension entre le chien et les humains et provoquera ou aggravera les problèmes comportementaux.
3. Suivre immédiatement le comportement que l'on veut éliminer. Lorsque vous rentrez du travail et que vous découvrez le fauteuil en lambeaux, il est inutile de vous mettre en colère. Si cette règle n'est pas respectée, le chien peut développer un état anxieux (ce qui, dans certains cas, a pour conséquence d'augmenter la fréquence du comportement litigieux) ou associer le châtiment avec l'action qu'il fait au moment où il le reçoit, par exemple lorsque vous

l'appelez au pied pour le punir ! Quant à l'attitude « coupable » de l'animal, nous en reparlerons plus loin.

4. Être appliquée chaque fois que le chien est fautif, et tous les adultes de l'entourage doivent agir pareillement. L'incohérence déstabilise à coup sûr le chien.
5. Éviter si possible que le chien puisse faire une association entre la punition et la présence de l'humain. Sinon, certains petits malins font vite l'association « mon comportement + la présence de mon maître = punition » et s'empressent de recommencer dès que le maître a tourné les talons.

Attention : la punition est totalement contre-indiquée dans les cas d'agressivité hiérarchique, lorsque la dominance du chien est bien établie. Punir physiquement un chien qui se considère votre égal ou votre supérieur peut se révéler dangereux, car cela l'incitera à se montrer encore plus agressif pour faire respecter ce qu'il considère comme ses privilèges. De nombreuses observations montrent qu'il n'y a alors plus d'inhibition de la morsure. Dans ce cas, la souffrance vous fera sans doute arrêter le combat, ce qui sera interprété comme une victoire par votre « adversaire » et le confortera dans sa position.

Et puis il ne faut jamais punir un chien qui est poussé dans un endroit où tout recul est impossible et qui menace, ni un chien qui manifeste des signes de peur (risque de morsure).

On entend souvent dire qu'il ne faut jamais taper un chien avec la main, cette dernière ne devant être associée qu'avec des caresses ; aussi la plupart des maîtres s'empressent-ils d'aller chercher un journal pour corriger le chien. Or, comme nous venons de le voir, la punition, pour être valable, doit suivre immédiatement la « mauvaise action ». Le temps de trouver le journal et de revenir, il sera trop tard. Mais d'où vient l'idée que la main ne doit jamais servir à châtier l'animal ? On a avancé l'hypothèse qu'une tape rend le chien peureux à la vue d'une main: si cela peut être vrai pour un chiot ou pour un chien qui est sans cesse frappé, c'est un argument invalide dans les autres cas. Un chiot qui vient de subir une morsure inhibée du museau de la part de sa mère craindra-t-il son museau? La chienne elle-même n'utilise-t-elle pas son museau pour lécher aussi bien que pour remettre ses chiots dans le droit chemin? La seule différence, c'est qu'elle le fait toujours au moment propice et à bon escient, ce qui n'est malheureusement pas toujours le cas pour les humains!

Il existe toutes sortes d'autres punitions plus efficaces que celles impliquant une atteinte physique: cesser de s'intéresser au chien quand il se conduit mal, l'isoler une dizaine de minutes, quitter la pièce lorsqu'il aboie pour attirer l'attention.

L'apaisement

En tant que chef de meute, le maître a un autre rôle à remplir après une punition: c'est à lui qu'incombe de faire la paix avec son animal. En effet, chez le chien, le rituel de l'agression comprend trois phases: la menace, la morsure et l'apaisement. Les observations éthologiques montrent que c'est presque toujours le vainqueur du combat qui revient vers le vaincu et le lèche. Vous n'allez certes pas lécher votre chien, mais lui parler gentiment et le caresser pour rétablir l'harmonie dans la meute. En acceptant cette marque d'intérêt, le vaincu reconnaît en quelque sorte la suprématie de son vis-à-vis. Si l'on a été menacé, voire mordu par son chien, on ne doit donc jamais accepter qu'il prenne l'initiative du rituel d'apaisement et vienne nous lécher*. Nous entendons souvent nos clients nous dire: «Mon chien revient chaque fois me lécher, il sait qu'il a mal

*Attention: dans d'autres situations, les léchages peuvent être des gestes amicaux.

fait et demande pardon. » À vrai dire, le chien n'a pas la notion de pardon. S'il a mordu son maître, c'est que, en fonction des codes canins, ce dernier l'a mérité. S'il arrive qu'un animal inférieur vienne se soumettre à son supérieur hiérarchique après avoir outrepassé ses droits, ce dernier profite de l'occasion pour réaffirmer sa position en obligeant son inférieur à se soumettre davantage (alors que, dans la même situation, le maître humain aurait tendance à prodiguer force caresses).

Les risques encourus en ne respectant pas les règles

L'ignorance des règles de l'apprentissage peut mener à des situations où l'incompréhension entre le chien et le maître est totale. Le chien agit en fonction de son tempérament, de ses expériences et de la compréhension qu'il a de la situation, alors que le maître est persuadé que le chien se venge. Cela peut créer des problèmes qui, malheureusement, se soldent parfois par des abandons, voire l'euthanasie. Voici quelques exemples :

- On a encouragé le chiot à mordre de vieux souliers, mais on se fâche lorsqu'on retrouve ses mocassins tout neufs en mille morceaux. Comment le chien pourrait-il faire la différence ?
- On frappe le chien qui a mis 10 minutes pour revenir au rappel dans le but de lui apprendre à revenir plus vite la prochaine fois. Or, la seule chose qu'on obtient, c'est de diminuer sa tension nerveuse ou éventuellement de montrer aux spectateurs qu'on ne se laisse pas faire… Aux yeux du fuyard, on a tout simplement sanctionné son retour. La prochaine fois, il hésitera encore plus à s'approcher.
- Un chien très attaché à ses maîtres peut développer une très forte anxiété en leur absence. Lorsque cet état dépasse un certain niveau, seule l'action peut l'apaiser. Certains chiens se mettent alors à détruire tout ce qui se trouve à leur portée, d'autres creusent des

trous dans le jardin, urinent dans l'appartement, etc. En constatant les dégâts à son retour, le maître se fâche et punit le chien. Or, celui-ci ne peut en aucun cas comprendre cette soudaine colère, car il est incapable de l'associer aux actes qu'il a commis précédemment. « Complètement faux ! rétorquez-vous. La preuve en est que Pacha va se cacher dès qu'il entend la clef dans la serrure. C'est d'ailleurs comme cela que je sais s'il a posé ses crottes sur le tapis du salon ! » Vous avez raison dans un sens : Pacha se cache, car il sait qu'il sera grondé… Alors ?

Le mécanisme est le suivant : lors de la première punition, le chien ne comprend qu'une chose : son maître est fâché. Peu à peu, il associera le résultat de son comportement (flaques d'urine, crottes, papiers éparpillés), le retour du propriétaire et la punition. Quand l'humain rentre et qu'il y a une crotte, il sera puni, mais il ne comprend pas que c'est parce qu'il a fait lui-même cette crotte qu'il reçoit un châtiment. Son attitude de soumission veut simplement dire qu'il s'attend à une explosion de colère. Il utilise alors les moyens que la nature a mis à sa disposition pour l'inhiber. Il ferait exactement la même chose si, pendant l'absence du maître, quelqu'un s'était amusé à déposer un étron bien en évidence. Et même si on lui explique en long et en large pourquoi on le punit, Pacha ne peut pas comprendre ! Son état anxieux a de grands risques d'augmenter, ce qui ne va pas régler le problème, loin de là !

Les problèmes de communication

Ces multiples exemples démontrent à quel point nos actions et réactions sont importantes pour notre chien et peuvent modifier ses propres comportements – mais, malheureusement, pas toujours dans le sens que nous désirerions ! N'oublions surtout jamais que le chien apprend toujours quelque chose, même quand on ne lui enseigne rien. Il est toujours en train de nous observer et il est en fait beaucoup plus attentif aux personnes qui l'entourent que l'inverse[(408)]. Même lorsqu'il est couché et semble dormir, il se positionne souvent pour faire face aux gens et reste aux aguets. « Or, si l'on admet que, dans une interaction, tout comportement a la valeur d'un message, c'est-à-dire qu'il est une communication, il suit qu'on ne peut pas *ne pas* communiquer, qu'on le veuille ou non. Activité ou inactivité, parole ou silence, tout a valeur de message*[(441)]. »

Au cours de nos consultations, des maîtres excédés nous disent souvent : « Nous ne comprenons plus notre chien. » Au vrai, le chien nous connaît peut-être mieux que nous le connaissons, mais sommes-nous certains de bien nous faire comprendre de lui ?

Les problèmes de communication viennent en grande partie du fait que la plupart des propriétaires ignorent les codes canins. En fait, le chien, au sein d'une famille, est considéré plus ou moins comme un enfant, et nous avons tendance à lui attribuer des réactions humaines tout à fait semblables aux nôtres. Qui plus est, nous le croyons capable de comprendre notre langage et nous sommes enclins à utiliser ce mode de communication avec lui. Or, même entre les humains, la communication ne dépend pas entièrement du verbal : elle intègre à la fois la parole, les gestes et les mimiques. Même quand nous ne pouvons pas voir notre interlocuteur, nous sommes sensibles à de nombreux détails qui viennent soutenir ou contredire ses dires : ses changements de rythmes d'élocution, la hauteur et l'intensité de sa voix, certaines productions

---

*« Indépendamment de tout dressage, voire de toute éducation, le chien apprend très vite à reconnaître les événements ou les séquences d'événements qui obéissent, soit à certaines régularités temporelles, soit à certaines successions temporelles ; si ces enchaînements ou ces successions d'événements ont pour issue habituelle des situations qui ont pour lui de fortes valences affectives (positives ou négatives), il leur donne rapidement un sens[(209 p. 168)]. »

annexes telles que rires, onomatopées, etc. C'est ce que l'on appelle le paraverbal.

Si la personne est présente, la communication non verbale va jouer un rôle encore plus important. Les gestes de l'émetteur, ses mimiques, ses microsignaux seront immédiatement analysés par le destinataire, le plus souvent de façon inconsciente. Ces émissions non verbales peuvent être transmises volontairement (certains conférenciers ponctuent les passages les plus importants de leur discours par des gestes) ou inconsciemment (même les conférenciers les plus aguerris ne peuvent pas se surveiller constamment).

Ces deux systèmes parallèles de communication, le paraverbal et le non-verbal, assurent la lisibilité et la crédibilité du discours, agissent sur l'évolution des interactions affectives entre les interlocuteurs et permettent de comprendre pourquoi, dans certains cas, un discours a du mal à passer. En effet:

- les systèmes peuvent être en contradiction;
- il peut y avoir non-pertinence lorsque le signal donné n'est pas en accord avec l'objectif poursuivi ou avec l'activité momentanée;
- les signaux peuvent être ambivalents, l'émetteur ne sachant pas lui-même ce qu'il désire réellement communiquer.

Si les humains – qui ont appris depuis l'enfance à privilégier la communication verbale – sont restés sensibles à de tels phénomènes, les animaux le sont encore plus, puisqu'ils n'ont pas réellement accès à une telle communication. En effet, bien que le chien puisse apprendre à distinguer une centaine de mots[390], il se montre beaucoup plus sensible au ton sur lequel ces mots sont prononcés et au contexte dans lequel ils sont dits. De nombreuses observations montrent que les ordres verbaux ne sont exécutés par le chien que lorsque les trois systèmes sont complètement concordants. En cas de contradiction, le chien va privilégier le système non verbal, ce qui semble logique, puisque c'est principalement sur cette modalité qu'il communique avec ses congénères.

Il nous paraît utile de dire quelques mots sur l'effet Pygmalion étudié par Rosenthal et Jacobson[(372)]. Ces auteurs ont démontré que l'attente d'une personne à l'égard du comportement d'une autre personne ou d'un animal influençait grandement le comportement de cette dernière.

Après avoir longuement étudié des couples chien/maître ou chien/conducteur, Guyot conclut: « Je suis à peu près sûr que les chiens se conforment à l'attente plus ou moins consciente du maître plutôt qu'aux ordres énoncés. Il est net que les exercices que le maître n'apprécie guère, soit parce qu'il les juge absurdes ou fastidieux, sont très mal réussis par le chien. Ce dernier, conduit par une personne qui aime ces exercices, améliore immédiatement ses performances[(207)]. » Or, l'influence de l'attente du maître peut être amplifiée au centuple dans l'environnement familial.

Une règle d'or est donc d'apprendre à se montrer positif envers le chien. Ne donnez jamais un ordre si vous êtes persuadé que vous parlez dans le vide, mais cela est plus facile à théoriser qu'à mettre en pratique, car « un ordre, si bref soit-il, transmet à la fois un contenu (l'action à exécuter, à interrompre, etc.) et une relation, c'est-à-dire un complexe d'informations sur les sentiments que le conducteur éprouve à l'égard de lui-même, à l'égard du chien, à l'égard de l'action entreprise, etc. Par ses intonations, par son tonus musculaire, le conducteur ne peut éviter d'exprimer s'il a ou non confiance en lui-même, dans le chien, etc. Ce faisant, le conducteur, en même temps qu'il transmet sa demande (ordre), transmet également ses attentes, c'est-à-dire que, plus ou moins inconsciemment, il indique s'il s'attend ou non à être obéi[(208, 209)]. »

Essayons donc d'avoir confiance en notre chien : le résultat en vaut certainement la peine.

Reste à examiner une autre question, celle de l'acceptabilité par le destinataire de la personne qui donne l'ordre. Lorsque nous demandons au chien de faire quelque chose, sommes-nous réellement en droit de le faire à ses yeux ? En effet, dans la meute, le chef dirige les principales activités. Il suffit qu'il se mette à bouger pour que les autres soient en état d'alerte, prêts à le suivre. Ses menaces sont davantage prises au sérieux, car il se montre beaucoup plus sûr de lui que les autres membres de la meute. Être le chef, c'est moins une question de force physique que de force de caractère. Or, qui a du caractère sait se faire respecter et faire respecter ses prérogatives. Malheureusement, dans nos relations avec le chien, nous lui permettons trop souvent d'empiéter sur ce qui devrait être nos privilèges. Dans de telles conditions, nous plaçons le chien dans une position ambiguë et il lui est difficile de nous considérer comme le vrai chef. Cela le rend beaucoup moins enclin à nous obéir ou l'incite à le faire seulement dans les situations qui l'arrangent.

Nous avons compris que l'hérédité joue un rôle dans la manière d'être du chien, mais nous avons également vu que le chien est capable d'apprendre des choses tout au long de sa vie. Examinons maintenant comment ces différents apprentissages vont, à leur tour, modifier les réponses données par l'animal.

Chapitre 12

LE RÔLE DE L'ACQUIS

Les expériences vécues par le chien, surtout celles des premières semaines de vie, et sa situation (le milieu physique et social dans lequel il se trouve) influencent grandement son comportement. Nous avons vu quelle influence peut avoir l'hérédité sur l'agressivité, la peur, l'excitabilité et la socialisation. Examinons maintenant l'effet des facteurs environnementaux.

L'AGRESSIVITÉ

Tout d'abord, rappelons que qualifier d'agressivité toutes les mimiques utilisées par les chiens lors des rencontres avec leurs congénères n'est pas justifié: une attitude raide, quelques grognements, le hérissement des poils, etc., sont des manières pour eux de se situer par rapport à leur vis-à-vis et non une marque d'agressivité. Chacun tente tout simplement de s'imposer afin d'acquérir une position dominante en essayant de paraître le plus fort et le plus impressionnant possible.

Nous avons vu au chapitre 5 qu'un chiot isolé de ses semblables au cours des six premières semaines de sa vie ne sait pas se comporter en chien, ne comprend pas le comportement de ses congénères et n'interprète pas correctement leurs mimiques. Ce manque de compréhension peut provoquer de l'agressivité de part et d'autre (il peut en être de même pour un chien dont les propriétaires ont interrompu le processus de socialisation en le soustrayant à tout contact avec ses semblables). N'ayant pas bénéficié des jeux avec ses frères et sœurs, un tel chiot n'a pas non plus pu apprendre l'inhibition de la morsure et, si ses maîtres ne réagissent pas adéquatement, il se montre incapable de jouer sans faire mal aux autres. Parvenu à l'âge adulte, il aura le même comportement. Un tel sujet sera alors souvent catalogué à tort de « chien méchant ». Il semble cependant y avoir des exceptions : certaines lignées de fox-terriers sélectionnés artificiellement pour leur agressivité semblent réagir de manière inverse et il suffirait de les isoler de leur fratrie en bas âge et de les élever à la main jusqu'au sevrage pour leur éviter des tendances agressives(191). Seules d'autres recherches pourraient nous éclairer sur ce point.

Le chien peut également devenir agressif par simple conditionnement : il suffit que son comportement agressif soit renforcé positivement. Par exemple :

- Le cas typique est celui du chien peureux qui se trouve acculé dans un coin par un humain qu'il considère comme dangereux. Pris de panique mais ne trouvant aucune échappatoire, il se défendra si l'humain s'approche davantage. Si les menaces ne sont pas suffisantes, il n'hésitera pas à utiliser ses crocs et l'humain reculera. Un comportement si efficace a toutes les chances d'être reproduit et, si la même situation se répète à plusieurs reprises, il y a risque d'instrumentalisation : le chien se montre agressif de plus en plus rapidement et la menace devient de plus en plus réduite, pouvant parfois disparaître complètement (c'est ce que l'on appelle un comportement instrumentalisé).

- Le comportement agressif du chien peut, de manière tout à fait involontaire, être renforcé par l'attitude de son maître. Par exemple, Bidule se dispute avec Tarzan. Très impressionnée par les menaces des deux adversaires, la maîtresse de Bidule redoute désormais toute rencontre avec un autre mâle. Dès qu'elle en aperçoit un, elle prend peur et cette peur se traduit par toutes sortes de signaux (modification de la marche, de la respiration, de son attitude générale, de sa voix, etc.). Sitôt émis, ces signaux sont captés par Bidule qui y reconnaît instantanément les signes de la peur. Or, il ne peut en aucune façon comprendre que sa maîtresse redoute son propre comportement : pour lui toute peur signifie la présence d'un danger et il va rapidement faire la relation entre la peur de sa maîtresse et l'arrivée d'un autre chien. Il va alors se montrer encore plus agressif pour repousser le danger, et cela marche (départ de l'autre chien suivi du soulagement des maîtres) ! N'oublions pas que son comportement se trouve souvent renforcé par les caresses ou les mots doux que l'humain adresse à son animal au moment de ses manifestations agressives – gestes destinés à le calmer mais qui en fait cautionnent son agressivité.
- Un maître peu sûr de lui et toujours sur le qui-vive peut éprouver une certaine satisfaction à constater que son chien a du caractère, renforçant ainsi, souvent involontairement, toute manifestation agressive de l'animal. Les chiens accusés de « racisme » (oui, nous entendons parfois de tels propos !) réagissent bien souvent à des signaux émis par leur maître. Le problème s'amplifie lorsque le propriétaire utilise son chien comme une arme et fait tout pour

provoquer son agressivité, mais nous entrons dans le domaine de la psychologie humaine, autrement plus complexe!

- Le choix d'une race particulière, réputée pour se comporter de telle ou telle manière, de même que le choix du sexe n'est pas si innocent qu'on pourrait le croire. En adoptant un chien, chaque propriétaire s'en fait une image et aura tendance à renforcer de manière consciente ou inconsciente tout comportement correspondant à son attente et à sanctionner tout comportement s'en éloignant.

D'autres éléments peuvent également influencer le comportement du chien:

- Les cris et les gesticulations des personnes qui assistent à une bagarre augmentent la tension et l'agressivité des combattants.
- La présence du maître ou d'un autre chien avec lequel l'animal est en bons termes intensifie souvent l'humeur belliqueuse (effet de meute). On constate en effet qu'un chien qui se balade seul se montre souvent moins agressif que lorsqu'il se trouve en compagnie. Cet effet est amplifié à l'extrême dans les cas où le chien s'est attribué la place de chef de meute et joue ce rôle en prenant sur lui la défense de la meute: il peut alors interdire à quiconque (homme ou animal) de s'approcher en utilisant diverses mimiques menaçantes, voire des morsures si les menaces ne sont pas suffisantes.
- Le lieu où le chien se trouve joue également un rôle important: plus il est proche de son lieu habituel de vie, plus il a tendance à se montrer virulent, surtout si ce lieu a acquis une certaine valeur. Les chiens vagabonds adoptés se reconnaissent par le fait qu'ils se montrent beaucoup plus agressifs envers leurs congénères non adoptés lorsque ces derniers s'approchent de leur lieu de résidence(164).
- Le fait de gagner un combat peut augmenter la confiance du vainqueur dans ses relations avec d'autres contestataires possibles(118).

- Un chien en laisse (ou qu'on prend systématiquement dans ses bras) n'a pas de contacts normaux avec ses congénères de rencontre et il est incapable de moduler la distance avec son vis-à-vis. Toutes ces contraintes provoquent un malaise social qui, s'il ne peut pas être réduit soit par les gestes appropriés, soit par l'augmentation de la distance interindividuelle, peut inciter le chien à se montrer agressif.
- Des mauvaises conditions de détention ont tendance à augmenter l'agressivité. Il arrive qu'un chien à l'attache soit continuellement soumis aux mauvais traitements de certains enfants (cris, jets de pierres, explosions de pétards, etc.). Il y a de fortes probabilités que, une fois libéré, ce chien morde un enfant, parfois tout à fait innocent, car le canidé a tout simplement appris à considérer tous les enfants comme des dangers potentiels qu'il est préférable de mettre en fuite.
- Un chiot attaqué par un chien adulte peut à son tour se comporter agressivement envers ses semblables une fois parvenu à l'âge adulte. Il semble que certaines phases du développement soient plus propices que d'autres pour provoquer plus tard un tel « dérapage ». À notre connaissance, il n'y a aucune étude à ce sujet. On sait par contre que des chiots durement disciplinés par leur père sont plus enclins à l'âge adulte à adopter des comportements agressifs envers leurs conspécifiques que des chiots élevés par un adulte bienveillant (recherches citées par Abrantes[(4)]).
- Il peut arriver que des chiens, principalement ceux de petite taille (« anthropomorphisés » à outrance, voire parfumés) et les chiens incorrectement socialisés, ne soient plus reconnus comme des congénères, mais comme des proies.
- Dans certains cas, un dressage au mordant, même lorsqu'il est pratiqué dans un club sérieux, peut déclencher des morsures dans

des situations rappelant celle du dressage ou dans d'autres contextes, surtout si le maître n'a pas établi une hiérarchie claire avec son chien ou si l'un des deux souffre d'un déséquilibre émotionnel. Il faut savoir qu'un tel dressage va à l'encontre de l'apprentissage de l'inhibition de la morsure. Malheureusement, selon les standards de certaines races, le chien doit avoir du mordant…

- L'impossibilité d'établir des relations sociales normales avec les humains augmente l'agressivité du chien face à ses semblables, et cela même s'il a été élevé en leur compagnie[(138)].

L'agressivité liée à la dominance

L'agressivité hiérarchique se manifeste principalement à deux occasions : lorsque le chien qui occupe une place instable essaie de monter dans la hiérarchie et lorsqu'un inférieur hiérarchique se trouve en concurrence avec son supérieur ou se comporte en dominant. Dans les cas d'inversion hiérarchique entre le chien et les humains, l'agressivité du chien envers ses maîtres ne devrait donc pas être cataloguée comme un comportement anormal. Il faut se rappeler que la dominance n'est en aucune façon absolue, mais dépend des relations interpersonnelles entre les individus qui composent le groupe. Les premières chamailleries dans la fratrie et la manière dont elles se déroulent permettent à chaque chiot de tester sa force – physique ou psychique. Plus souvent l'un des chiots s'empare de l'objet convoité, plus il prend de l'assurance et plus il a tendance à tester son entourage. Cependant, un loup ou un chien dominant ne l'est pas à vie, mais seulement pour quelques années – aussi longtemps que ses subordonnés acceptent son statut. Lorsqu'un loup de haut rang perd sa place, il perd aussi les traits comportementaux liés à la dominance ; et un loup inférieur qui s'élève accède à la dominance et à ses caractéristiques[302]. Le maître peut donc en tout temps reprendre le contrôle de la situation et faire cesser menaces et morsures. Cependant, ne nous leurrons pas : l'inversion de la hiérarchie n'est pas toujours facile, surtout si elle est établie depuis longtemps et que le chien a du caractère. La peur du maître est également un élément à prendre en compte. De toute façon, l'utilisation de méthodes violentes est vivement déconseillée car, dans la plupart des cas, elles ne font qu'exacerber le problème.

S'il est normal d'entendre quelques grognements dans les moments d'agitation entre chiens de même sexe partageant le même toit, il faut savoir qu'une situation tendue et des conflits non résolus peuvent provoquer des bagarres de plus en plus violentes. Pour éviter cette escalade, il faut se rappeler que la notion de hiérarchie est primordiale pour le chien, aussi bien par rapport aux autres chiens que par rapport aux humains avec lesquels il vit. Dans la majorité des cas, les chiens, quand ils sont seuls, règlent fort bien leur problème de préséance (pour eux, ce n'est d'ailleurs pas un problème !), mais il suffit que les humains soient là pour que la tension augmente. En effet, la présence des maîtres est importante pour les chiens. Elle provoque une certaine excitation et fait monter la tension à tel point que les bagarres peuvent éclater pour un rien. Le facteur le plus déterminant est cependant l'attitude de l'humain. Craignant les bagarres, celui-ci fait tout son possible pour rétablir des relations harmonieuses. Il élève la voix au moindre grognement, rabroue souvent le dominant – qui cherche à faire respecter ses prérogatives –, et renforce ainsi la position du subordonné. Ce dernier, se sentant soutenu, sera encouragé à outrepasser ses droits et à provoquer son rival au lieu de s'y soumettre.

Les maîtres doivent savoir que, en traitant leurs chiens de manière égale, ils ne respectent pas les codes canins et ne leur rendent pas service. Pour développer des relations harmonieuses, ils doivent favoriser systématiquement le dominant*.

Le maître, en tant que chef suprême, peut quand même intervenir si le leader devient trop agressif ou si les gestes d'apaisement du dominé n'arrêtent pas l'agressivité de son vis-à-vis. Une telle intervention ne doit pas être ressentie comme un soutien accordé au plus faible, ce qui ne ferait qu'envenimer la situation, mais plutôt comme une marque d'attention spéciale pour le supérieur : le maître, par exemple, l'appelle vers lui pour lui accorder une faveur (mots doux, caresses), ce qui contribue à détourner son attention de son rival.

LA PEUR

Bien que le tempérament peureux du chien puisse être en partie attribué à des facteurs héréditaires, cela ne signifie pas que toutes les peurs sont d'origine héréditaire ni que, pour un chien peureux, il n'y ait rien à faire. Il faut se rappeler que les lignées de chiens peureux sont des cas extrêmes, puisqu'ils ont été sélectionnés en raison même de leur tempérament, ce qui n'est heureusement pas le cas pour la plupart des chiens. Un chien ne deviendra peut-être pas un animal intrépide, mais ses réactions peuvent être modulées en fonction de son milieu de vie et des réponses qu'il reçoit à la suite de son comportement.

Au cours de ses trois premiers mois, nous avons vu que le chiot s'imprègne au milieu (aussi bien physique que social) dans lequel il vit. Cette imprégnation se fait indépendamment pour chacun des sens. Ce processus, qui permet au chiot d'acquérir un certain équilibre émo-

---

*Ce traitement privilégié semble devoir être réservé aux chiens adultes et n'être pas adapté aux chiots ; en effet, contrairement à ce qui se passe pour des adultes, favoriser systématiquement le chiot d'une paire et ignorer ou repousser l'autre tend à provoquer des bagarres plus fréquentes et plus violentes que le fait de traiter les deux chiots de manière identique[(392)].

tionnel (appelé homéostasie sensorielle), fait que l'animal ne réagit plus aux stimuli neutres auxquels il est soumis habituellement. S'il est déplacé après trois mois d'un milieu pauvre à un milieu riche, le chiot a tendance à développer des peurs face à tous les stimuli inconnus, à tel point que, dans les cas les plus graves, il sera incapable de s'adapter. Il développera alors un état anxieux qui l'empêchera de mener une vie normale, alors que, replacé dans un milieu ressemblant à son milieu d'origine, il se comportera tout à fait normalement.

Selon le même processus, un chiot qui n'a pas été socialisé à certains types de personnes au cours de la phase de socialisation interspécifique peut avoir peur lorsqu'il les rencontre. C'est ce qui se passe s'il n'a pas été habitué aux enfants : leurs comportements turbulents et leurs cris peuvent l'effrayer et même l'amener à mordre.

Les peurs peuvent également se développer plus tard, même chez un chien correctement socialisé, à la suite d'un conditionnement survenu souvent à l'insu du propriétaire. Dans le cas de conditionnement instrumental (voir chapitre 11), l'attitude du chien est renforcée par le comportement du maître : Milou se met à aboyer face à un tas de sable, son maître le prend aussitôt dans ses bras et lui prodigue mille caresses et explications que le chien est bien incapable de comprendre. Au lieu de rassurer le chien, les caresses et les mots conditionnent à la fois l'état de peur et les aboiements. Le maître a en quelque sorte félicité Milou d'avoir eu peur et d'avoir aboyé.

L'activité de l'animal au moment où se produit le stimulus déclenchant la peur semble jouer un rôle important. Le chien d'un client était en train de manger dans le jardin lorsqu'il a été effrayé par un violent coup de frein. Ses maîtres ont eu par la suite beaucoup de mal à le faire rester dans le jardin, alors qu'auparavant c'était son lieu préféré. D'autres cas de panique déclenchée par des stimuli survenant au cours des repas nous ont été signalés. Certains auteurs pensent que l'état entre sommeil et veille est également favorable à l'apparition de telles peurs conditionnées.

Dans certains cas il est très difficile, voire impossible, de trouver ce qui a déclenché la peur, surtout lorsque le chien se met tout à coup à craindre des situations auxquelles il n'avait jamais réagi (nous avons répertorié de nombreux cas de peur soudaine de l'orage). Il semble que ces réactions apparaissent plus souvent chez des chiens d'un certain âge et qu'elles soient à mettre en parallèle avec des modifications affectant les oreilles et liées au vieillissement.

Quelques auteurs soulignent le fait que la 8e semaine est une période extrêmement sensible pour l'apparition de peurs conditionnées. D'après eux, il faudrait éviter de changer le chiot de milieu au cours de cette semaine et de lui infliger un traitement douloureux, notamment des vaccinations. Il se peut effectivement qu'il y ait une période très sensible autour de cet âge mais, si l'on tient compte des différences mises au jour dans le développement de chiens de races différentes, la 8e semaine ne devrait à notre avis n'être retenue qu'à titre indicatif tant que l'on n'a pas fait de recherches plus précises.

Enfin, l'attitude de la mère et celle des autres chiens ou des humains en compagnie desquels vit le chiot vont influencer les réactions de l'animal, et cette influence est d'autant plus grande que le chien est plus jeune.

L'EXCITABILITÉ

Les expériences vécues pendant la phase de socialisation peuvent avoir une influence sur l'excitabilité du chien. Nous avons vu que certains chiots élevés en isolement, de la 4e semaine jusqu'à 7 à 10 mois, se montrent ensuite très excités quand ils se retrouvent avec d'autres chiens ou dans un contexte inconnu.

Bien souvent, l'attitude du maître renforce l'excitation du chien. Si personne ne s'occupe de lui quand il est tranquille mais qu'on reporte toute son attention sur lui quand il s'agite (il ne faut pas oublier que gronder le chien est aussi une manière de s'en occuper), le chien apprendra vite ce qu'il faut faire pour mobiliser son entourage. Parfois, l'excitation est tellement renforcée qu'elle tend à devenir un état quasi permanent. Par exemple :

- Médor bondit dans tous les sens pour accueillir ses maîtres, il leur saute dessus, aboie comme un fou, et ces derniers s'empressent de lui parler, de le caresser.
- En constatant les préparatifs pour la promenade, Baluchon court et fait des bonds en tous sens : son excitation est renforcée puisqu'il est emmené en promenade.
- Si la voiture n'est utilisée que pour les balades, le chien se met à anticiper les joies à venir, ce qui provoque un état d'excitation qui sera renforcé si on lui permet de quitter le véhicule avant de lui laisser le temps de se calmer.

Un maître nerveux peut transmettre sa nervosité à son chien. Il est intéressant d'observer parfois les mêmes phases d'agitation et de dépression (avec cependant un léger décalage temporel) chez un maître maniacodépressif et son chien.

Un chien qui ne comprend pas la place qu'il occupe dans la « meute » familiale peut manifester son anxiété en devenant très agité. La remise en place hiérarchique aide souvent à rétablir le calme.

Certaines races de chiens – principalement les lignées de travail – ont été sélectionnées pour des tâches précises et il peut leur être pénible de ne rien faire à longueur de journée. Il revient au maître de leur trouver des occupations pour qu'ils puissent dépenser leur énergie. Il semble que les jeux préférés des chiens soient ceux qui ressemblent le plus aux tâches pour lesquelles leur race a été sélectionnée[25].

LA SOCIALISATION

Nous avons examiné le rôle de l'environnement dans la socialisation du chiot au chapitre 5. En résumé, les chiens privés de contacts humains manquent d'assurance non seulement envers les humains, mais aussi envers leurs congénères (même s'ils ont grandi en leur compagnie). Cela les rend incapables de réagir correctement, même dans les situations les plus courantes. Par exemple, une simple prise de contact museau à museau peut déclencher une soumission totale ou une réponse agressive[138].

Même après avoir quitté depuis longtemps leur fratrie, les chiens ont tendance à préférer les congénères ayant des caractéristiques physiques communes avec leurs frères et sœurs. Par exemple, ils préfèrent jouer avec un chien de leur race ou de leur couleur. Ils semblent également attirés par certaines caractéristiques comportementales: des chiots élevés en isolement ont tendance à se regrouper avec des chiens (même totalement inconnus) ayant vécu la même expérience[162]. Ces constatations nous poussent à recommander vivement la fréquentation des classes de jeux pour chiots afin d'augmenter le nombre des expériences positives avec les représentants de nombreuses races.

Comme vous vous en êtes rendu compte, il est impossible de déterminer exactement la part de l'inné et celle de l'acquis dans le comportement. Les récentes recherches faites en biologie moléculaire montrent que la plupart des traits comportementaux sont influencés par de nombreux gènes, chacun exerçant son effet. Les différences génétiques influencent le comportement de manière indirecte: les gènes (et leur combinaison) agissent sur les enzymes qui affectent le développement des systèmes sensoriel, nerveux et musculaire, systèmes qui, à leur tour, vont influencer les divers processus d'apprentissage, fondements des relations que l'individu va entretenir avec son environnement. En sélectionnant diverses races pour remplir certaines tâches, l'homme a pu modifier l'aspect physique des chiens et l'équilibre des différents systèmes endocriniens, mais ses manipulations, limitées par le répertoire génétique hérité du loup, consistent principalement en modifications quantitatives.

En ce qui concerne les mammifères en général, et spécialement des espèces aussi différenciées que le chien, il est impossible de dire que certains gènes sont directement responsables de certains comportements. Il serait plus juste d'affirmer que certains gènes permettent le développement de certains comportements spécifiques sous certaines conditions. En effet, à chaque stade du développement, l'organisme reçoit des feed-back de l'environnement. Autrement dit, les gènes vont en quelque sorte fixer les seuils entre lesquels le comportement peut exister (un seuil bas rend le comportement plus probable), mais c'est le milieu qui actualisera le comportement tel qu'il se déroule sous nos yeux.

Le chien que nous avons à nos pieds est un animal unique dont le comportement est influencé à la fois par l'hérédité et par l'expérience, depuis le jour de sa naissance, mais aussi durant la période de gestation.

Pour montrer à quel point ce domaine de l'inné et de l'acquis est complexe, nous analyserons plus à fond un problème douloureux : les morsures.

Chapitre 13

UN PROBLÈME PARTICULIER : LES MORSURES

Jusqu'à récemment, la préoccupation des autorités et du public tournait autour de l'épineux problème des déjections canines en ville. De nombreux moyens sont mis en œuvre pour lutter contre ce fléau. On aménage des espaces réservés aux chiens, on peint des flèches sur les trottoirs pour encourager les maîtres à utiliser le caniveau, et dans certaines villes, comme Paris, on dépense beaucoup d'argent pour ramasser ces déjections.

Certes, marcher dans les excréments n'a rien d'agréable, même pour les cynophiles. Toutefois, l'énergie dépensée pour résoudre ce problème a eu pour effet de masquer un autre problème plus grave dont on parle rarement : les morsures.

Depuis peu, on constate tout de même un regain d'intérêt pour cette question, puisque des lois ont été mises en place dans le but de limiter la prolifération de certaines races estimées dangereuses. Loin de vouloir entrer à notre tour dans cette polémique, nous aimerions cependant attirer l'attention sur ce problème qui reste encore sous-estimé et bien mal connu du grand public.

En effet, depuis des années, de nombreuses études révèlent que nos adorables compagnons, toutes races confondues, mordent fréquemment, et que le nombre de morsures est en constante augmentation. Aux États-Unis, on compte chaque année près de un million de victimes. En France, le Centre de documentation et d'information de l'assurance(126) évalue le nombre de morsures annuelles à 500 000, dont 60 000 nécessitent des soins hospitaliers. Ces chiffres ne prennent en compte que les morsures déclarées à la suite d'une consultation médicale. Or, on estime que moins de la moitié des morsures sont déclarées. On peut donc doubler les chiffres avancés plus haut pour avoir une estimation plus juste du nombre annuel de victimes.

Face à de telles données, on s'aperçoit que les morsures de chiens sont à considérer comme un véritable fléau dont nous aurions dû nous préoccuper depuis longtemps. Afin de trouver des solutions, nous devons en premier lieu tenter d'identifier les chiens mordeurs, leurs principales victimes, ainsi que les circonstances des agressions.

LES VICTIMES

Quand on parcourt les études consacrées aux morsures de chiens, on se demande comment ce problème a pu être à ce point occulté. Sur l'ensemble des accidents (morsures, chutes, chocs) provoqués par des chiens, 40 % surviennent sur des jeunes de moins de 15 ans, dont 16 % chez des enfants entre 1 et 5 ans (enquête effectuée entre 1986 et 1988 dans des hôpitaux français par l'EHLASS – European Home and Leisure Accidents Surveillance System). Les études menées dans d'autres pays, notamment aux États-Unis, vont dans le même sens. Les enfants, surtout les plus jeunes, sont les victimes privilégiées de nos chers toutous. En Amérique, environ un enfant sur deux est agressé par un chien[22, 38]. Se faire mordre semble donc être un accident banal. Ce problème est inquiétant si l'on sait que les morsures sont d'autant plus graves que l'enfant est plus jeune (il y a entre trois et quatre fois plus d'hospitalisations pour des enfants de moins de 10 ans que pour des enfants plus âgés ou des adultes[68], et le taux de mortalité est 139 fois plus élevé chez les nouveau-nés que chez des personnes âgées de 30 à 40 ans[377]). Les morsures d'enfants risquent de laisser des séquelles physiques importantes puisque les blessures touchent en priorité la tête et le visage.

Il est intéressant de constater que les garçons entre 5 et 14 ans sont plus souvent mordus que les filles (respectivement, selon les enquêtes, entre 55 % et 57 % contre 39 % et 43 %[22, 126]). Le sexe semble être un facteur de risque, puisque les morsures sont plus fréquentes chez les hommes que chez les femmes.

Si les morsures sont généralement moins graves chez les adultes, puisqu'elles sont surtout portées aux extrémités, leur nombre révèle néanmoins que, là encore, le problème a été sous-estimé. D'après un rapport publié par 50 Millions de Consommateurs en 1993[1], les personnes les plus exposées aux morsures sont les cyclistes et les randonneurs, car leur déplacement rapide a tendance à provoquer des réactions de poursuite de la part des chiens. Viennent ensuite les personnes qui, à cause de leurs activités professionnelles, sont obligées d'entrer dans ce que le chien considère comme un territoire à défendre : démarcheurs, représentants de commerce, techniciens. Parmi eux, les facteurs semblent être des victimes de choix[40].

Mais les gens de passage ne sont pas les seuls à se faire agresser. Souvent, le chien est connu de la victime, puisqu'il appartient soit à un voisin, soit à la victime elle-même. Il est difficile d'évaluer précisément le nombre de morsures puisque, le chien étant connu, les blessés ne consultent pas toujours le médecin. On estime cependant qu'entre 44 %[(142)] et 90 %[(409)] des morsures d'enfants sont perpétrées par des chiens connus de l'entourage.

Enfin, la possession d'un chien augmente les risques aussi bien pour les adultes que pour les enfants. En effet, les propriétaires, croyant bien connaître leur chien, se montrent généralement moins méfiants et tentent souvent d'interagir avec les chiens inconnus.

LES CIRCONSTANCES DES AGRESSIONS

Dans la grande majorité des cas, l'agression a lieu soit au domicile du maître, soit dans le jardin ou aux alentours. Les enfants les plus jeunes (moins de 5 ans), qui passent plus de temps à l'intérieur, sont principalement mordus lorsqu'ils se trouvent chez le propriétaire du chien (90 %[(79)]). Les enfants plus âgés et les adultes sont par contre attaqués surtout à l'extérieur.

Toutes les études révèlent que le nombre de morsures augmente pendant la période de l'année et de la journée qui est la plus favorable aux activités extérieures. Ainsi, durant les mois les plus chauds, entre avril et août, le taux de morsures est plus élevé. De même, plus de la moitié des accidents ont lieu entre 15 h et 19 h[(142)], moment de la journée où les enfants ne sont plus à l'école et où les adultes rentrent du travail. Ces données ne sont pas surprenantes, puisque c'est durant les temps libres, et surtout lorsque le climat s'y prête, que les personnes de tout âge sont le plus susceptibles d'entrer en contact avec un chien et que la surveillance a tendance à se relâcher quand l'enfant joue à l'extérieur. Et puis les vêtements légers protègent moins bien des morsures que les vêtements d'hiver.

Les adultes sont principalement attaqués lorsqu'ils passent devant la propriété du maître, lorsqu'ils pénètrent chez ce dernier ou essayent de caresser le chien. Parfois, l'animal peut se montrer d'autant plus hargneux qu'un membre de la famille est présent. Souvent, les réponses des victimes ne permettent pas de déterminer avec exactitude la motivation du chien à attaquer : garde, défense, peur ou douleur. Le maître lui-même peut se faire mordre par son propre chien lorsqu'il tente par exemple de le manipuler, de le tirer par le cou ou le collier, lorsqu'il pénètre dans la pièce où se trouve l'animal ou lui donne un ordre ou encore, lorsqu'il le dérange pendant son sommeil ou son repas.

Une étude menée entre 1987 et 1989 par Filiatre et son équipe[(142)] sur les enfants accueillis dans un centre antirabique a mis en évidence le fait que, dans 30 % des cas, l'enfant mordu n'avait manifesté aucun comportement expliquant l'agressivité du chien, et que dans 40 % des cas l'enfant s'était comporté affectueusement et avait simplement cherché à embrasser l'animal ou à le caresser. Ce n'est que dans une petite minorité des cas (10 %) que l'enfant a admis avoir menacé ou taquiné le chien. On relève par ailleurs que c'est surtout au cours des jeux que les morsures sont infligées[(126)].

Dans la majorité des cas (75,8 %), le chien ne semble pas avoir menacé l'enfant avant de le mordre : il dormait ou il mangeait[(142)].

Que retenir de toutes ces données ? Tout d'abord, que tout chien peut mordre, qu'il soit connu ou inconnu, et que les probabilités de morsures sont beaucoup plus importantes lorsque nous nous trouvons aux alentours du lieu de résidence du chien. Chaque agression est unique et fait intervenir de multiples facteurs. Il faut cependant se méfier des réponses fournies par les victimes ou leurs proches qui, d'une part, peuvent avoir intérêt à cacher une partie de la vérité et, d'autre part, peuvent interpréter de manière erronée les signaux émis par le chien et à leur tour émettre des signaux ambigus. En effet, les signaux de communication sont décodés par les membres de chaque espèce en référence à leurs propres codes, ce qui ne va pas sans erreurs de traduction.

LES CHIENS

Ce qui frappe dans toutes les études menées dans ce domaine, c'est que, contrairement à ce que l'on pourrait croire, ce ne sont pas les chiens errants qui sont les plus susceptibles d'attaquer, bien au contraire. Dans la plupart des cas, il s'agit, rappelons-le, de chiens connus de la victime (de 50 % à 90 % des cas selon les études), appartenant à un ami, à un voisin ou à la victime elle-même. Les agresseurs sont généralement considérés comme des animaux de compagnie et ne sont utilisés comme chiens de garde que dans une minorité des cas.

Les mâles mordent en moyenne plus souvent que les femelles. Il s'agit surtout de mâles non castrés (83,78 %) âgés de moins de 5 ans (68,02 %)[(142)]. Ils sont pour la plupart de taille moyenne ou grande. En France, ce sont les bergers allemands ou croisés bergers allemands qui mordent le plus souvent (30 %) ; aux États-Unis, les pitbulls et les staffordshire-terriers sont coupables de 60 % des attaques rapportées par les journaux[(359)]. Mais ne nous méprenons pas : ces résultats sont forcément biaisés en défaveur des chiens de grande taille, du simple fait qu'ils sont susceptibles d'infliger des morsures plus sérieuses. Vu les difficultés du public à préciser la race d'un chien, les résultats sont défavorables aux races les plus connues (comme les bergers allemands) ou les plus souvent citées par les médias (comme les pitbulls). Les chiens croisés sont d'ailleurs souvent identifiés aléatoirement à l'une de ces races. Par ailleurs, les enquêteurs devraient toujours comparer leurs résultats au nombre de chiens de différentes races présents dans la population régionale, ce qui est rarement le cas, pour la simple raison que ces renseignements sont souvent inexistants. En effet, si par exemple les bergers allemands sont les chiens les plus nombreux, il est normal qu'ils mordent en plus grand nombre. Malgré cela, les chiens de petite taille, comme le cocker, le jack russel ou le caniche, considérés par beaucoup comme des chiens inoffensifs, sont eux aussi susceptibles d'attaquer et de causer des lésions très graves.

Il faut retenir que tous les chiens, si gentils soient-ils, peuvent mordre dans certaines situations. Le chien qui mord l'enfant de la famille était, avant l'accident, considéré dans la majorité des cas comme un chien fiable qui n'aurait pas fait de mal à une mouche.

Plusieurs motivations peuvent pousser l'animal à utiliser ses crocs. Si dans un grand nombre de cas de morsures (82 %) le chien a manifesté un comportement dominant face à l'humain[(260)], le chien peut aussi mordre pour essayer d'écarter ce qu'il croit être un danger : une main qui s'avance pour le caresser, un enfant qui court, etc. Il le fera d'autant plus facilement qu'il n'a pas été correctement socialisé aux humains, d'où l'importance à accorder à la socialisation lors du choix du chiot.

Dans certains cas, les attaques sont liées au comportement prédateur inné et stimulé par les déplacements rapides d'une proie, mais pouvant être déclenché par tout mouvement rapide, comme la course ou le patinage, ou par le passage d'un vélo.

Il arrive que des groupes de chiens s'en prennent à des personnes. Ces groupes sont généralement formés d'animaux vivant ensemble ou habitant dans le même quartier et autorisés à errer seuls. Ces chiens ont développé un sens de la territorialité qui dépasse le lieu de leur habitation pour recouvrir tout l'espace dans lequel ils ont l'habitude d'errer. Une personne qui passe rapidement devant eux peut stimuler leur instinct de poursuite renforcé par l'effet de meute. L'issue d'un tel incident peut être extrêmement grave, jusqu'à causer parfois la mort du passant – 10 cas répertoriés aux États-Unis en cinq ans, principalement des enfants[56, 57]. Dans certains cas, la meute était en train de courser du gibier lorsqu'elle s'en est prise à l'humain. Notons que ce sont seulement les personnes qui ont essayé de fuir ou de se défendre en gesticulant qui ont été molestées.

L'INTERPRÉTATION

Il nous reste à comprendre pourquoi « le meilleur ami de l'homme » devient parfois son ennemi. Pourquoi d'adorables toutous, habituellement amicaux et affectueux, se transforment soudainement en bêtes féroces.

Il y a à cela plusieurs raisons – chaque agression est unique – et il serait illusoire de vouloir les citer toutes. Néanmoins, il nous semble intéressant de tenter d'en saisir quelques-unes.

Les morsures provoquées par la dominance du chien

La raison primordiale semble être la méconnaissance des codes canins ou leur non-respect. Cela est flagrant quand il s'agit de morsures hiérarchiques. Le chien manifeste les premiers signes de dominance vers l'âge de 6 mois. C'est le moment où il va chercher à s'affirmer dans la famille et à établir son rang dans la hiérarchie. Il peut le faire en testant ses maîtres dans différentes situations, même au cours des jeux, ou en s'octroyant des privilèges réservés en principe au chef. Si le chien n'est pas clairement remis à sa place ou s'il est doté d'un fort tempérament, il va graduellement exiger de plus en plus de privilèges, comme manger à table, dormir sur les lits ou les canapés, choisir la direction de la promenade, etc. (voir chapitre 9).

S'il obtient ce qu'il désire, le chien se montre amical, joueur et affectueux. Il est néanmoins le plus souvent décrit comme têtu, n'obéissant que quand il le veut bien. Un tel chien peut à tout moment se transformer en véritable peste si on ne lui cède pas, se montrer agressif s'il se sent défié, n'hésitant pas à défendre ce qu'il considère comme ses droits légitimes en grognant, voire en mordant la main qui le nourrit.

Un chien dominant voudra aussi défendre les choses qu'il croit siennes, sa gamelle ou tout objet important à ses yeux, les lieux qu'il choisit pour dormir, son propre lit ou celui de ses maîtres, ou les endroits stratégiques de l'habitation, par exemple les passages.

Un chien dominant se sent aussi le devoir de protéger sa meute et peut se montrer hyperprotecteur envers les membres de la famille, ne permettant à personne de s'approcher d'eux, de leur donner une poignée de main ou de les embrasser. Il peut aussi chercher à chasser ceux qu'il considère comme des intrus, comme les passants, les visiteurs, le facteur, etc.

Puisqu'il est le chef, personne n'a le droit de le gronder, et il n'accepte pas d'être puni physiquement ou même verbalement. L'impertinent sera vite remis à sa place.

De même, il ne tolère pas d'être placé dans une position subordonnée. Si on cherche à le manipuler, à le soulever, à le brosser, à lui nettoyer les oreilles, si on essaie de le maintenir en position couchée ou si l'on entrave ses mouvements, il perçoit cela comme un défi à son autorité et réplique en grognant, en pinçant ou en mordant. Caresser la tête d'un tel chien ou le serrer contre soi risque aussi de provoquer des sanctions puisque, selon les codes canins, seul le dominant peut se permettre de poser la patte sur le garrot du subordonné ou d'entraver ses mouvements.

Compte tenu de tous ces facteurs, on comprend mieux pourquoi le chien mord parfois ses maîtres. Il ne s'agit pas d'un animal fou, mais d'un chien qui essaie de garder la place qu'on lui a attribuée inconsciemment. Le passage à l'acte est souvent décrit comme soudain, sans avertissement. Il suffit pourtant de creuser pour découvrir de nombreux signes précurseurs que les humains n'ont pas décodés. Le « regard fou » du chien, décrit à maintes reprises, s'explique par le fait que, juste avant l'attaque, le chien fixe brièvement mais intensément son adversaire. Ses pupilles se dilatent sous l'effet de l'adrénaline et son regard s'en trouve modifié.

Mais que les propriétaires de chiens dominants se rassurent. Nous ne voulons surtout pas les encourager à se débarrasser d'un tel animal. Tout d'abord parce que la S.P.A. est déjà beaucoup trop sollicitée, mais surtout parce qu'il existe des solutions efficaces – sans recours à la violence qui ne ferait qu'aggraver la situation – qui permettent non seulement de remettre le chien dans une position hiérarchique plus acceptable, mais aussi de mieux le contrôler (voir chapitre 16).

Les morsures sur les enfants

Pour cerner le problème des relations entre les enfants et les chiens, il faut prendre en considération les relations entre un chiot et un chien adulte (puisque les chiens socialisés aux humains ont tendance à se comporter avec ces derniers comme ils le feraient avec des congénères) et examiner comment l'enfant se comporte envers l'animal.

En ce qui concerne les relations dans la meute, nous avons vu que les adultes se montrent en principe très tolérants à l'égard des chiots, mais qu'ils exigent cependant une certaine discipline qui devient de plus en plus sévère au fur et à mesure que les chiots grandissent. Si ces derniers se montrent trop turbulents ou s'ils n'obtempèrent pas, ils sont réprimandés par des grognements et des morsures inhibées du museau qui n'entraînent cependant aucune blessure. À la suite d'une telle correction, le jeune adopte une attitude de soumission inhibant l'agressivité de l'adulte.

Les chiens se comportent pareillement envers les enfants avec lesquels ils vivent, à la grande différence que ces derniers ne comprennent pas le « langage » canin, si bien que le chien doit préciser ses menaces par des morsures inhibées dirigées sur le visage qui se trouve à sa hauteur et qui peut être considéré comme le pendant du museau du chiot. Une telle morsure, sans conséquence pour le chiot, peut provoquer de graves blessures à l'enfant. La réaction de ce dernier est aussi toute différente : soumission pour le chiot et cris pour l'enfant, ce qui malheureusement amènera le chien à concrétiser sa menace en serrant un peu plus ses mâchoires.

Une enquête au cours de laquelle on a filmé les relations spontanées dans le milieu familial entre des enfants âgés de deux à cinq ans et leur chien, en présence d'un adulte (ce qui n'est souvent pas le cas lors des morsures), nous éclaire un peu plus[(318)]. Il est intéressant de constater que dans 67 % des relations l'enfant entre en contact corporel avec son chien : il pose la main sur lui, le caresse, lui donne des coups, lui tire les poils, l'embrasse ou le serre contre lui. Cette étude met également en évidence le fait que plus l'enfant est jeune, plus il a tendance à se montrer agressif envers l'animal, et qu'il se montre d'autant plus agressif que le chien est jeune ou de petite taille. Si, dans la majorité des cas, le comportement agressif de l'enfant provoque le retrait du chien, ce dernier peut parfois montrer des signes d'agressivité, mais il peut le faire aussi lorsque l'enfant se montre amical, car les gestes par lesquels l'enfant exprime son affection peuvent être interprétés comme des gestes de dominance par le chien. Or, on peut faire l'hypothèse que, dans la recherche citée, les comportements agressifs de l'enfant envers le chien ou du chien envers l'enfant ont été inhibés par la présence d'un adulte familier, mais ils ont de fortes chances d'augmenter de part et d'autre en son absence, ce qui risque de se solder par des morsures.

Une autre raison pour laquelle les chiens sont susceptibles de mordre est liée à la rivalité. Un chien qui vit seul avec ses maîtres qui le traitent «comme un roi» peut vivre difficilement une naissance, l'arrivée d'un enfant en visite ou l'installation d'un ami dans la famille. Lorsqu'un chien a l'habitude de recevoir une certaine attention de la part de ses maîtres, il se sentira frustré si celle-ci diminue ou, pire, si elle est supprimée. Pour tenter de rétablir la situation, il peut chercher à éliminer la source de cette frustration et se montrer agressif envers le nouvel arrivant. Ce comportement est renforcé si on éloigne le chien chaque fois que l'enfant est présent et si l'on ne s'occupe de l'animal que lorsque l'enfant dort. Pour que tout se passe le mieux possible, il faudrait, bien avant la naissance de l'enfant, réfléchir au temps qu'on aura à consacrer au chien et réduire les relations en conséquence. Il est ensuite recommandé de montrer un grand intérêt au chien en présence de l'enfant et de l'ignorer en son absence. Il est donc préférable de parler au chien, de le caresser, de jouer avec lui pendant les soins, les promenades, et de lui demander de rester à sa place pendant le repos de bébé. De cette manière, l'enfant acquerra une connotation positive.

Le manque de socialisation

Beaucoup de chiens mordent par peur, tout simplement parce qu'ils n'ont pas été correctement socialisés aux humains et qu'ils se sentent mal en leur présence. Une main qui se tend pour la caresse et les voilà tout tremblants, non pas parce qu'ils ont été battus, mais parce qu'ils n'ont pas été habitués à de tels égards ou qu'ils sont de tempérament peureux. En liberté, de tels chiens réagissent par le retrait, bien que certains d'entre eux puissent mordre lorsqu'un intrus envahit leur domaine. La plupart d'entre eux feront usage de leurs crocs seulement en cas d'urgence, par exemple s'ils sont attachés et qu'un inconnu se penche pour les admirer de trop près. Malheureusement, un phénomène d'instrumentalisation peut très vite se mettre en place (voir chapitre 11). Le futur propriétaire devrait donc éviter d'adopter un chiot ou un chien qui n'a pas bénéficié de contacts humains nombreux et variés. Ceux-ci sont en effet indispensables pour que le chien se familiarise avec les comportements et les caractéristiques de certaines catégories d'humains. En ce qui a trait aux enfants, le chiot devrait impérativement apprendre que les mouvements brusques et les jeux bruyants sont des activités normales et sans danger pour lui, et il ne peut le faire que s'il rencontre souvent des enfants.

Les autres causes

Il arrive aussi que des chiens, habituellement amicaux, mordent soudainement et sans raison apparente leur maître ou un membre de la famille. Après l'attaque, les chiens retrouvent un comportement normal, mais sont généralement fatigués et s'endorment. Ce type d'attaque soudaine est défini sous le terme d'« agressivité idiopathique » et a été observé chez certaines races (voir chapitre 10). Si des facteurs tels que l'ascendance du chien, certaines sécrétions hormonales et l'alimentation peuvent avoir une influence sur le déclenchement de ces crises[358], on a constaté que ce sont principalement les chiens dominants envers leurs maîtres qui attaquent de la sorte.

De tous les chiens mordeurs, ceux qui soulèvent le plus d'étonnement sont ceux qui s'approchent amicalement, sollicitent des caresses, puis se transforment soudainement en bêtes féroces. Si parfois ils grognent, ce qui permet à la personne de retirer sa main, ils mordent souvent sans le moindre signe de menace. Dans certains cas, ce comportement est lié à une souffrance de l'animal amplifiée par la caresse. Par exemple une dysplasie, une infection de l'oreille ou une tendinite. Une visite chez le vétérinaire s'impose.

Si aucun problème médical n'est détecté et si la dominance est clairement établie, il peut s'agir d'un apprentissage associatif entre caresse et souffrance[(70)]. Un exemple typique est le chien qu'on appelle auprès de soi, en l'appâtant même à l'aide d'une friandise, qu'on caresse juste assez pour l'avoir bien en main, mais qu'on frappe brusquement pour une faute qu'il a commise parfois plusieurs heures auparavant. Le chien ne peut pas comprendre cette situation, même si on lui fait tout un discours et si on lui présente les débris de canapé qu'il a mis en lambeaux. Pour lui, c'est la caresse qui amène la punition. Il vaut donc mieux s'en méfier et provoquer le retrait de la main avant de recevoir un coup.

Dans la plupart des cas d'agression, excepté les cas d'instrumentalisation, les chiens vont manifester des mimiques de menace avant d'attaquer, mimiques qui, interprétées correctement, permettront d'éviter une morsure.

QUE FAIRE ?

Puisque tant de personnes se font mordre, il paraît évident que nous n'avons pas appris à vivre en complète harmonie avec ces animaux. Les films qui mettent en scène des chiens (Lassie ou Benji) ont malheureusement oublié de préciser que ces chiens sont des acteurs et qu'ils ont été dressés durant de longs mois.

Il semble désormais évident que c'est par l'éducation que nous pourrons diminuer le nombre de morsures. Éducation des chiens qui sont trop souvent considérés comme des enfants gâtés ou qu'on laisse errer pour ne pas avoir à les promener ; éducation des maîtres qui ignorent pour la plupart qu'un chien est un animal de meute qu'il faut éduquer, pour son bien-être autant que pour celui des humains qui l'entourent ; éducation du public qui doit apprendre comment se comporter face aux chiens qu'il rencontre.

Au risque de faire hurler un certain nombre de cynophiles, ne pourrait-on pas envisager d'introduire un permis pour les acquéreurs de chiens ? Il ne viendrait à l'idée de personne d'acheter un cheval sans avoir d'abord suivi des cours d'équitation. Lorsqu'on souhaite adopter un chien, en revanche, il suffit de s'adresser à un éleveur, à un particulier ou à la S.P.A., sans avoir aucune connaissance des besoins et du comportement de ces animaux. Les chiens vivent avec nous depuis si longtemps que nous croyons bien les connaître. Or, il semble plutôt que nous ayons une connaissance très relative de leur comportement et que, souvent, nous commettons des erreurs qui peuvent pousser le plus gentil des chiens à devenir agressif. Ne pourrait-on pas proposer aux personnes désireuses d'adopter un chien de suivre un certain nombre de cours qui les informeraient des besoins de l'animal, de son comportement et de l'attitude qu'il faut adopter à son égard ? Un tel permis pourrait d'une part responsabiliser les maîtres, d'autre part limiter le nombre de personnes qui achètent un chien sur un coup de tête et qui risquent de l'abandonner parce qu'il ne correspond pas à leurs attentes.

Ne pourrait-on pas envisager d'inclure au programme scolaire un cours portant sur le comportement canin et inculquant aux enfants les attitudes à adopter et celles à proscrire ? Les enfants sont en effet les premières victimes et leur protection réside dans l'éducation. Les chiens sont si nombreux qu'ils font partie de leur vie quotidienne et les enfants seraient sûrement intéressés à en savoir davantage sur leurs amis à quatre pattes.

Il est temps d'intégrer les connaissances acquises à la lecture de cet ouvrage et de voir comment les utiliser dans la vie de tous les jours.

Chapitre 14

LE CHOIX D'UN CHIEN

La décision d'adopter un chien doit être mûrement réfléchie puisqu'elle vous engage pour 10 à 15 ans. A-t-on vraiment envie d'un chien ? Est-on prêt à lui assurer une vie normale ? S'il est idéal de promener son compagnon par un beau jour de printemps au milieu du concert des oiseaux, il faudra également aller en balade de nuit en plein hiver ou sous la pluie battante. Aura-t-on assez de temps à consacrer aux promenades, au brossage, à la préparation de la nourriture ? Presque le tiers des abandons sont justifiés par le fait que le chien demande plus de soins que prévu(347). Les chiots exigent un investissement temporel encore plus important que les chiens adultes : il faut les socialiser correctement, leur faire connaître des milieux différents, les éduquer.

Est-on prêt à faire quelques sacrifices financiers ? Un chien coûte cher, souvent plus cher que les prévisions(74). Nourriture, vaccins, soins vétérinaires, toilettage, médaille, impôts obligatoires dans certains pays, laisse, collier, tatouage ou puce d'identification, éventuellement niche, chenil, clôture, gardiennage, etc. Sans oublier une assurance responsabilité civile susceptible de couvrir les dégâts que l'animal peut causer.

Connaît-on bien les besoins réels d'un chien, qui ne sont pas ceux d'un humain ? On ne répétera jamais assez que le chien est un animal social destiné à vivre en meute. Or, la meute est organisée hiérarchiquement. Le chien a donc besoin de trouver des supérieurs hiérarchiques parmi les humains qui partagent sa vie. Si l'on est résolument contre un tel système et si l'on se sent incapable de respecter de tels codes, il vaut mieux, pour soi-même et pour le chien, jeter son dévolu sur une autre espèce animale.

Seul le futur propriétaire est en mesure de répondre à ces questions. Il est donc absolument déconseillé d'offrir un chien (comme d'ailleurs tout autre animal) en cadeau, et ce, même si le destinataire a maintes fois exprimé le désir d'en acheter un. Il semble en effet que les gens qui ont reçu un chien en cadeau lui trouvent un plus grand nombre de problèmes et lui sont moins attachés que les gens qui l'ont choisi eux-mêmes[378].

LE CHOIX DE LA RACE

Vous aimez particulièrement les teckels, or le teckel de vos amis est sans cesse en train de creuser des trous dans leur jardin. Vos voisins ont un terre-neuve et ne jurent que par cette race, mais vous trouvez ces chiens trop gros. Le cocker de vos cousins est bien sympathique, mais il aboie un peu trop à votre goût. Nous pourrions multiplier les exemples. Comment choisir le bon chiot pour qu'il devienne un adulte parfait ? À qui se fier ? La plupart des ouvrages consacrés à des races particulières semblent avoir pour but de convaincre les lecteurs que les représentants de la race traitée sont les plus beaux, les plus fidèles, les plus câlins, etc.

En fait, il n'y a pas de race parfaite: chacune a ses caractéristiques physiques particulières (qui demandent des soins différents) et parfois ses fragilités particulières (certaines races sont plus sujettes que d'autres à certaines maladies).

Indépendamment de la sélection pour le look, l'homme a aussi destiné le chien à des tâches spécifiques. En sélectionnant les sujets les plus aptes à satisfaire ses exigences, il a modifié à la fois le physique du chien et certains de ses comportements. Bien que le chien soit resté dans son essence un loup domestiqué, on observe des aptitudes différentes en fonction des races et ces aptitudes se développent très tôt(90). L'apprentissage des diverses tâches spécifiques par d'autres chiens est certes possible, mais nécessitera plus de temps et l'animal aura besoin d'être davantage stimulé. Or, si certains de ces comportements (par exemple pointer ou rechercher le gibier) ne portent pas à conséquence pour le propriétaire qui désire uniquement un chien de compagnie, d'autres spécificités devraient être prises en compte lors du choix. En effet, si certains besoins ne sont pas satisfaits, toutes sortes de problèmes comportementaux pourraient se développer.

Une race qu'on trouve sympathique n'a pas forcément le tempérament qui convient au style de vie qu'on mène. Par exemple, il faut tenir compte du fait que les chiens sélectionnés pour la course éprouvent un grand besoin de se dépenser physiquement (une personne peu sportive devrait donc éviter de telles races); que les chiens sélectionnés pour aider le berger à mener et à rassembler le troupeau sont plus nerveux que ceux qui protègent le troupeau contre les prédateurs.

Le choix de la race ne doit donc pas être basé seulement sur des questions d'esthétique. Se renseigner sur les destinations premières des races envisagées peut se révéler utile. La fréquentation de plusieurs chiens adultes de la race sélectionnée (visite de clubs, d'élevages, etc.) permet de se faire une idée plus juste de leur tempérament. Cependant, il ne s'agit que de tendance et l'on peut trouver des exemples contradictoires.

Souvent, les gens optent pour une race en fonction de la grandeur de leur appartement. On entend couramment dire qu'un chien de grande race a besoin de beaucoup de place et qu'un chien de petite race peut se contenter d'un espace réduit. Il est vrai qu'un chihuahua peut encore courir dans un studio, tandis qu'un saint-bernard aura du mal à le faire. Si cette manière de voir les choses n'est pas entièrement fausse, elle est un peu simpliste : il vaut mieux prendre en compte le tempérament du chien. Certains chiens de petite race éprouvent le besoin d'être sans cesse en mouvement, alors que des chiens plus grands aiment somnoler une bonne partie de la journée.

Quoi qu'il en soit, ce n'est pas parce que le chien dispose d'un immense terrain qu'il sera forcément plus heureux et que les sorties vous seront épargnées ! En effet, il reste indispensable pour le bien-être physique et mental du chien de l'emmener en promenade tous les jours. Un jardin, même très grand, est vite lassant, alors que la recherche d'odeurs dans des lieux fréquentés par des congénères ou du gibier est si passionnante. Un chien solitaire relégué au jardin avec parfois défense absolue de fouler le sol de la maison ne doit pas se sentir très bien dans sa peau car, animal social, il a viscéralement besoin de contacts prolongés avec les membres de sa meute.

Les bâtards (dont l'un des parents est de race définie) ou les corniauds (parents de race non définie) font également d'excellents compagnons. Le seul problème si on adopte un chiot est la question de sa taille et de son aspect futurs (la surprise peut être grande !). En observant sa mère, vous pourrez vous en faire une idée. Le fait que le chien ne soit pas de pure race ne devrait aucunement influencer la réflexion précédant l'adoption: ce n'est pas parce que le chien est cédé gratuitement qu'on doit lui attribuer moins de valeur(347).

UN MÂLE OU UNE FEMELLE?

Si certaines personnes ont toujours eu des idées claires à ce sujet, d'autres hésitent beaucoup. En fait, chaque sexe a ses avantages et ses inconvénients. Le désavantage le plus souvent invoqué pour les femelles concerne leurs deux périodes de chaleurs annuelles, périodes qui ne sont pas toujours de tout repos. Il est vrai que certaines femelles ont des pertes sanguines assez importantes qui occasionnent de nombreux nettoyages supplémentaires, surtout si la chienne refuse systématiquement le port d'une petite «culotte». Pendant ces périodes, il est plus prudent de la promener en laisse et d'éviter de partir à pied du domicile. En effet, comme la femelle a tendance à uriner davantage à cette époque, les soupirants des environs se masseront à votre porte. Un petit bout en voiture permet donc de brouiller les pistes.

Si vous ne désirez pas la faire porter, il serait préférable de faire stériliser votre chienne, mais il y a des contre-indications. On entend souvent dire que la chienne devrait avoir une portée avant de subir cette opération. Or, rien ne justifie une telle affirmation: la chienne n'a pas besoin d'avoir de descendants pour se sentir bien. Ce sont les sécrétions hormonales qui poussent les chiens à s'accoupler et si ces dernières sont supprimées, le besoin disparaît. Durant les chaleurs, les chiens castrés et les chiennes stérilisées seront certainement moins stressés et frustrés que leurs congénères entiers qui ne peuvent pas accomplir ce que la nature les incite à faire. Autres avantages, la stérilisation prévient certaines formes de cancer. S'il arrive que les femelles stérilisées souffrent de pertes urinaires involontaires, on peut régler le problème par une hormonothérapie.

La castration du mâle peut être utile pour traiter certains problèmes comportementaux, notamment les fugues déclenchées par la recherche des femelles, l'agressivité entre les mâles et les marquages urinaires(229).

Pour approfondir les différences entre mâles et femelles, il nous semble intéressant de relever pour chacun des problèmes mentionnés par les propriétaires* les pourcentages respectifs de mâles et de femelles, afin de les comparer aux pourcentages respectifs des sexes dans une population générale établie d'après les fichiers vétérinaires**. Des études statistiques nous permettent de voir si les différences relevées sont dues au hasard ou si elles soulignent l'existence de différences comportementales entre les sexes***.

En ce qui concerne les comportements problématiques dans leur ensemble, les propriétaires de chiens sont significativement plus nombreux à se plaindre que les propriétaires de chiennes. Une analyse des problèmes les plus souvent mentionnés montre cependant que ces différences ne sont pas généralisables à tous les domaines : en ce qui a trait aux problèmes de destructions (graphique 4) et de crainte (graphique 5), les individus des deux sexes ne se distinguent pas****.

Quant aux problèmes de propreté (graphique 6), les observations montrent que les mâles lèvent davantage la patte que les femelles au cours de leurs promenades et sur les buissons, voire sur les pots de fleurs du jardin, surtout si un de leurs congénères est venu en visite. Pour

*Quatre cents appels téléphoniques de maîtres ayant des problèmes avec leur chien et désirant consulter Teroni dans la région genevoise…
**N = 12 000 fiches de chiens que les maîtres ont amenés pour des problèmes de santé. Ces renseignements nous ont été fournis par trois cabinets vétérinaires dans la région genevoise.
***Test de X2 pour deux échantillons indépendants. Compte tenu du petit nombre de sujets, nous n'avons pas pu utiliser de tests statistiques pour chacun des âges mentionnés.
****Chacun des tableaux illustre le pourcentage de mâles et de femelles en fonction de leur âge (0 : de la naissance à 1 an ; 1 : de 1 à 2 ans) pourcentage calculé en tenant compte du nombre total de chiens exprimant le problème mentionné.

ce qui est de l'intérieur du logement, les statistiques indiquent que les mâles acceptent aussi bien que les femelles nos règles de propreté.

Cependant, une analyse plus minutieuse met en évidence des différences sexuelles à certains âges: il semble que les femelles aient plus de problèmes lors de l'apprentissage de la propreté, tandis que les mâles deviennent problématiques plus tardivement, c'est-à-dire à une période correspondant plus ou moins à la maturité sociale.

Par contre, les mâles aboient plus souvent que les femelles (graphique 7) et sont plus difficiles à éduquer (graphique 8). Ils fuguent aussi davantage (graphique 9).

Dans l'ensemble, les mâles réagissent plus agressivement que leurs compagnes envers leurs maîtres (graphique 10), envers leurs congénères (graphique 11) et envers les humains en général, par exemple les inconnus rencontrés en promenade ou venant en visite (graphique 12).

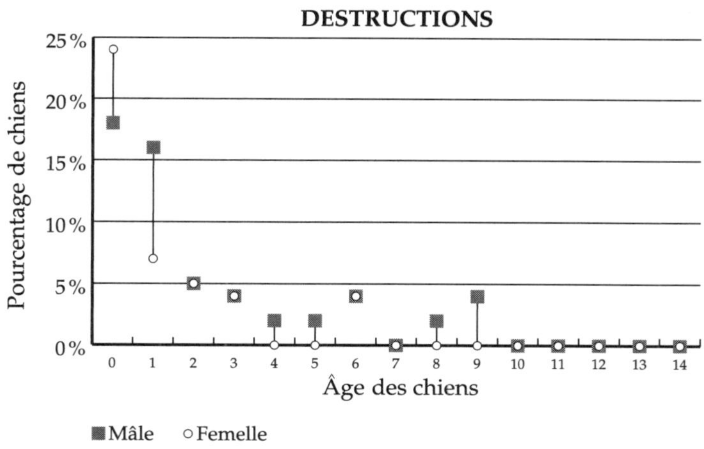

Graphique 4 : Pourcentage et âge des chiens en années manifestant un comportement destructeur

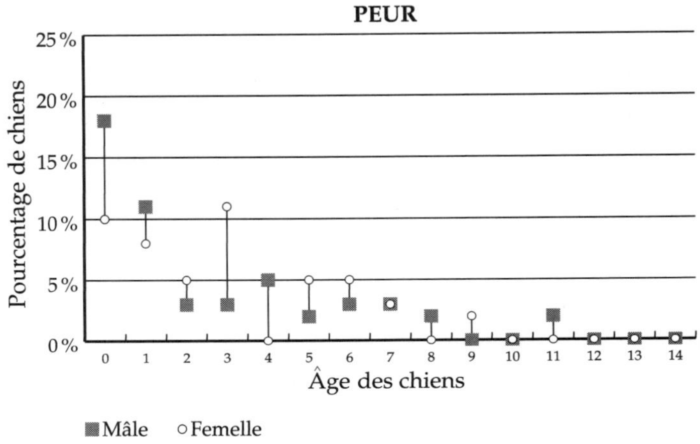

Graphique 5 : Pourcentage et âge des chiens en années manifestant des comportements de peur

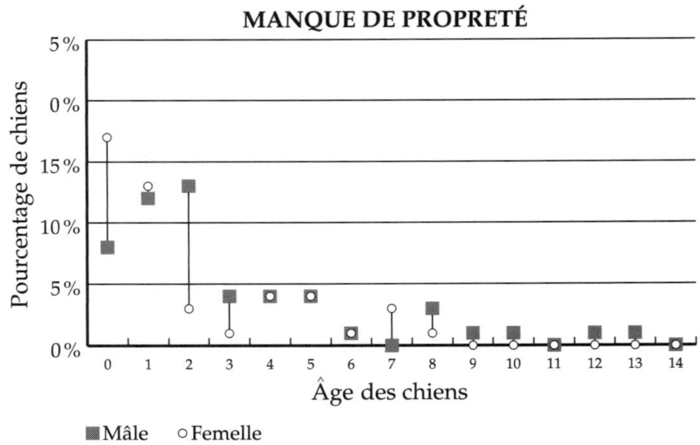

Graphique 6 : Pourcentage et âge des chiens en années ayant des problèmes de propreté

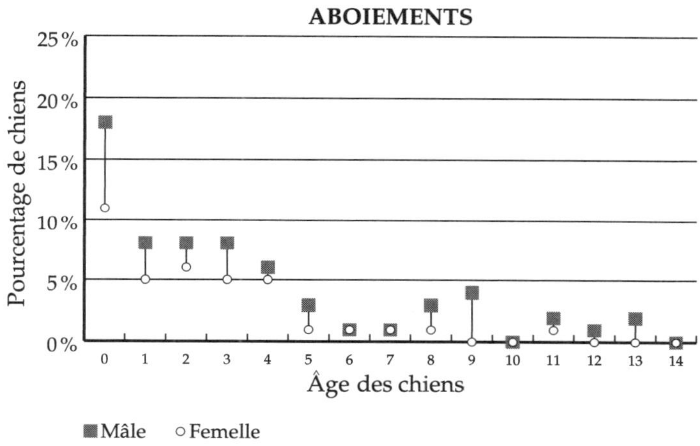

Graphique 7 : Pourcentage et âge des chiens en années aboyant de manière « excessive »

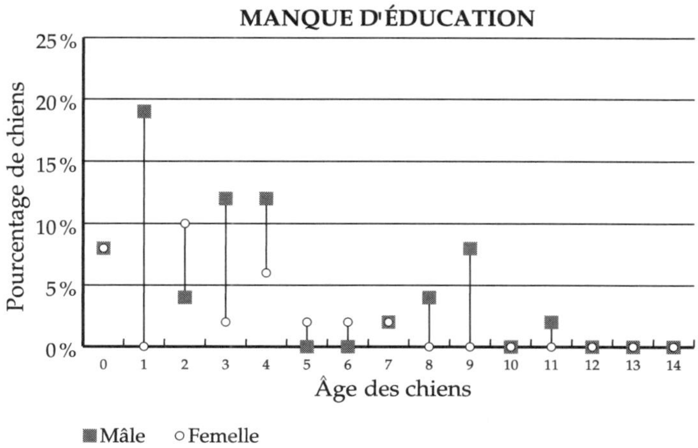

Graphique 8 : Pourcentage et âge des chiens en années présentant des problèmes liés à un manque d'éducation

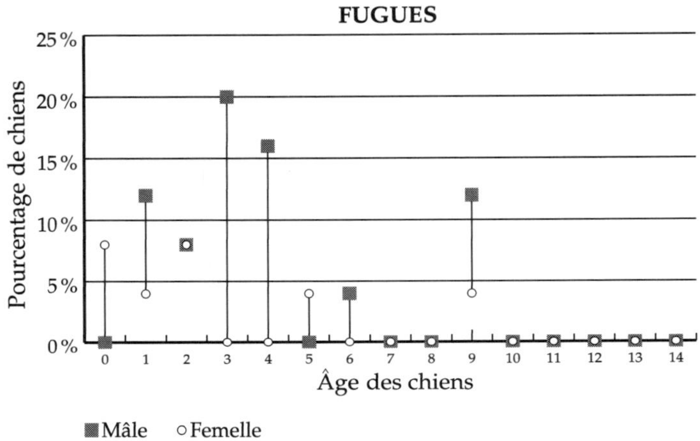

Graphique 9 : Pourcentage et âge des chiens en années ayant tendance à fuguer

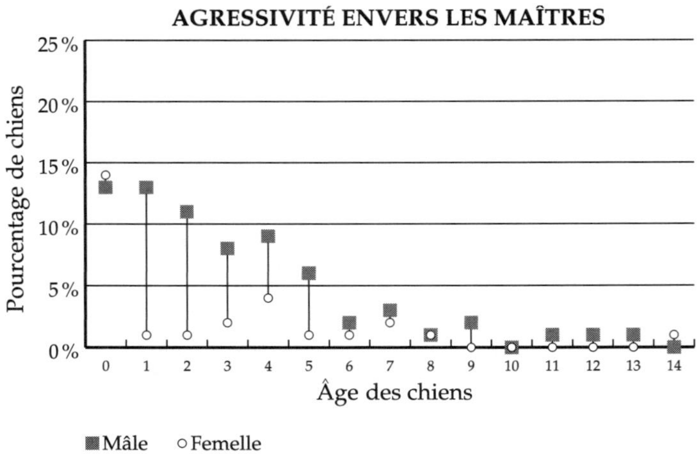

Graphique 10 : Pourcentage et âge des chiens en années manifestant des comportements agressifs vis-à-vis de leurs maîtres

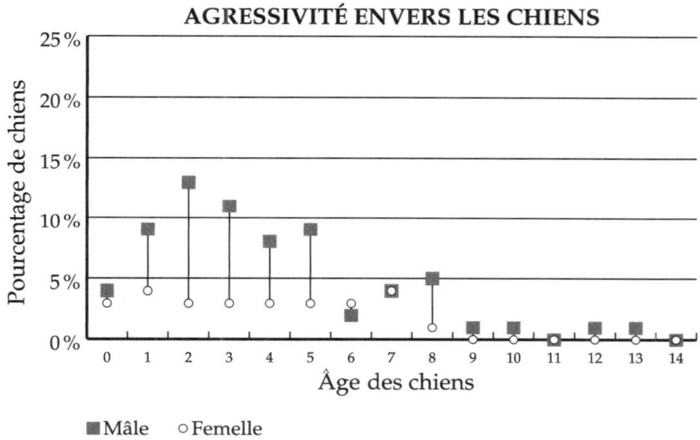

Graphique 11 : Pourcentage et âge des chiens en années manifestant des comportements agressifs vis-à-vis des autres chiens

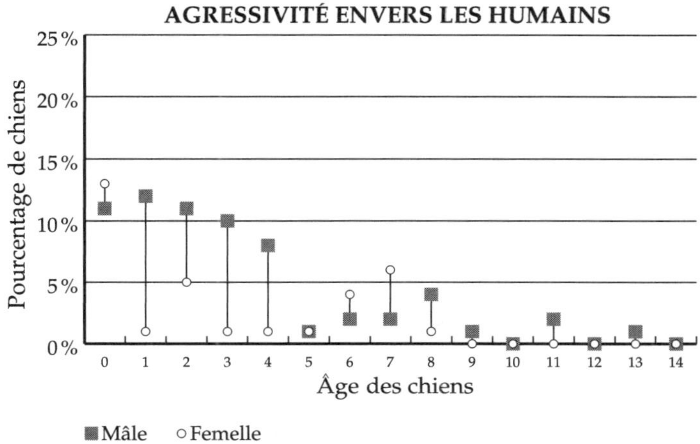

Graphique 12 : Pourcentage et âge des chiens en années manifestant des comportements agressifs vis-à-vis des humains de rencontre

Pourquoi les mâles semblent-ils avoir plus de problèmes comportementaux que les femelles ? Dans les conditions naturelles, c'est souvent un mâle qui assume la charge suprême, et il semble logique qu'un mâle soit plus enclin à jouer ce même rôle quand il vit dans notre entourage. Si le comportement des maîtres lui laisse croire qu'il est le chef, il est tout naturel qu'il les agresse en cas de conflit, qu'il refuse de leur obéir et qu'il assume les tâches qui lui reviennent de droit : la garde (d'où ses aboiements plus fréquents) et la défense (faire fuir tout étranger qui approche, qu'il soit humain ou canin).

Il faut aussi s'interroger sur l'attente des maîtres lorsqu'ils choisissent le sexe de leur chien. Leur choix est souvent justifié par le fait que les femelles sont plus douces, plus obéissantes et plus gentilles que les mâles. Par ailleurs, ces derniers sont décrits comme étant plus forts et ayant plus de caractère. Il se pourrait que tout comportement qui va dans le sens de cette attente soit renforcé de manière consciente ou inconsciente, alors que tout comportement qui s'en écarte soit sanctionné de la même manière. Les propriétaires seraient donc prêts à excuser les premiers comportements agressifs de leur mâle, se sentant très fiers qu'il se montre déjà un si bon gardien et qu'il ait un tempérament si bien trempé, puis prennent plus ou moins rapidement conscience que ce comportement leur échappe et devient un véritable problème.

UN CHIOT OU UN CHIEN ADULTE ?

Adopter un chien adulte permet d'éviter la phase pénible des premiers mois au cours desquels le chiot est souvent tout excité, ne pense qu'à jouer et fait de multiples bêtises. C'est en effet lorsque le chiot a entre 6 et 12 mois que les propriétaires se plaignent le plus de problèmes de « destructions ». Il est en fait normal qu'à cet âge le chiot fasse connaissance avec les objets de son environnement en les mordillant.

Il y a aussi de fortes chances pour qu'un chien plus âgé ait déjà acquis les notions de base de la propreté. Il faut savoir cependant qu'un grand nombre de comportements jugés problématiques commencent tôt, la plupart déjà entre 6 et 12 mois.

Prendre un chien dans un refuge donne au maître la satisfaction d'avoir fait une bonne action, mais peut comporter certains risques. En effet, des chercheurs estiment que 25 % à 50 % des chiens abandonnés le sont pour des problèmes de comportement(17), problèmes que le chien risque de reproduire dans son nouveau foyer, surtout s'il se retrouve dans un environnement identique. Les risques diminuent cependant si les employés du refuge ont pris le temps d'observer l'animal, voire de le tester afin d'harmoniser les tendances du chien et les attentes des futurs maîtres(26, 263).

Comme les problèmes de comportement n'apparaissent en principe qu'après un certain temps, entre une et trois semaines après l'adoption, il faudrait en profiter pour mettre en place les règles de vie dès l'arrivée du chien dans son nouveau foyer afin qu'il se trouve tout de suite bien encadré et connaisse sa place, ce qui évite de créer un état de stress. Or, c'est souvent l'inverse qui se produit et, sous prétexte que le chien a souffert, on lui passe tous ses caprices. Il est vrai qu'on a toujours la possibilité de rendre l'animal, mais cela ne va pas sans conséquences néfastes aussi bien pour le maître (sentiment d'échec, difficulté de rompre les liens qui se sont déjà créés) que pour le chien qui risque de voir ses problèmes empirer en passant d'un propriétaire à l'autre.

LE CHOIX DE L'ÉLEVAGE

La décision d'adopter un chien a été mûrement réfléchie et l'on a jeté son dévolu sur une race précise. Il reste maintenant à concrétiser cette décision. Comment faire ? Là encore, l'impatience est mauvaise conseillère : il est indispensable de prendre le temps d'aller visiter plusieurs élevages, d'observer le comportement des chiens et les conditions dans lesquelles ils vivent. Une décision hâtive, parfois sur un coup de foudre, peut être source de nombreux ennuis.

Si un éleveur refuse de répondre aux questions ou de faire visiter son élevage, quels que soient les prétextes avancés, il faut le rayer de la liste sans aucun scrupule, quitte à devoir attendre encore quelques mois avant de voir gambader son nouveau chien à ses côtés. Même attitude si l'élevage est immense et si les chiots semblent être élevés en batterie. En effet, même dans les cas où les éleveurs aiment réellement leurs animaux, il leur est matériellement impossible de consacrer assez de temps à chacun des chiots pour en faire de merveilleux chiens de compagnie.

Se méfier des petites annonces dans lesquelles sont proposées de nombreuses races de chiens (attention : on trouve parfois plusieurs annonces proposant chacune une race différente, mais avec un numéro de téléphone identique) : il y a en effet de fortes chances que ces chiots proviennent d'un trafic. Dans le cas contraire, vu le nombre de chiots, il est probable que ces derniers soient mal socialisés aux humains.

Si dans le meilleur des cas il est préférable de voir les deux parents du chiot, il est en tout cas indispensable de voir la mère. Si elle n'est pas présente au chenil, renoncer à acheter un chien dans cet endroit est la meilleure recommandation que nous puissions faire, car il y a des chances pour que les chiots proposés proviennent d'un trafic de chiens. Selon une enquête parue dans *L'Hebdo*[(274)], il ressort en effet qu'un grand nombre de chiots sont victimes d'un tel trafic (d'après cette enquête, on estime qu'une seule « entreprise » belge vendrait environ 17 000 chiots par an et qu'il existe de nombreux importateurs dans différents pays). Or, la plupart de ces chiots sont élevés dans des conditions épouvantables. Il semble que certains villages de l'Europe de l'Est (mais il en existe certainement ailleurs) se soient reconvertis dans l'élevage canin, chaque famille se spécialisant dans une race particulière en fonction des demandes. D'après le journaliste qui a remonté la filière, les chiots et leur mère sont souvent parqués dans de minuscules enclos au fond du jardin, dans des conditions d'hygiène précaires et sans véritable contact avec les humains. « C'était au fond du jardin. Sous le toit d'un appentis où perçait une rare lumière, des dizaines de petits chiens noirs et blancs se disputaient moins de quinze mètres carrés dans une saleté et une puanteur de clapier(274). » Les chiots sont ensuite transportés en camion, souvent sans eau et nourriture, puis momentanément parqués dans d'immenses enclos avant de poursuivre leur chemin. Arrivés dans leur pays de destination, les papiers de l'animal sont falsifiés : un chien tchèque est ainsi devenu français après avoir été belge pour quelques jours !

Ce trafic ne se fait que pour le profit juteux que ses auteurs en retirent. Par exemple, un chiot slovaque ne coûte que quelques dollars, sans compter les réductions pour les achats de masse ! Attention, certains de ces chiens sont également proposés à la vente dans des magasins pour animaux ou lors d'expositions consacrées aux chiots. Alors, méfiance ! Ne laissez pas parler votre sensibilité : acheter un tel chiot peut vous sembler une bonne action, mais vous ne faites qu'encourager le trafic, sans parler de tous les ennuis qui vous guettent. Un animal soumis à de telles conditions d'élevage risque de vous en faire voir de toutes les couleurs, car il est susceptible de développer des problèmes physiques et comportementaux, avec souvent des répercussions à long terme. Par exemple :

- Certains problèmes de santé se déclarent rapidement, parfois dès le lendemain de l'achat : diarrhée, toux du chenil, eczéma, etc., car les chiots qui ont été séparés de leur mère et de leur fratrie pour être encagés dans des lieux inconnus souvent bruyants, soumis à la chaleur ou au froid, puis déplacés sans ménagement d'un lieu à l'autre, parfois sans nourriture et sans boisson, et sans pouvoir établir un lien avec une personne de référence, sont soumis à un très grand stress. Or cet état de stress fragilise l'animal de telle manière qu'il devient moins résistant aux infections. Quelquefois, l'histoire se termine par la mort de l'animal, et même si le vendeur se voit parfois (mais pas toujours) dans l'obligation de rembourser le prix d'achat, il sera difficile à l'acquéreur d'oublier une telle expérience.

- Un chiot qui a vécu dans un milieu très pauvre en stimuli jusqu'à la fin du 3e mois aura beaucoup de peine à s'adapter à un milieu plus riche et pourra souffrir du « syndrome de chenil », appelé aussi « syndrome de privation sensorielle ». En fonction de leur tempérament, certains sujets se révèlent incapables de s'adapter à certains stimuli et y réagissent par la fuite, voire par un état de panique (incapable de se contrôler, l'animal court droit devant lui et peut se blesser ou provoquer des accidents). Si l'animal n'a pas eu suffisamment de contacts avec des humains, il peut avoir peur de tous les inconnus (ou de certains types de personnes) et, si tout recul est impossible, il peut mordre. Parfois, il refuse tout simplement de sortir et reste terré sous un meuble ou dans la pièce la plus sombre de son nouveau logement. Ce qui rend la tâche de l'acheteur difficile, c'est la normalité apparente du comportement de l'animal. Beaucoup de chiots vivant dans des enclos ou des cages semblent tout à fait adaptés à la présence de différentes personnes qui passent derrière le grillage ou la vitre et ne manifestent aucune peur en leur présence. Un chiot élevé en milieu pauvre se comporte tout à fait normalement dans son milieu d'origine ou dans un milieu similaire. Les problèmes ne se révèlent qu'une fois le chiot déplacé dans un milieu différent. La situation est encore pire si le chiot a en plus été maltraité. D'autres symptômes peuvent s'ajouter pour noircir le tableau, notamment des activités de substitution, des pertes de propreté, une anxiété intermittente, une anxiété de séparation, un hyperattachement, etc.*

- Un chien peut souffrir du syndrome d'hypersensibilité-hyperactivité caractérisé par une activité motrice hypertrophiée. « Tout se passe comme s'il n'y avait pas de "signal d'arrêt" à la fin de l'acte consommatoire[(346)]. » Ces sujets ont un seuil de réactivité extrêmement bas, c'est-à-dire qu'ils sont sensibles aux plus petits stimuli et qu'ils dorment beaucoup moins que la normale. Or, « il s'avère que près de 85 % des chiots étudiés sont issus d'élevage en milieu hypostimulant et qu'ils ont été séparés de leur mère vers l'âge de 5 semaines et placés en lots de chiots[(346)]. »
- Un chien peut ne pas avoir développé l'inhibition de la morsure. Nous avons vu qu'aux alentours des 5e et 6e semaines, le chiot, en jouant avec ses frères et sœurs, apprend à contrôler la force de pression de ses mâchoires. Il est vraisemblable que la mère joue aussi un rôle régulateur en intervenant lorsque l'un des chiots se montre trop turbulent. Des chiots séparés trop tôt de leur fratrie, avant la 7e semaine, ou élevés en isolement n'ont pas eu l'occasion d'acquérir une telle inhibition et peuvent avoir beaucoup de mal à faire cet apprentissage par la suite. De même, ils sont beaucoup plus difficiles à éduquer et ne savent pas comment se comporter face à leurs congénères, ce qui rend la moindre rencontre problématique.

Alors, comment choisir un bon élevage ? En visiter plusieurs, faire des comparaisons, essayer de contacter d'autres propriétaires qui y ont

*« L'origine du syndrome de privation sensorielle doit être recherchée dans un défaut de développement des connexions interneurales consécutif à l'hypostimulation durant le développement[(346 p. 264)]. »

acheté leur chien. Attention: les recommandations des diverses sociétés canines ou clubs de races ne se révèlent malheureusement pas toujours des critères de garantie pour l'acquisition d'un bon chien de compagnie. Leur jugement est souvent davantage influencé par la beauté des spécimens que par leur comportement. Pour toutes ces raisons, nous déconseillons vivement d'acquérir un chiot dans un élevage très éloigné qu'il est impossible de visiter. De plus, le transport longue distance organisé par l'éleveur peut être vécu comme un traumatisme, surtout s'il se déroule dans des conditions mal contrôlées.

Dans tout bon chenil, les chiots devraient avoir la possibilité de s'ébattre à l'extérieur tout en ayant accès à l'intérieur de la maison, et devraient être en contact avec de nombreuses personnes différentes (hommes et femmes de tous âges), plus spécialement avec des enfants, afin qu'ils puissent se familiariser avec leur comportement. Tout chiot devrait également avoir été habitué au transport en voiture, avoir fréquenté la ville, surtout s'il doit y vivre. De très bons éleveurs existent, il suffit de les chercher. Si le chiot doit cohabiter avec des chats, il serait également préférable de choisir un élevage où une telle cohabitation existe.

Y A-T-IL UN ÂGE IDÉAL POUR ACQUÉRIR UN CHIOT ?

Tout dépend de l'élevage. Si, malgré toutes nos mises en garde, vous désirez quand même acheter un chiot d'un élevage peu stimulant, il serait préférable de l'acquérir au cours de sa 7e semaine. En effet, à cet âge, il a déjà acquis pratiquement tous les comportements typiques de son espèce et on aura le temps de l'acclimater au milieu où il vivra. Cependant, il est absolument indispensable que le chiot continue à fréquenter d'autres chiens et divers humains sous peine de le désocialiser.

Certains auteurs, notamment Fox[165], conseillent d'éviter d'acquérir le chiot dans sa 8e semaine, car des recherches ont montré qu'à cette époque le chiot est susceptible d'être traumatisé et de développer des réponses d'évitement. Cependant, il est difficile d'être aussi catégorique : s'il y a certainement une période sensible autour de cet âge, des recherches récentes ont mis au jour de nombreuses différences raciales dans le développement.

Si, par contre, l'élevage est idéal, le chiot peut sans problème y séjourner quelques semaines de plus et peut même retirer un certain bénéfice à rester en contact avec sa mère jusqu'à la 12e semaine. En ce qui concerne la socialisation aux humains, une séparation précoce d'avec la fratrie ne la facilite pas forcément, pour autant, bien entendu, que tous les chiots aient un contact journalier prolongé avec des représentants de notre espèce[406]. Nous conseillerions cependant aux futurs propriétaires d'aller rendre visite au chiot qu'ils ont choisi pour faciliter sa future adaptation.

Laisser au chenil un vieil habit que l'on vient de porter peut être un facteur positif, car cela permet au chiot de se familiariser avec l'odeur de son futur propriétaire.

Il faut aussi se rappeler qu'un chiot, même bien socialisé, puis remis au chenil pendant un certain temps en compagnie d'autres chiens, risque de privilégier les amitiés canines.

LE CHOIX DU CHIOT

Une fois la race et l'élevage choisis, il ne reste plus qu'à choisir son chiot ! Mais comment faire pour sélectionner son chien parmi toutes ces petites boules de poils, toutes plus mignonnes les unes que les autres ?

Quelques auteurs ont élaboré des tests censés permettre au futur propriétaire de déterminer le caractère de l'animal. Si de tels tests sont encore souvent utilisés, ils ne semblent pas très fiables. Appliqué à la 7e semaine, le test de Campbell n'a pas de valeur prédictive quant aux tendances sociales futures du chiot, à moins de prendre en compte d'autres critères[(33)]. En effet, 50 % des chiots catalogués comme « dominants » à 7 semaines ont été déclarés « neutres » ou « soumis » lorsqu'on répète le test à la 16e semaine. Il faut se rappeler que les chiens ne sont pas entièrement matures avant un an ou un an et demi, voire plus tard, et que le tempérament de base est susceptible d'être grandement modifié par les expériences du chiot.

Quelques tests tout simples peuvent cependant permettre d'étudier les réactions du chiot. Le fait de taper dans ses mains ou de laisser tomber ses clefs provoque-t-il une fuite éperdue ou une investigation ? L'idéal serait que le chiot réagisse moyennement au bruit, mais qu'il se remette rapidement de sa surprise. S'il court se cacher, il manque certainement d'expérience et le risque qu'il développe des peurs paniques est encore plus grand si vous vivez en ville.

Si les chiots s'enfuient à l'approche des humains, s'ils évitent tout contact physique, il est plus sage de repartir tout aussi vite. Il ne faut pas prendre le plus peureux de la fratrie, le plus tranquille, celui qui reste en retrait et est ignoré par les autres : il s'agit certainement d'un sujet timide ou trop soumis. On entend souvent des propriétaires affirmer que ce n'est pas eux qui ont choisi leur chiot, mais que c'est le chiot qui les a adoptés. Or, jeter son dévolu sur le plus turbulent, celui qui bouscule tous les autres pour arriver le premier aux pieds des visiteurs, c'est courir le risque d'avoir affaire à un fort caractère.

Il est préférable de ne pas se laisser attendrir par un chiot orphelin (surtout s'il a été élevé en chiot unique sans contact canin), par un chiot rejeté par sa mère (surtout s'il n'a pas été élevé par une autre chienne), par les « brebis galeuses » sans cesse harassées par leurs frères et sœurs, par les chiots amaigris (certaines carences alimentaires peuvent avoir des répercussions sur le comportement). De tels animaux pourraient développer de graves problèmes de comportement.

De même, il faut éviter d'acheter un chiot visiblement malade, malgré toutes les garanties de l'éleveur. La certitude de pouvoir être remboursé ou de pouvoir échanger le chiot en cas d'aggravation de la maladie est un argument fallacieux : peut-on réellement se séparer d'un chiot, alors que des liens affectifs se nouent si rapidement ? Les éleveurs savent bien que tout sera fait pour tenter de sauver l'animal et que peu de clients oseront porter plainte.

Chapitre 15

L'ARRIVÉE DU CHIOT À LA MAISON

Pour développer une relation harmonieuse, il faut connaître le comportement spécifique de l'espèce canine afin de traiter le chien comme un chien et non comme un être humain. Quand le chien est encore un chiot, le propriétaire devrait être capable de jouer le rôle d'un parent ferme mais tolérant, alors que, plus tard, il devrait être capable de jouer le rôle d'un conspécifique ayant une position sociale supérieure[11].

Avant d'aller chercher le chiot, il est préférable que les membres de la famille se mettent d'accord pour décider de ce que le chien aura le droit de faire et de ce qui lui sera strictement interdit. Pour éviter des malentendus et des tensions qui peuvent déboucher sur des problèmes comportementaux, il est primordial que chacun des membres de la famille s'en tienne à ces règles, et cela dès le début. Il faut se rappeler que la petite boule de poils va rapidement grandir et que certains des comportements que l'on trouve attendrissants peuvent très vite devenir gênants (les sauts de joie d'un saint-bernard peuvent provoquer quelques chutes…).

Pour que l'adaptation du chien dans son nouveau foyer se passe le mieux possible, il est conseillé d'aller le chercher le matin : il aura ainsi plusieurs heures devant lui pour s'habituer à son nouvel environnement. Comme il aura un grand besoin de la présence rassurante de ses nouveaux maîtres, tout au moins les premiers jours, il faut que ces derniers prévoient quelques jours de vacances au moment de l'adoption.

Si le transfert dans le nouveau foyer doit se faire en voiture, en train ou en avion, il vaut mieux que l'éleveur ne nourrisse pas le chiot pendant les heures qui précèdent, car des vomissements pourraient déclencher chez certains sujets sensibles une association entre ce malaise passager et le moyen de transport utilisé (les troubles peuvent ensuite survenir à la simple vue de la voiture). Si, malgré ces précautions, le chien vomit quand même, il ne faut pas en faire un drame, mais plutôt banaliser la chose en y prêtant le moins d'attention possible. Même comportement s'il urine, défèque ou souffre de diarrhée. S'il manifeste une certaine peur en se mettant par exemple à trembler, il suffit de détourner son attention sur quelque chose de plaisant (par exemple un jouet) et de lui parler gaiement. Le chouchouter ne ferait que renforcer le comportement que l'on désire supprimer. Pour les voyages en auto, il est naturellement vivement conseillé d'être deux.

Si le voyage est long, prévoir des arrêts toutes les heures afin que le chien puisse se dégourdir les pattes et se désaltérer. Pour ne pas ajouter des émotions supplémentaires, il n'est pas recommandé de s'arrêter en route chez des amis pour faire admirer la petite merveille : ils auront amplement le temps de faire sa connaissance dans quelques jours.

Une fois arrivé à bon port, le chiot doit être amené à l'endroit réservé à ses éliminations. Inutile de lui faire découvrir toute la maison : mieux vaut qu'il se sente à l'aise dans un endroit plus réduit où vous lui tiendrez compagnie et où se trouve son coin (corbeille, couverture, coussin, peu importe, mais des choses bon marché, car beaucoup de chiots vont trouver follement amusant d'y exercer leurs crocs).

C'est bien connu, les émotions creusent l'appétit. Il est donc temps de lui donner son repas en suivant les recommandations de l'éleveur. Un changement de nourriture peut provoquer des ennuis intestinaux s'il n'est pas fait graduellement et ne ferait qu'ajouter au désarroi du chiot. Une fois rassasié, une pause toilette s'impose à nouveau ; ne pas oublier de le féliciter chaudement s'il s'exécute.

Fatigué par toutes les émotions qu'il vient de vivre, le chiot a besoin de se reposer et il est préférable que, dès le début, il le fasse à sa place. Tous les membres de la famille, y compris les enfants, doivent absolument respecter le besoin de repos de l'animal. Il est donc primordial que ce dernier ait la jouissance d'un endroit tranquille où il pourra se retirer à sa guise. Ne pas déranger un chien qui dort est une règle importante pour une vie interspécifique harmonieuse.

LA PREMIÈRE NUIT

La première nuit risque d'être quelque peu agitée. En effet, séparé pour la première fois de sa fratrie et de sa mère, il est normal que le chiot manifeste son désarroi par des pleurs. Passer la nuit à aller le rassurer dès le moindre gémissement, c'est lui apprendre que ses pleurs sont payants et se préparer quelques nuits blanches. Il vaut donc mieux le laisser s'exprimer pendant un moment et il se rendormira sans doute assez rapidement. Des pleurs plus intenses peuvent parfois être stoppés si vous faites un bruit de l'autre côté de la porte. Par contre, si les pleurs s'accentuent, il est nécessaire d'aller voir ce qui se passe tout en évitant d'ouvrir la porte (sinon, gare au renforcement !). Après avoir constaté qu'il n'y a rien de grave, trois solutions se présentent :

1. repartir au bout d'un moment;
2. passer le reste de la nuit à ses côtés pour le rassurer tout en évitant de lui parler ou de le caresser sans cesse;
3. l'amener dans votre chambre, pour autant que vous le remettiez à sa place quand il aura eu la possibilité de se familiariser un peu plus avec son nouveau milieu.

Selon Fox, isoler le chiot pour la nuit entre les 5e et 7e semaines provoque des perturbations émotionnelles dont l'effet est d'accélérer le processus d'attachement à l'humain. On ne sait pas si cet effet perdure lorsque le chiot est plus âgé, c'est-à-dire au moment où il change de foyer, mais on peut supposer qu'il en est de même pour la suite.

LA DÉCOUVERTE DE L'ENVIRONNEMENT

Le jour suivant, le chiot pourra momentanément accompagner les divers membres de la famille dans les pièces autorisées, c'est-à-dire celles auxquelles il aura accès plus tard, mais seulement dans celles-là. Il est en effet plus facile de fixer les règles de conduite dès le début plutôt que de devoir les lui enseigner plus tard, une fois les mauvaises habitudes bien installées. S'il outrepasse ses droits, une voix ferme et une attitude déterminée feront l'affaire. L'usage de la punition est déconseillé.

L'APPRENTISSAGE DE LA PROPRETÉ

Tout au long de la journée, une surveillance étroite est indispensable afin de pouvoir intervenir chaque fois que le chiot a envie de faire ses besoins, envie exprimée la plupart du temps en reniflant intensément le sol ou en tournant en rond.

Pour que l'apprentissage de la propreté soit le plus rapide possible, il convient de sortir le chiot toutes les deux heures et à chacun de ses réveils (même après un petit somme), après ses parties de jeux et ses repas. Il faut se rappeler qu'un jeune chiot n'a pas la capacité de se retenir durant toute une nuit. Les punitions classiques (frapper le chien ou lui mettre le nez dans le pipi) sont non seulement inutiles, mais souvent néfastes et peuvent perturber la relation entre le chien et son maître. S'il s'oublie dans un lieu inapproprié, il est préférable de ne pas en faire un drame, mais de porter rapidement le chiot au lieu adéquat sans oublier de le féliciter s'il termine là ce qu'il a commencé au mauvais endroit. Il ne faut pas oublier que nos règles de propreté doivent être apprises. En effet, la seule règle en vigueur dans le monde canin est de ne pas souiller sa couche (mais il y a des exceptions).

En cas de nécessité, les nettoyages doivent se faire en l'absence du chien. L'emploi de détergents neutres (par exemple du vinaigre) est à recommander : certains désinfectants, comme l'eau de Javel, ne conviennent pas, car leur odeur incite plutôt le chien à uriner aux endroits nettoyés !

Certains chiots mettent un certain temps à devenir propres. Au grand désespoir de leurs maîtres, quelques-uns semblent même se retenir au cours de leurs promenades, aussi longues soient-elles, pour se soulager aussitôt arrivés dans l'appartement. Il s'agit très souvent de chiots adoptés assez tard et ayant vécu dans des enclos ou des box carrelés ou bétonnés. Ayant fait une imprégnation à un certain substrat, ils recherchent tout naturellement un substrat semblable, et le carrelage de l'entrée ou le parquet du salon font très bien l'affaire. Il ne s'agit en aucune façon d'une manifestation de mauvaise volonté, mais d'une simple incompréhension. Seule une bonne dose de patience viendra à bout de ce problème.

Une fois éduqués, les chiens ne font en principe plus leurs besoins à la maison. Dans certains cas cependant, lorsque la stimulation est forte – par exemple si un nouveau chien est ramené à la maison ou si une femelle est en chaleur dans le voisinage –, un chien, même des plus propres, pourrait uriner sur le mobilier ou sur les murs.

LES RELATIONS AVEC LE MAÎTRE

Le lien qui unit le chien à son maître s'établit petit à petit et est basé en priorité sur les paroles qu'on lui adresse, les caresses qu'on lui prodigue et les jeux qu'on partage avec lui, mais cela ne signifie pas que le maître doive céder à tous ses caprices. S'il est important de jouer avec lui plusieurs fois par jour, il ne faut jamais en laisser l'initiative au chiot (c'est aussi le maître qui décide quand le jeu se termine) et il vaut mieux éviter de le surexciter. Une bonne tactique est de laisser à la disposition du chien quelques jouets pour ses jeux solitaires et de récupérer à la fin de chaque partie les jouets destinés aux jeux interspécifiques. Les chiots adorent tirer sur des chiffons, des morceaux de corde. De tels jeux sont positifs, pour autant que ce soient les maîtres qui gagnent le plus souvent (et gagner, aux yeux du chien, c'est rester en possession de l'objet, même si l'on n'a pas forcément envie de s'approprier le chiffon boueux et mouillé de salive !).

Contrairement à ce qu'on pense trop souvent, les jeux ne sont pas anodins, mais permettent au chien de tester la force respective des partenaires. Il est donc préférable que l'humain en fixe les règles et que le chien se retrouve le plus souvent sur le dos pattes en l'air, plutôt que l'inverse. Laisser trop souvent croire que l'être humain est plus faible peut inciter un chien au tempérament affirmé à essayer de dominer son maître lorsqu'il parvient à l'âge adulte ou lorsqu'il se trouve en compétition sérieuse avec lui. Il est normal au cours des jeux d'entendre quelques grognements. Bien qu'il ne soit pas possible de les distinguer des grognements agressifs, le contexte au cours duquel ils sont émis permet de les différencier.

Quant aux mordillements des mains ou des habits, certains spécialistes conseillent de se montrer tolérants, alors que d'autres les bannissent sévèrement. D'après Dunbar et Bohnenkamp(121), il est indispensable que le maître apprenne tout d'abord au chiot à inhiber sa morsure (la peau humaine est en effet plus fragile que la peau canine) pour ensuite lui apprendre que tout contact de sa propre initiative entre ses mâchoires et la peau humaine est tabou. En effet, d'après ces auteurs, un chiot qui n'a jamais mordillé son maître ne peut pas comprendre que la morsure est un comportement interdit et, n'ayant pas acquis l'inhibition de la morsure envers les humains, il risque de mordre fort à la première occasion.

Pour que cet apprentissage se déroule le mieux possible, il suffit d'imiter le comportement des chiens entre eux : si au cours des jeux la morsure est douloureuse, un « non ! » prononcé d'une voix forte (ou un « aïe ! », voire un grognement si la personne se sent un petit côté canin) devrait suffire. S'il insiste, on arrête tout simplement de jouer et on ignore toutes les sollicitations du chiot. D'après les mêmes auteurs, la faute la plus grave est de ne pas communiquer au chiot qu'il a infligé une douleur. Porter des gants pour éviter de souffrir ne fait qu'inciter le chiot à serrer plus fort.

Le critère « morsure douloureuse » doit évoluer de jour en jour mais, dès l'âge de 4 mois, le chiot devrait savoir qu'il est interdit de mordiller les humains ou leurs vêtements, même de manière fortuite. Une bonne observation du comportement permet au maître de réprimander verbalement le chien au moment où il s'apprête à le faire, que cela soit intentionnel ou non. À ce stade, il ne devrait pas être nécessaire de le punir. Face à un récalcitrant, on peut mimer la morsure inhibée de la mère en entourant ses mâchoires des mains et en serrant doucement, ou détourner son attention par un bruit relativement fort (par exemple une alarme) et en faisant précéder le bruit d'un « non ! » énergique. Pour que cette technique soit efficace, la synchronisation doit être parfaite : le « non ! » et le bruit doivent être déclenchés ni trop tôt ni trop tard, mais au moment même où le chien s'apprête à faire ce qui nous déplaît.

Toutes les autres sanctions sont à éviter. « La technique de punition entraîne parfois une rupture irréparable de la relation maître-chien. La stimulation douloureuse ou effrayante qu'entraînent les punitions provoque une réaction de fuite et d'autodéfense de la part du chien et, si elle est réalisée entre 8 et 10 semaines d'âge, il peut en résulter une imprégnation émotionnelle sous forme de peur indélébile[(105)]. » Se rappeler surtout que, en récompensant chaque bonne action, on peut accomplir des miracles. Ne pas oublier que, quelques minutes après l'avoir réprimandé, il est indispensable de rappeler le chien pour le rassurer. Enfin, tant que le chiot est jeune, seul le maître devrait le gronder lorsqu'il mordille des étrangers afin d'éviter que ne se développent des peurs pouvant par la suite provoquer des morsures défensives.

Si le chiot doit avoir à sa disposition quelques jouets qu'il peut mordiller lorsqu'il est seul, les vieilles chaussures ou les vêtements usagés sont à proscrire : un chien n'est en effet pas capable de faire la différence entre des souliers éculés et une belle paire de mocassins.

S'il s'est emparé d'un objet d'une certaine valeur (des lunettes par exemple), il faut éviter à tout prix de lui courir après pour le récupérer : le chien trouverait ce comportement très amusant et n'aurait de cesse de le provoquer de nouveau en cherchant toutes les occasions de reprendre les lunettes ou d'autres objets tout aussi importants qu'il aura vite fait de repérer. Une meilleure technique est de détourner son attention sur autre chose afin de récupérer l'objet en toute discrétion.

Les chiots, ainsi que certains chiens adultes, accueillent leurs congénères en bondissant autour d'eux et en essayant de leur lécher les babines. Ce comportement ritualisé dérive du comportement de sollicitation de nourriture. Pour éviter que le chien agisse ainsi envers toutes les personnes qui l'approchent, il est bon de prendre l'habitude de se baisser à son niveau et de le renforcer chaque fois qu'il dirige son museau sur les mains plutôt que sur le visage.

L'APPRENTISSAGE DE LA SOLITUDE

L'apprentissage de la solitude devrait se faire le plus tôt possible, mais par étapes, en habituant le chiot à rester seul tout d'abord quelques instants dans « sa » pièce, alors que les humains se trouvent dans une autre pièce. Quand il supporte bien ces moments de solitude, on peut quitter la maison pour quelques minutes sans rien dire. Se sentant coupable de laisser le chien seul, on a souvent tendance à le caresser et à lui faire tout un discours au moment du départ. Le départ sera alors associé à l'arrêt subit des caresses et ressenti de manière négative. Il vaut donc mieux partir, puis revenir sans faire aucun commentaire. Surtout ne jamais renforcer les pleurs éventuels en les associant au retour : il vaut mieux faire du bruit pour distraire le chiot et profiter du moment d'accalmie pour le rejoindre. Pour ne pas renforcer son agitation à la vue de ses maîtres, ignorez-le et ne le saluez qu'une fois le calme revenu (cet exercice est certainement plus difficile pour les maîtres que pour le chien).

Il faut se rappeler que le chien est un animal social et qu'il a grand besoin de la présence de ses maîtres. Laisser un chiot seul pendant des heures, c'est ignorer ses besoins fondamentaux et se montrer cruel à son égard. Même un adulte ne devrait jamais rester seul du matin au soir. Un chien trop longtemps livré à lui-même peut faire mille bêtises pour s'occuper. Si la présence d'un compagnon, chien ou autre animal, peut être bénéfique dans certains cas, elle est loin de résoudre tous les problèmes et ne fait parfois que les multiplier par deux ! Il est donc plus judicieux de réfléchir à la question avant qu'elle se pose : si on sait qu'on sera absent des journées entières, il est préférable de jeter son dévolu sur une espèce moins sociable.

LES DANGERS DE L'ENVIRONNEMENT

Dans son jeune âge, le chiot découvre son environnement par l'odorat et le goût, c'est pourquoi il a pour habitude de mettre en gueule tout ce qu'il trouve. Les appartements et les jardins peuvent donc comporter de nombreux dangers : certaines plantes (philodendron, dieffenbachia, poinsettia, azalée, rhododendron, bulbes de nombreuses fleurs) et certains arbres (cytise, if) peuvent provoquer des intoxications ; le chiot peut avaler des pesticides, des insecticides, des boules de naphtaline, des produits d'entretien, des mégots de cigarettes, des médicaments. Certains semblent être particulièrement friands d'antigel, produit hautement toxique et souvent mortel. Le chocolat (non seulement sous forme de pralinés, mais également sous forme de gâteaux) est également dangereux à haute dose, car la théobromine et la caféine qu'il contient sont toxiques. Il est extrêmement tentant pour un chiot de ronger les fils électriques, de sauter dans la piscine au risque de s'y noyer s'il n'a pas la possibilité de ressortir. Mieux vaut donc être prudent ! Un autre danger guette les chiens : la déshydratation. Un chien ne doit jamais être laissé dans une voiture vitres closes, surtout pas en plein soleil.

Tout naturellement, le chiot s'habituera aux divers bruits de son environnement. Cela ne devrait pas poser trop de problèmes, à moins qu'il n'ait été élevé dans un milieu trop pauvre. Néanmoins, s'il arrive que le chiot ait des réactions de peur, mieux vaut les ignorer. En effet, si l'humain fait toute une cérémonie pour un bruit anodin, le chien retiendra que la situation est anormale. Ainsi, sa peur sera « justifiée » et, de ce fait, aura tendance à augmenter.

LES RELATIONS AVEC UN AUTRE ANIMAL

Si le chiot doit vivre avec un autre chien, les présentations doivent se faire dans un lieu neutre et se poursuivre dans le jardin ou près de la maison. Tout en gardant à l'œil le déroulement de la rencontre, il faut éviter d'intervenir. Ne pas oublier de donner toujours préséance à celui qui se situe à la place supérieure dans la hiérarchie (les positions peuvent changer au cours des années). Il est normal que le chiot se fasse remettre à sa place par son aîné, parfois de manière cavalière. La surveillance devra être renforcée lors des premières rencontres avec chat, lapin, hamster, etc. Si certains deviennent ensuite les meilleurs amis du monde, d'autres se tolèrent à peine. Il faut se rappeler que le chien est un prédateur et que les mouvements rapides d'un animal d'une autre espèce peuvent ranimer soudainement son instinct. Il est donc judicieux d'être toujours présent lors des rencontres en liberté, surtout si l'espace est restreint.

LES RELATIONS AVEC LE FACTEUR

Nous avons vu que les chiens ne peuvent pas comprendre que, une fois son travail accompli, le facteur quittera la propriété, et qu'ils ont tendance à interpréter son départ comme une fuite provoquée par leurs aboiements.

Pour éviter des concerts d'aboiements au passage du facteur, il serait bon que, dès son plus jeune âge, le chiot fasse connaissance avec lui pour qu'il ne le considère plus comme un intrus à chasser.

L'APPRENTISSAGE DE L'OBÉISSANCE

Si le chiot n'a jamais porté de laisse, habituez-le à son collier, puis à la laisse à l'intérieur de la maison en les associant à quelque chose de positif (nourriture, jeux, etc.). S'il n'y a pas de jardin à sa disposition et s'il doit faire ses besoins à l'extérieur, il est préférable de le porter à l'endroit prévu au cours des premiers jours plutôt que de devoir l'y traîner en bout de laisse.

Les promenades sont excellentes. Cependant, plusieurs balades quotidiennes de 15 à 20 minutes sont préférables à une grande promenade qui peut s'avérer trop fatigante. L'apprentissage de la marche au pied et de l'exécution de quelques ordres peut commencer tôt. L'observation du chiot permet de mettre à profit ses propres mouvements pour donner un ordre au moment de leur exécution. Par exemple, profitez des moments où il a envie de s'asseoir ou de se coucher pour donner vos ordres et, surtout, n'oubliez pas de le féliciter. Il serait bon d'habituer le chiot à marcher légèrement en retrait par rapport au maître qui, en tant que chef de meute, devrait diriger tous les déplacements de l'animal. Il est relativement facile d'y parvenir en changeant brusquement de direction chaque fois que le chien prend de l'avance.

Si l'animal n'exécute pas ce qu'on lui demande, il s'agit plus souvent d'un manque de compréhension de sa part que d'une manifestation de mauvaise volonté. Avant l'âge de 6 mois, les « leçons » ne devraient pas durer plus de quelques minutes par jour et n'être destinées qu'à inculquer des notions d'obéissance de base.

Au cours des promenades, il est indispensable que le chiot rencontre d'autres chiens (s'il s'agit d'adultes, se renseigner au préalable sur la manière dont ils se comportent face aux chiots) et d'autres personnes, y compris des enfants de différents âges, diverses espèces animales, y compris des animaux de ferme, etc. Les rencontres avec des enfants devraient toujours se faire sous surveillance, car ceux-ci pourraient lui faire du mal, ne serait-ce qu'en le serrant trop fort contre eux, ou lui-même pourrait les blesser involontairement en s'excitant au cours des jeux. Il est important que le chiot s'habitue aux cris et aux mouvements brusques des jeunes enfants ou des bébés afin que, plus tard, il n'ait pas peur en leur présence, car la peur peut provoquer des morsures. Le chiot devrait être emmené partout : campagne, ville, lieux bruyants et peuplés, autobus, voiture, terrains de jeux. Pour les trajets en voiture, il doit avoir sa place (les sièges avant sont à éviter) et y rester (un chien sans cesse en mouvement est pénible à supporter et peut être à l'origine d'accidents graves).

Si la possibilité existe, la fréquentation régulière d'une classe de jeux pour chiots est idéale : le chiot pourra ainsi apprendre à côtoyer des chiens de diverses races et des personnes qui aiment les chiens. Il pourra également être confronté, dans un contexte joyeux, à différents objets ou bruits pour s'y habituer peu à peu.

LA VISITE CHEZ LE VÉTÉRINAIRE

Il est bon de prévoir une « fausse visite » chez le vétérinaire afin que le chiot fasse sa connaissance de manière positive. Quelques mots gentils, quelques caresses, voire une friandise et le chiot sera ravi de revenir dans un lieu si plaisant !

Selon les recherches de Fox[(165)], il semble que c'est au cours de la 8e semaine que les chiots sont les plus susceptibles de développer des réponses d'évitement s'ils sont sujets à des traumatismes psychiques ou physiques. Certains auteurs recommandent donc d'éviter de vacciner les chiots au cours de cette semaine-là. Rappelons toutefois qu'il existe des variations temporelles entre les différentes races.

Pour l'habituer aux manipulations du vétérinaire, il est indispensable que, dès son plus jeune âge, le chien soit brossé régulièrement et que toutes les parties du corps (pattes, museau, intérieur de la gueule, oreilles, yeux, etc.) soient contrôlées. Quand il est habitué à ces manipulations, il serait bon de demander à d'autres personnes de faire de même. L'inspection journalière de sa fourrure permettra de détecter d'éventuelles tiques qui, dans certaines régions, peuvent transmettre la piroplasmose, maladie grave et parfois mortelle. De plus, accordant une attention particulière à certaines régions significatives socialement parlant (oreilles, cou, encolure, queue, pattes), le maître se positionne comme un animal supérieur hiérarchiquement.

Avant tout, il faut se rappeler que le chien reste un chien, quelle que soit sa race, et qu'il est indispensable de respecter les codes canins pour qu'il se sente bien dans sa peau.

Alors, que faire ? C'est ce que nous allons voir.

Chapitre 16

QUELLE ATTITUDE ADOPTER FACE AU CHIEN ?

Jusqu'à maintenant, nous avons tenté de mieux comprendre le chien d'après les critères les plus objectifs qui soient, c'est-à-dire d'après des faits scientifiquement démontrés. Il est donc temps d'en tenir compte, de mettre entre parenthèses nos vieilles convictions et d'envisager notre rapport avec notre animal de manière plus objective.

La caractéristique essentielle de nos chiens, et celle qui probablement les rend si attachants, est leur très grande sociabilité. Durant toute leur croissance, les chiots vont apprendre à communiquer avec leurs semblables et à respecter les règles qui déterminent la vie sociale, non seulement avec leurs congénères, mais aussi avec les humains. Idéalement, nous devrions nous comporter comme un chien en imitant les codes canins. Sans aller jusqu'à nous promener à quatre pattes, haleter ou remuer notre derrière, nous pouvons tout de même tenter de nous comporter de la façon la plus claire qui soit pour notre compagnon. Plus la communication est proche des codes que le chien connaît, plus notre relation avec celui-ci sera agréable et harmonieuse.

Qui est le plus intelligent, l'homme ou le chien ? La réponse ne fait aucun doute. Or, pourquoi tant de maîtres s'attendent-ils à ce que leur chien les comprenne lorsqu'ils se lancent dans des discours interminables chaque fois qu'il a fugué ou qu'il s'est oublié sur le tapis du salon, alors que nous, espèce intelligente par excellence, sommes incapables de nous mettre à son niveau de communication ? Restons logiques : c'est à nous de faire l'effort d'utiliser le mode de communication de l'animal, non l'inverse. Au lieu de crier, grognons un bon coup à la manière des chiens, c'est beaucoup plus efficace !

C'est le maître qui prend certaines décisions, comme l'heure et le contenu du repas, ou le moment de la promenade. En aucune façon le chien vivant à nos côtés ne peut subvenir aux besoins de la meute (famille). En fournissant le repas, le maître agit comme un fantastique chef de meute, puisqu'il ramène du « gibier » sans l'aide du chien. C'est donc au maître de prendre la responsabilité de la dominance. Ce n'est qu'à cette condition qu'il rendra son animal heureux. Un chien placé en position dominante sera frustré de ne pas pouvoir accomplir toutes les tâches qui lui incombent. Il peut également ressentir une certaine anxiété face aux réprimandes répétées (verbales ou gestuelles) du maître exaspéré par les comportements indésirables de son chien. À l'inverse, un animal qui n'a pas à diriger la meute se sentira en sécurité, puisque ses besoins seront pris en charge. Être dominé ne signifie pas être humilié, mais plutôt être protégé par le groupe, se sentir en sécurité. Le chien acceptera volontiers et tout à fait naturellement votre autorité en échange de ces avantages. Il est donc essentiel pour le chien, et nous ne le répéterons jamais assez, d'occuper la dernière place dans la hiérarchie familiale.

Mais pour que la relation entre le maître et son animal soit harmonieuse, il n'est pas question pour le propriétaire de prendre la place de chef de meute par la force ou en se faisant craindre de son chien. En tenant compte de nos connaissances de la hiérarchie chez les canidés, nous pouvons définir un certain nombre de règles applicables à la vie familiale qui permettront d'établir des relations de confiance avec notre chien.

Ces règles devraient être appliquées dès l'arrivée du chiot à la maison. Rappelons que celui-ci les connaît déjà, puisque sa mère s'est efforcée d'inculquer à sa progéniture les lois essentielles qui vont régir sa vie. Les chiots ont notamment appris qu'à leur âge, leur place est au plus bas de la hiérarchie. Les maintenir dans cette position permettra non seulement de les éduquer plus facilement, mais aussi d'éviter l'apparition progressive de comportements qui empoisonneraient la vie des propriétaires et, du coup, celle du chien.

Dans le cas où le chien a déjà pris les commandes, ces règles pourront servir à renverser la situation et à faire régresser l'animal dans la hiérarchie. Il sera ainsi plus docile et plus équilibré.

INSTAURER OU RÉTABLIR L'ORDRE HIÉRARCHIQUE PAR RAPPORT À SON CHIEN

1. Le chef de meute est toujours le premier à manger. Partant de cette constatation, le propriétaire doit manger systématiquement avant son chien. Pour renforcer davantage sa position, nous vous conseillons de préparer la gamelle du chien avant de passer à table et de la placer dans un endroit qui lui est inaccessible. Pendant le repas, ignorez le chien même s'il tente d'user de son charme jusque-là infaillible en vous adressant des regards suppliants ou en plaçant sa patte ou sa tête sur votre jambe. Un chien qui n'a jamais rien

reçu de ses maîtres pendant le repas n'aura même pas l'idée de mendier. Nourrir son chien pendant qu'on mange revient à agir comme un subordonné. On signifie ainsi clairement à l'animal qu'on le considère comme notre supérieur.

Une fois le repas terminé, appelez le chien et faites-le asseoir. Posez l'écuelle tout en gardant le chien à l'œil. À la moindre tentative de celui-ci pour se lever, dites « non » et reprenez la gamelle. Si le chien reste sagement assis alors que vous posez la gamelle, donnez-lui un ordre de votre choix pour le laisser accéder à sa nourriture. Le chien apprendra ainsi à attendre votre autorisation pour manger. Après 15 minutes, retirez la gamelle, qu'elle soit vidée ou non, et ne lui redonnez rien jusqu'au repas suivant (hormis de petites récompenses si vous le faites travailler). Les animaux dominants prennent parfois l'habitude de laisser un peu de nourriture dans leur gamelle pendant de longues périodes. Ils semblent ainsi exhiber une preuve de leur rang : « Ceci est ma nourriture et je sais que personne d'autre que moi n'y touchera. »

Dans le cas où le chien se sent menacé par votre approche alors qu'il mange, vous pouvez lui donner seulement la moitié de la nourriture, puis rajouter le reste petit à petit pendant qu'il est en train de manger. Votre approche sera alors considérée plus positivement. Il est par contre tout à fait déconseillé de lui retirer sa gamelle alors qu'il est en train de manger. Vous lui apprendriez à vous considérer comme une menace, ce qui, chez certains sujets, pourrait induire un comportement d'agressivité défensive. Nous avons vu que, chez les canidés, la possession est généralement respectée par tous et retirer l'écuelle serait une transgression de la règle canine.

2. Le chef de meute gère l'espace et s'octroie les meilleures places de repos. Chez les chiens, le leader ne partage pas sa place de repos et peut même menacer un subordonné qui tenterait de s'en approcher.

Pour respecter cette règle, nous vous conseillons d'empêcher l'accès aux chambres, aux toilettes et aux salles de bains. Le chien constatera que vous avez accès à tout le territoire, alors que lui ne peut en parcourir qu'une partie bien définie. De même, les canapés, les fauteuils ou les chaises doivent être réservés aux maîtres. En effet, ce sont non seulement les places de repos du chef, mais aussi des places stratégiques (position surélevée).

En revanche, le chien doit avoir sa place à lui, de préférence dans un coin retiré. Vous renforcerez l'idée que vous avez accès à toutes les places en vous asseyant de temps en temps dans son coin, après vous être assuré qu'il vous regarde. Il est cependant déconseillé de le déloger de sa place, puisque celle-ci doit être pour lui un refuge. Attendez plutôt un moment où il ne s'y trouve pas pour saisir l'occasion de faire la démonstration de votre rang.

3. Lorsqu'un supérieur se déplace sur le territoire, ceux qui se trouvent sur son chemin se lèvent généralement pour lui laisser le passage. Aussi est-il important de vous déplacer par les chemins les plus directs et d'obliger le chien à se lever s'il s'est couché dans le passage, même s'il dort. Ne l'enjambez pas. En cas de réticence, vous pouvez lui attacher au collier une ficelle, d'environ un mètre de longueur, pour le tirer doucement sur le côté et lui apprendre que, en tant que subordonné, il doit se pousser pour vous laisser passer. Assurez-vous également qu'il ne se couche pas dans des endroits stratégiques, comme les accès aux passages très fréquentés ou le haut des escaliers. Dormir dans un lieu de passage d'où l'on peut surveiller les allées et venues de toute la maisonnée est aussi un privilège de chef.
4. Le contrôle du territoire passe aussi par l'ordre d'accès aux différents passages. Le supérieur hiérarchique détermine les déplacements de la meute et ouvre toujours la marche. Ainsi, vous affirmerez votre position en passant systématiquement avant votre

chien dans les passages étroits et en franchissant les portes. Le comportement typique d'un chien dominant est de se précipiter par la porte, bousculant parfois son maître (signe d'irrespect) pour s'assurer de passer le premier. Souvent les propriétaires attribuent ce comportement à l'excitation du chien, content de partir en promenade.

Pour les chiens qui ont cette mauvaise habitude, une méthode efficace consiste à fermer temporairement toutes les portes de la maison afin de limiter leurs déplacements et de s'assurer de leur contrôle. Lorsque vous ouvrez une porte, ne lui donnez pas d'ordre comme « assis », « pas bouger », etc., mais claquez plutôt la porte devant lui à la moindre tentative de vous précéder. Veillez toutefois à ne pas lui faire mal en lui pinçant le museau ! Vous serez sans doute obligé de répéter cette procédure quatre ou cinq fois (ou plus) devant chaque porte, mais votre chien prendra soin ensuite de vous céder le passage. Lui donner l'ordre de s'asseoir pour vous laisser passer enverra le même message au chien, à savoir que c'est désormais vous qui dominez, mais cet ordre devra être répété chaque fois que vous vous trouverez devant une porte. En revanche, en fermant la porte devant lui, vous l'obligez à choisir lui-même la réponse la plus adaptée : s'écarter et vous laisser passer. Le résultat n'en sera que meilleur.

5. Le chef de meute est celui qui dirige les déplacements du groupe. Le maître renforce son statut en s'assurant de diriger la promenade. Une stratégie efficace consiste à faire demi-tour chaque fois que le chien vous dépasse. Vous le placez ainsi systématiquement derrière vous et il apprendra rapidement à vous suivre plutôt qu'à vous précéder.

Cette méthode s'avère particulièrement efficace avec les chiots si on l'applique dès le début. Si, dès qu'il tente de vous dépasser, vous faites demi-tour, il comprendra vite qu'il vaut mieux rester derrière pour garder l'œil sur vous. Il est inutile d'appeler le chien lorsque vous partez en sens opposé : il doit apprendre à vous surveiller. De nombreux problèmes proviennent du fait que c'est le maître qui surveille le chien et non l'inverse. Dans une meute, ce sont les subordonnés qui suivent le chef et qui s'arrangent pour l'avoir continuellement à portée de vue.

Chez les chiens qui ont déjà pris l'habitude de marcher devant, il faut se montrer plus patient et les promenades seront un peu perturbées au début.

6. Le chef de meute décide des actions du groupe. N'obéissez pas à votre chien et veillez à contrôler le plus grand nombre de situations possibles. Beaucoup de propriétaires sont constamment aux ordres de leur animal : ils lui ouvrent la porte au moindre aboiement, le caressent sans arrêt, s'empressent de lui lancer la balle chaque fois qu'il la leur apporte, lui donnent à manger dès qu'il regarde le réfrigérateur. Si quelques chiens restent raisonnables dans leurs revendications, d'autres deviennent vite de véritables pestes (certains de nos clients ont perdu de nombreux amis qui ne supportaient plus le comportement de leur chien). Essayez de suivre une discussion et de manger tranquillement avec vos amis alors que le chien aboie sans discontinuer !

Les maîtres se font souvent piéger par leur animal et vont involontairement l'encourager au lieu de le calmer. Dans la majorité des cas, un chien qui aboie sans arrêt a des maîtres qui ont répondu à ses aboiements (au début très raisonnables) et qui ont voulu les arrêter en grondant le chien ou en accédant à sa demande. Dans les deux cas, le chien a obtenu l'attention voulue et s'est vu encouragé à aboyer dès qu'il souhaitait avoir un peu d'attention (de préférence quand le maître discute avec des amis ou au téléphone et ne s'occupe plus de l'animal). Les chiens sont passés maîtres dans l'art d'attirer l'attention.

Tous les privilèges doivent être mérités. Deux stratégies sont possibles. La première consiste à ignorer le chien, sans même lui adresser un regard. N'obtenant pas ce qu'il veut, il abandonnera un comportement qui n'a plus aucun intérêt. Ne vous étonnez pas si, pendant les premiers jours, le comportement indésirable augmente, tant dans sa fréquence que dans son intensité. Le chien qui n'obtient pas votre réaction habituelle va d'abord insister avant de comprendre que ce comportement n'a plus aucun effet. La seconde consiste à donner un ordre simple au chien avant d'accéder à sa demande. Ainsi, on renverse la situation et, au lieu de lui obéir, on le récompense de nous avoir obéi.

D'une manière générale, il est préférable d'être l'initiateur de la majorité des interactions. Mieux vaut prendre l'habitude d'appeler son chien lorsqu'on a décidé de le caresser plutôt que d'attendre qu'il réclame de l'attention.

7. Pour affirmer notre supériorité hiérarchique quand nous flattons notre chien (une fois qu'il l'a mérité, bien sûr !), il est recommandé de lui caresser la tête, le cou et les épaules. On imite ainsi le chien dominant qui place sa tête ou sa patte sur les épaules d'un subordonné.
8. Chez les chiens, celui qui gagne les jeux et s'empare d'un objet convoité est considéré comme plus fort physiquement et psychologiquement que les autres. Il est évident que cet animal sera le meneur et il vaut mieux que vous ayez ce statut.

   En tant que chef de meute, il vous revient de décider quand et combien de temps jouer. Comme la possession de « trophées » est importante aux yeux du chien, il est préférable que le maître sélectionne, parmi les jouets du chien, ceux qui seront désormais sa propriété. Dorénavant, il n'utilisera que ceux-ci pour jouer avec son chien et ce dernier ne devra pas y avoir accès en d'autres occasions. Pendant la partie, laissez-lui tout de même quelques occasions de triompher, sinon il risque de s'en désintéresser. Chez les canidés, les jeux sont aussi des occasions pour les subordonnés d'avoir, de temps en temps, l'avantage sur les dominants.

9. Des séances d'obéissance quotidiennes, même si elles sont très courtes (5 à 10 minutes), permettent d'améliorer considérablement le contrôle du maître sur son chien. L'utilisation de récompenses sous forme de nourriture (ou toute autre chose dont le chien raffole) permet également de se rendre plus intéressant aux yeux de son chien pour qui ces séances deviendront rapidement très appréciées.

Toutes ces règles ont pour but soit de maintenir le chien dans une position hiérarchique basse, soit de remettre un chien dominant dans une position plus acceptable. En fonction du caractère de celui-ci, on pourra se montrer plus ou moins souple. Certains chiens sont en effet naturellement plus dociles que d'autres et se laissent facilement dominer, alors que seules quelques-unes des règles susmentionnées sont appliquées. D'autres, au caractère plus affirmé, ont besoin que toutes ces règles soient appliquées de façon très stricte pour accepter de se soumettre.

L'ENFANT ET LE CHIEN

Comme nous l'avons vu au chapitre 3, la présence d'un chien est extrêmement bénéfique pour les enfants qui vivent en contact avec lui. Le chien est un merveilleux compagnon à qui l'enfant peut confier même ses secrets les plus intimes sans crainte d'être trahi. L'animal l'accepte tel qu'il est et l'accueille avec enthousiasme quoi qu'il ait fait (même s'il a eu de mauvais résultats scolaires !), il le console dans les moments difficiles, lui donne le sens des responsabilités. En communiquant avec un membre d'une autre espèce, l'enfant est amené à moduler ses réactions, à donner moins d'importance aux mots et à privilégier le langage gestuel, ce qui, par ricochet, facilitera ses relations avec ses semblables. La présence de l'animal lui donne un sentiment de sécurité et modifie la perception des situations qu'il doit affronter. Par sa seule présence, le chien contribue à atténuer les tensions familiales et, en créant un intérêt commun, il aide à maintenir le contact entre les membres de la famille, surtout dans les situations de crise. Ces bienfaits sont amplifiés si l'enfant souffre de troubles physiques ou psychiques.

Malheureusement, cette image idyllique peut être grandement ternie par les charges que l'animal impose. Voilà pourquoi le chien ne doit pas être utilisé pour résoudre tous les problèmes de l'enfant, ni acquis sur un coup de tête pour céder à l'insistance des enfants, même si ces derniers sont prêts à promettre monts et merveilles. Les parents doivent se décider en connaissance de cause et être conscients de leurs responsabilités : l'animal est un être vivant qui a des besoins et il est utopique de penser qu'un enfant, surtout s'il est jeune, pourra prendre totalement en charge son compagnon à quatre pattes. Certes, dans les premiers jours, il ira le promener avec joie, il lui donnera à manger, le brossera, mais l'enfant finira sans doute par se lasser et préférera aller jouer avec ses copains plutôt que de tenir compagnie à son chien. C'est aux parents de se montrer raisonnables. Ils doivent refuser catégoriquement d'adopter un chien s'ils ne sont pas prêts à en assumer la responsabilité et s'ils n'éprouvent aucunement le besoin de sa présence. Cette attitude évitera bien des déboires, aussi bien à la famille qu'au chien. Le chien n'est pas un jouet qu'on laisse dans le placard quand on n'en a plus envie ou dont on se débarrasse à la première occasion.

Le chien peut aussi représenter un certain risque pour l'enfant. En effet, contrairement à ce que l'on a parfois envie de croire, tout chien reste un canidé avec son propre comportement et ses codes de conduite différents des codes humains. Les accidents sont le fait de toutes les races, de la plus petite à la plus grande, de celle qui est considérée comme étant la plus douce à celle qui a la réputation d'être très agressive. Souvent, avant l'accident, le chien mordeur était un animal fiable et inoffensif. Rappelons-le encore une fois : lorsqu'une morsure se produit, il ne s'agit pas d'un acte de méchanceté (pris au sens humain du terme) de la part du chien. En effet, en mordant, le chien a la plupart du temps réagi correctement en fonction de la situation telle qu'il la comprend (et non comme nous l'interprétons) et en fonction de ses codes qui ne correspondent pas à nos codes moraux.

Il s'ensuit qu'il peut y avoir des risques de morsure, surtout si l'enfant et le chien vivent en contact permanent. Faut-il alors priver l'enfant d'un merveilleux compagnon ? Si oui, ne devrait-on pas aussi supprimer toutes les voitures, les cuisinières et les échelles sous prétexte que ces objets représentent un certain risque ? Ne faut-il pas plutôt essayer de minimiser les risques en adoptant des attitudes adéquates ? Au chapitre 13, nous avons tenté d'expliquer pourquoi le chien utilise ses crocs pour sanctionner les humains, membres de la famille ou étrangers, adultes ou enfants. Nous allons maintenant vous donner des règles qui permettront aux enfants et aux chiens de vivre en harmonie.

Nous l'avons vu, les chiens adultes considèrent les enfants de la famille un peu comme les chiots de leur meute. Ils se montrent tolérants, mais la tolérance a des limites. S'ils se sentent obligés de les rappeler à l'ordre, ils le feront avec ce que la nature leur a donné : les grognements et les crocs. Le premier devoir des parents est de renforcer la position hiérarchique de leurs enfants par rapport à celle de leur chien, et cela ne peut être atteint que s'ils respectent les codes de l'animal. En effet, comment voulez-vous placer vos enfants à un échelon supérieur si Médor dort dans votre lit alors que les bambins sont relégués dans une chambre au bout du couloir ?

La venue de bébé se prépare. L'enfant prendra beaucoup de place dès son arrivée et les maîtres consacreront moins de temps à leur animal préféré. Si celui-ci était le centre du monde, il pourrait considérer l'enfant comme un rival, ce qui l'inciterait à se montrer agressif à son égard. Pour que tout se passe bien, il est préférable de diminuer les interactions entre les humains et le chien quelques mois avant l'accouchement et surtout, si la position du chien n'est pas clairement définie, de rétablir les règles hiérarchiques.

Maintenant, bébé est là, bien présent, et Fido semble l'apprécier, puisque vous avez tendance à l'ignorer quand votre petit bonhomme n'est pas présent. La situation semble idyllique et tout va se passer à merveille si vous respectez une règle extrêmement importante : ne jamais laisser bébé seul avec Fido, qu'il soit dans sa poussette, dans son parc ou dans son lit. En effet, on a tous lu des histoires de bébés blessés dans leur berceau par le chien de la famille, cas rarissimes mais néanmoins possibles. Comment expliquer un tel comportement, puisque Fido ne considère pas bébé comme un intrus ? À notre connaissance, deux hypothèses ont été avancées :

1. Certains pleurs de l'enfant pourraient rappeler les cris des proies habituellement chassées par les canidés et déclencher le comportement de chasse.
2. Le chien pourrait agir par irritation : les pleurs l'attirent, il vient voir ce qui se passe, se met à lécher l'enfant comme il le ferait avec un chiot. Or, les léchages d'un chien, s'ils provoquent l'arrêt des gémissements du chiot, redoubleront sans doute les pleurs du bébé. Rappelons que le chien a une grande sensibilité auditive, et ces cris peuvent l'irriter fortement. Il pourrait alors réagir par une augmentation de ses coups de langue (ce qui peut provoquer des hurlements attribuables à l'irritation de la peau délicate du bébé) ou par une morsure inhibée.

Même lorsque le chien agit par curiosité ou par jeu, il peut représenter un certain danger. Sa patte peut par exemple blesser le bébé ou renverser le berceau. Mieux vaut donc prendre ses précautions.

Le stade suivant (début de la reptation, des premiers pas à l'aide du trotteur, découverte du monde en station debout) est une époque éprouvante aussi bien pour les parents que pour le chien. Finie la tranquillité ! Là encore, une surveillance accrue est de rigueur. Attiré sans cesse par l'animal, le petit homme éprouve le besoin de le toucher, ce qui n'est pas forcément du goût du chien, surtout si l'enfant se met à tirer ses poils comme s'il s'agissait des cheveux des parents. Il y a de fortes chances qu'il essaie de l'étreindre, de le taper, de le frapper avec un jouet, etc. Contrairement à ce que certains lecteurs pourraient penser, il ne s'agit pas d'un enfant pervers, mais d'un enfant qui apprend à connaître son environnement. Ce sont en effet les enfants d'environ deux ans qui se montrent les plus agressifs dans leurs rapports à l'animal[(145)], surtout si le chien est jeune ou de petite taille. Si ces mauvais traitements continuent, la majorité des chiens se retirent[(146)], mais d'autres peuvent être agressifs. S'ils sont poursuivis, ils risquent de se défendre contre ce danger potentiel en faisant usage de leurs crocs. À ce stade, la règle établie précédemment est de rigueur : ne jamais laisser l'enfant seul avec le chien. Il faut apprendre au jeune enfant à caresser le chien et lui interdire absolument de le déranger quand il mange ou qu'il dort, car un chien réveillé brusquement a tendance à se défendre de manière instinctive, avant même de savoir ce qui se passe. Il est également impératif d'attribuer au chien une place où il sera réellement à l'abri de tout dérangement, et cette place doit donc se trouver loin des lieux de passage.

L'enfant plus âgé pose moins de problèmes et vous pouvez relâcher la surveillance si le chien et votre progéniture s'entendent bien. Cependant, il faut garder en mémoire que les mimiques de menace ne sont décodées que par environ 37 % des enfants de 11 ans (65 %

des adultes) et qu'il ne suffit pas de posséder un chien pour améliorer ce décodage[76, 315]. Il s'agit donc de rester prudent, surtout lors de réunions d'enfants, d'autant plus que le chien ne tolère pas forcément les traitements brusques lorsqu'ils sont le fait d'un enfant étranger. Un chien déteste être poursuivi par des jeunes à vélo ou chaussés de patins à roulettes, ou être tenté par un morceau de nourriture qu'on lui refuse ensuite. Les cris, les courses peuvent déclencher le réflexe de poursuite. Des sifflets stridents retentissant à quelques centimètres de ses oreilles peuvent provoquer des douleurs et le rendre agressif. Au cours des jeux, il peut également se surexciter et avoir du mal à se contrôler. Mieux vaut donc rester attentif et emmener le chien dans un endroit calme si le besoin s'en fait sentir.

Si de bonnes relations ont été établies entre le chien et l'enfant, il ne devrait pas y avoir de problème au moment de l'adolescence, à moins que l'enfant ne soit sans cesse en train de jouer brusquement avec son chien. Il faut savoir qu'à cette période se produisent des changements hormonaux qui sont détectés par le chien. C'est pour lui le signal que l'enfant passe à l'âge adulte. Tout comme un chiot arrivant à la puberté, l'enfant perdra ses privilèges et sera considéré par le chien plus ou moins comme un rival envers qui il doit se situer hiérarchiquement. Il est donc normal que le canidé ne lui permette plus autant de privautés.

Il est impératif d'enseigner aux enfants à respecter les animaux dès leur plus jeune âge. Ils doivent apprendre qu'il ne faut jamais exciter un chien, surtout si celui-ci se trouve enfermé ou attaché : l'animal pourrait en effet associer présence d'enfants et mauvais traitements, et mordre à la première occasion. Si les garçons courent plus de risques, on peut supposer que ce sont leur comportement plus turbulent et leur exploration plus active de l'environnement qui les amènent plus fréquemment à être perçus comme une menace par les chiens.

Tous ces comportements peuvent malheureusement avoir pour effet de déclencher ou d'accentuer l'agressivité de l'animal. La réaction naturelle d'un enfant effrayé est de s'enfuir à toutes jambes, ce qui provoque chez le chien un réflexe de poursuite. Voici les règles élémentaires de bonne conduite : face au chien, ne jamais crier, ni donner des coups de pied, ni s'agiter, ne pas l'approcher en courant, éviter de le fixer dans les yeux.

FACE À UN CHIEN INCONNU

Tout d'abord, il convient de reconnaître les mimiques de menace du chien afin de pouvoir agir en conséquence. Comme la sélection artificielle exercée par l'homme a modifié certaines caractéristiques physiques et comportementales, rendant ainsi les signaux moins clairs, la règle de base est d'observer l'attitude générale du chien pour tenir compte de tous les paramètres, à condition qu'on sache les interpréter correctement.

Par exemple, il est complètement erroné d'affirmer que le remuement de la queue est un signe de bonne humeur et d'amitié. Pour un chien, bouger la queue signifie simplement qu'il est excité. Pour connaître son humeur réelle, il faut tenir compte de la hauteur de la queue et de son amplitude par rapport à sa position au repos, tâche très ardue quand on sait que la position de la queue varie énormément en fonction des races.

En général, un chien sûr de lui et prêt à se battre tente de se faire le plus grand possible : corps raide, poils hérissés, queue relevée, oreilles pointées vers l'avant, babines retroussées, regard fixe. Il peut accompagner cela d'aboiements et de grognements. Un chien moins confiant peut néanmoins attaquer dans certaines circonstances, notamment s'il se trouve acculé à un obstacle, mais il adoptera une attitude différente : corps ramassé, pattes fléchies, oreilles tournées vers l'arrière, queue basse et souvent plaquée sur les pattes arrières ou repliée sous le ventre, regard détourné. Bien entendu, cette catégorisation est grossière, car l'animal est souvent partagé entre deux motivations, entre peur et agressivité. Contrairement à ce qu'on croit, un chien qui mord n'est pas toujours un chien dominant, fantasque ou vicieux. Un chien timide qui se sent menacé est tout à fait capable de faire usage de ses crocs et peut provoquer des blessures très graves.

Pour mieux comprendre le comportement du chien, il convient d'introduire la notion de distance. Tout animal sauvage qui détecte l'approche d'un humain (donc d'un danger potentiel) reste sur ses gardes, mais ne s'enfuit pas tant qu'une certaine distance le sépare de l'intrus. Si l'humain se rapproche, l'animal prend la fuite. La frontière invisible franchie par l'humain est fixée par l'animal et constitue sa distance de fuite. S'il se trouve dans l'impossibilité de rétablir cette distance – par exemple s'il se trouve dans un enclos –, l'animal pourrait agresser l'humain si ce dernier franchit une deuxième frontière, tout aussi invisible, appelée « distance critique ». Les chiens retournés à l'état sauvage, donc incorrectement socialisés aux humains, réagissent pareillement. Le fait qu'ils évitent tout contact humain en prenant le large explique le faible nombre de morsures qui leur sont imputables. Un animal domestiqué et socialisé se laisse en principe approcher de près. Cependant, certains sujets, particulièrement les peureux, ne supportent pas que des inconnus se montrent trop familiers envers eux. Une main qui s'approche pour la caresse peut être considérée comme un danger que le chien s'efforcera d'écarter en menaçant ou en mordant. Ce phénomène est amplifié quand l'animal est tenu en laisse, puisqu'il ne peut prendre la fuite.

Comme nous l'avons vu au chapitre 13, les morsures infligées par des chiens errants (qui appartiennent à quelqu'un, contrairement aux chiens retournés à l'état sauvage) sont plus fréquentes quand les chiens se trouvent près du lieu où ils vivent habituellement ou quand ils sont en compagnie d'individus de leur meute. Une règle élémentaire est de ne pas s'approcher d'un chien inconnu, mais si vous devez impérativement vous diriger dans sa direction, il vaut mieux éviter de l'aborder de face ou de dos, mais plutôt l'approcher de biais. Ce conseil est valable pour les novices, mais aussi pour les propriétaires de chiens, puisque ces derniers courent plus de risques.

Si le chien s'approche par lui-même et qu'il semble menaçant, restez calme et laissez-le vous renifler. Il se contentera sans doute de prendre des informations à votre sujet (cela fait partie du rituel de salutation canine et peut être comparé à notre poignée de main). Ne lui caressez jamais la tête ni le dos, car cela pourrait être interprété comme un geste de domination, et un chien de fort tempérament risque de ne pas apprécier une telle familiarité. Des caresses sur le poitrail sont nettement plus indiquées.

Il faut se rappeler que les gestes brusques, les cris, les gesticulations désordonnées risquent de provoquer des morsures. Il vaut mieux mettre les mains dans les poches pour éviter les mouvements inconsidérés (80 % des morsures ont en effet lieu aux extrémités). Partir en courant est une très mauvaise idée car, dans une grande majorité des cas, cela déclenche une poursuite et peut stimuler l'instinct de chasse.

Si, de par votre profession, vous devez pénétrer, en l'absence de ses maîtres, dans une propriété où se trouve un chien, il est préférable d'avertir l'animal de votre venue en sonnant au portail. Si son attitude est menaçante, mieux vaut renoncer et avertir ses propriétaires de votre passage afin qu'ils prennent les dispositions adéquates. Parfois le chien ne se manifeste pas tout de suite, mais apparaît brusquement alors que le visiteur se trouve déjà dans la propriété ou dans la maison. Que faire ? Nous pouvons distinguer deux situations :

1. Le chien s'avance vers vous en grognant, tous crocs dehors. Il est alors préférable de simuler l'attitude du dominé, ce qui inhibera l'agressivité du chien. Diminuez votre taille en vous accroupissant, regardez dans la direction du chien mais un peu derrière lui, sans jamais le fixer dans les yeux. En cas d'attaque, protégez votre visage ; en cas de morsure, n'essayez pas de retirer le membre mordu de la gueule du chien, car cela l'inciterait à resserrer davantage les mâchoires. En réagissant de cette manière, les dégâts seront limités. Puis retirez-vous le plus lentement possible, sans montrer de signes d'énervement. Parler au chien d'une voix douce peut le calmer. Vous pouvez d'ailleurs le traiter de tous les noms, mais votre voix doit rester douce, il n'y verra que du feu. Si vous êtes très sûr de vous, donner l'ordre au chien de s'asseoir peut faire des miracles. Cependant, vu l'effet Pygmalion, il est peu probable que le chien obéisse aux ordres s'ils sont émis avec des tremblements dans la voix et de nombreux microsignaux indiquant la peur.
2. Le chien n'est pas très confiant, mais il considère l'intrus comme une menace. Dans la majorité des cas, il ne l'affrontera pas de face, mais attendra qu'il ait le dos tourné pour lui mordre les mollets. Dans ce cas, il convient à nouveau de garder son calme, de se tourner pour faire face au chien en regardant dans sa direction, mais sans le fixer, et de quitter les lieux en reculant.

Si vous êtes poursuivi alors que vous faites du jogging ou du vélo, une seule parade : arrêtez-vous et restez immobile.

Des gadgets répulsifs peuvent être utiles, mais ils provoquent diverses réactions chez le chien, dont parfois une augmentation de l'agressivité.

CONCLUSION

Les recherches scientifiques menées jusqu'à présent dans le domaine du comportement canin nous permettent d'appréhender les chiens plus objectivement. On s'aperçoit ainsi que, contrairement à ce que pensent la plupart des maîtres, le chien n'est pas une sorte d'humain un peu plus simple qui diffère de nous par la morphologie, mais bien plutôt un être complexe et entier, disposant de ses propres critères, de son propre cadre de référence et de ses propres lois. Il apparaît ainsi comme un animal avec qui nous partageons notre vie et notre maison, mais dont les « mœurs et coutumes » sont radicalement différentes des nôtres.

Ainsi les chiens perçoivent le monde d'une manière que nous pouvons certes comprendre en quantifiant les récepteurs sensoriels, mais que nous ne pouvons nous représenter, car nos perceptions sont différentes. Par exemple, nous mettons tout en œuvre pour camoufler nos odeurs corporelles, ou nous aménageons des endroits discrets pour nous soulager, ce qui, pour les chiens, est une aberration. Que de sources d'informations perdues ! Que de possibilités de communication anéanties !

Et puis les chiens ne sont pas muets (on entend souvent dire qu'il ne leur manque que la parole) : ils disposent de nombreux moyens pour se faire comprendre par leurs congénères, mais aussi, performance extraordinaire pour des êtres dits inférieurs, pour communiquer avec une espèce différente. Les chiens sont en vérité des êtres de communication pure, puisque tout en eux véhicule un message. Notre obstination à vouloir en faire des humains simplifiés nous aveugle à tel point que nous leur coupons la « parole » en raccourcissant leur queue ou leurs oreilles, en sélectionnant des individus dont le museau est toujours plus court, dont les poils sont de plus en plus longs ou, au contraire, carrément inexistants.

Mais les chiens n'ont pas fini de nous étonner. Alors que nous nous attribuons le statut de « maître », c'est en fait plus souvent eux qui « portent la culotte ». Nous pensons les soumettre à nos règles, à notre mode de vie, mais les chiens « mènent souvent la danse » et nous soumettent à leurs propres lois, claires, définies depuis des millénaires et, à leurs yeux, les seules valables. Alors que nous tentons de leur inculquer nos valeurs par la force en les attachant à une laisse, en les enfermant, en les punissant, ils nous « éduquent » et nous remettent à notre place par la ruse, par la séduction, et parfois même, malheureusement, lorsque c'est vraiment nécessaire, par les crocs. De ce jeu ils sortent vainqueurs, puisque la majorité des maîtres, nous l'avons vu, occupent une position subordonnée aux yeux de leurs amis à quatre pattes. Reconnaissons que leurs arguments sont plus convaincants que les nôtres !

À la lumière de toutes ces connaissances, il nous appartient désormais de faire un choix : continuer à vouloir humaniser nos amis à outrance en les affublant de qualités qui nous sont propres ; ou, au contraire, chercher enfin à mettre à profit nos connaissances pour les respecter vraiment pour ce qu'ils sont, pour leurs qualités véritables et si merveilleusement différentes des nôtres. Apprendre à connaître ce que vivent véritablement les chiens est essentiel non seulement pour leur bien-être, mais aussi pour le nôtre. Nombre de nos compagnons subissent les effets de notre ignorance et sont abandonnés ou euthanasiés sous prétexte qu'ils ne sont pas assez obéissants, ou trop fugueurs, ou trop agressifs. Quand commencerons-nous à utiliser notre intelligence « supérieure » pour le bien des deux espèces ? Quelle meilleure preuve d'amour que de regarder nos amis canins pour ce qu'ils sont vraiment : des loups domestiques ?

BIBLIOGRAPHIE

1. 50 Millions de Consommateurs, Rapport, 1993.
2. Abrantes, R., « The wolf growing up as a hunter scavenger », The Waltham APBC Symposium, « The role of play in social development » : 2-9, 1996.
3. Abrantes, R., *Dog language. An encyclopedia of canine behaviour.* Wakan Tanka Publishers, 1997.
4. Abrantes, R., *The evolution of canine social behaviour,* Wakan Tanka Publishers, 1997.
5. Acland, Aguirro, Overall, résultats non publiés, cité par Overall, K. L., 1997.
6. ACPS Presse Service, *Animal de compagnie,* inédit, une grande enquête sur la possession d'animaux familiers, département d'Information de l'AFIRAC.
7. Adams, G. J., Clark, W. T., « The prevalence of behavioural problems in domestic dogs : A survey of 105 dog owners », *Aust. Vet. Pract.,* 19 : 135, 1989.
8. Adams, G. J., Johnson, K. G., « Behavioural responses to barking and other auditory stimuli during night-time sleeping and waking in the domestic dog », *Appl. An. Behav. Sci.,* 39 : 151-162, 1994.
9. Adams, D. R., Wickamp, M. D., « The canine vomeronasal organ », *J. Anat.,* 138 (4) : 771-778, 1984.
10. Albert, A., Bulcroft K., « Pets and urban life », *Anthrozoös,* 1 : 9-23, 1987, cité par Hart, L. A., 1995.
11. Althaus, T., « The development of a harmonic owner-dog relationship », *J. Small An. Pract.,* 28 : 1056-1064. 1987.
12. Altman, J. A., cité par Fogle, B., *The dog's mind,* Pelham books, Stephen Greene Press, 1990.

13. Andreoli, G., *Le chien: comportement, psychologie, attitudes,* Gründ, 1991.
14. Angermeier, E., James, W. T., « The influence of early sensory-social deprivation on the social operant in dogs », *J. Genet. Psychol.,* 99: 153-158, 1961.
15. Appleby, D., « Socialization and habituation », in *The behaviour of dogs and cats,* Fisher, J. (dir.), Stanley P., London, 1993.
16. Appleby, D., « Canine socialization and habituation, part 1 », Internet.
17. Arkow, P. S., Dow, S., « The ties that do not bind: study of the human-animal bonds that fails », in *The pet connection: its influence on our health and quality of life,* Anderson, R. K., Hart, B. L., Hart, L. A. (dir.), Minneapolis, Censhare, 1984, cité par Hart, B. L., Hart, L. A., 1988, et par Case, D. B., 1987.
18. Asa, C. S., *Physiological and social aspects of reproduction of the wolf and their implications for contraception. Ecology and Conservation of wolves in a changing world,* Carbyn, L. N., Fritts, S. H., Seip, D. R. (dir.), Can. Circumpolar Inst., occasional publication, 35: 283-286, 1995.
19. Asa, C. S., Mech, L. D., *A review of the sensory organs in wolves and their importance to life history. Ecology and Conservation of wolves in a changing world,* Carbyn L. N.; Fritts S. H. Seip D. R. (dir.), Can. Circumpolar Inst., occasional publication, 35: 287-291, 1995.
20. Asa, C. S., Seal, U. S., Plotka, E. D., Letellier, M. A., Mech, L. D., « Effect of anosmia on reproduction in male and female wolves (*Canis lupus*) », *Behavioral Neural Biology,* 46: 272-284, 1986.
21. Ashmead, D. H., Clifton, R. K., Reese, E. P., « Development of auditory localization on dogs: Single source and precedence effect sounds », *Dev. Psychobiol.,* 19: 91-103, 1986.
22. August, J. R., « Dog and cat bites », *J. Am. Vet. Med. Assoc.,* 193: 139, 1988.
23. August, P. V., Ayvazian, S. G., Anderson, J. G. T., « Magnetic orientation in a small mammal, *peromyscus leucopus* », *J. Mammalogy,* 70 (1): 1-9, 1989.
24. Bacon, W. E., Stanley, W. C., « Reversal learning in neonatal dogs », *J. Comp. Physiol. Psychol.,* 70: 344-350, 1970.
25. Bailey, G. P., « Play for problem free dogs », The Waltham APBC Symposium, « The role of play in social development »: 27-32, 1996.
26. Bailey, G. P., Hetherington, J. D., Sellors, J., « Survey to measure the success of rescue dog placement at a rehoming centre where a full behavioural service is offered », *Proceed, First Intern. Conf. Vet. Beh. Med.,* 93-95, 1997.
27. Baker, R. R., Mather, J. G., Kennaugh, J. H., « The human compass? », EOS, Trans. Amer. Geophysical Union, 63: 156, 1982, cité par August P. V. et al., 1989.
28. Ballard et al., 1987, cité par Forbes, G. J., Theberge, J. B., 1995.
29. Barker, S. B., Barker, R. T., « The human-canine bond: closer than family ties? », *J. Mental Health Couns.,* 10: 46-56, 1988, cité par Hart, L. A., 1995.
30. Beach, F. A., « Coital behavior in dogs: 8: Social affinity, dominance and sexual preferences in the bitch », *Behav.,* 36: 131-148, 1970.
31. Beach, F. A., Buehler, M. G., Dunbar, I. F., « Competitive behavior in male, female and pseudohermaphroditic female dogs », *J. Comp. Physiol. Psychol.,* 96: 855-874, 1982.
32. Beach, F. A., Gilmore, R. W., « Response of male dogs to urine from females in heat », *J. of Mamm.,* 30: 391-392, 1949.
33. Beaudet, R., Chalifoux, A., Dallaire, A., « Predictive value of activity level and behavioral evaluation on future dominance in puppies », *Appl. An. Behav. Sci.,* 40: 273-284, 1994.
34. Beaver, B. V., « Canine aggression in retrospect », *Appl. Anim. Ethol. Forthcoming,* 1983.
35. Beaver, B. V., « Clinical classification of canine aggression », *Appl. Anim. Ethol.,* 10: 35-43, 1983.
36. Beaver, B. V., « Profiles of dogs presented for aggression », *J. Am. An. Hospital Assoc.,* 29: 564-569, 1993.

37. Beck, A. M., *The Ecology of Stray Dogs: A Study of Free-ranging Urban Animals,* York Press, Baltimore, 1973.
38. Beck, A. M., Jones, B. A., « Unreported dog bites in children », *Public Health Rep.,* 100: 15-321, 1985.
39. Beck, A. M., Katcher, A. H., « A new look at pet facilitated therapy », *J. Am. Vet. Med. Assoc.,* 184: 414-421, 1984.
40. Beck, A. M., Loring, H., Lockwood, R., « Dog bites among letter carriers in Saint-Louis », *Public Health Rep.,* 90, 3: 267-269, 1975.
41. Bekoff, M., « Scent-marking by free-ranging domestic dogs: Olfactory and visual components », *Biol. Behav.,* 4: 123-127, 1979.
42. Bekoff, M., « Ground scratching by male domestic dogs: A composite signal », *J. Mammal.,* 60: 847-848, 1979.
43. Belyaev, D. K., « Destabilizing selection as a factor in domestication », *J. Heredity,* 70: 301-308, 1979.
44. Bergler, R., *Man and dog,* Blackwell Scient. Pub., 1988.
45. Berman, M., Dunbar, I., « The social behaviour of free-ranging suburban animals », *Appl. Anim. Ethol.,* 10: 5-17, 1983.
46. Berryman, J. C., Howelle, K., Lloyd-Evans, M., « Pet owner attitudes to pets and people », *Vet. Rec.,* 117: 659-661, 1985.
47. Blackshaw, J. K., « An overview of types of aggressive behaviour in dogs and methods of treatment », *Appl. Anim. Behav. Sci.,* 30: 351-361, 1991.
48. Blackshaw, J. K., Cook, G. E., Harding, P., Day, C., Bates, W., Rose, J., Bramham, D., « Aversive responses of dogs to ultrasonic, sonic and flashing light units », *Appl. Anim. Behav. Sci.,* 25: 1-8, 1990.
49. Bleicher, N., « Behavior of the bitch during parturition », *J. Am. Vet. Med. Ass.,* 140 (15): 1076, 1962.
50. Bleicher, N., « Physical and behavioral analysis of dog vocalizations », *Am. J. Vet. Res.,* 24: 415-427, 1963.
51. Boitani, L., « Wolf and dog competition in Italy », *Acta zool. Fennica,* 174: 259-264, 1983.
52. Boitani, L., *Dalla parte del lupo,* Mondari (dir.), 1986.
53. Boitani, L., Ciucci, P., « Comparative social ecology of feral dogs and wolves », *Ethology, Ecology and Evolution,* 7: 49-72, 1995.
54. Boitani, L., Francisci, F., Ciucci, P., Andreoli, G., *Population biology and ecology of feral dogs in central Italy, in The Domestic Dog,* Serpell (dir.), Cambridge Univ. Press, 1995.
55. Borchelt, P. L., « Aggressive behaviour of dogs kept as companion animals: Classification and influence of sex, reproductive status and breed », *Appl. Anim. Ethol.,* 10: 45-61, 1983.
56. Borchelt, P. L., Lockwood, R., Beck, A. M., Voith, V. L., « Attacks by packs of dogs involving predation on human beings », *Public Health Rep.,* 98: 57, 1983.
57. Borchelt, P. L., Lockwood, R., Beck, A. M., Voith, V. L., « Dog attack involving predation on humans », in *New perspectives on our lives with companion animals,* Katcher & Beck (dir.), Univ. Pennsylvania Press, Philadelphia, 1983.
58. Bradshaw, J., « Behavioural biology », in *The Waltham book of dog and cat behaviour,* Thorne, C. (dir.), Pergamon Press, 1992.
59. Bradshaw, J., « Dominance: what it means to dog, client and counsellor », The Waltham APBC Symposium, 1995.
60. Brain, P. F., Haug M., « Hormonal and neurochemical correlates of various forms of an mal "aggression" », *Psychoneuroendocrin.,* 17: 537-551, 1992, cité par Overall, K. L., Beebe, A. D., 1997.

61. Brisbin, I. L., Austad, S. N., « Testing the individual odour theory of canine olfaction », *Anim. Behav.,* 42 : 63-69, 1991.
62. Brodbeck, A. J., « An exploratory study on the acquisition of dependency behavior in puppies », *Bull. Ecol. Soc. Am.,* 35 : 73, 1954., cité par Scott, J. P., 1962.
63. Brown, C. J., Murphree, O. D., Newton, J. E. O., « The effect of inbreeding on human aversion in pointer dogs », *J. Hered.,* 69 : 362-365, 1978.
64. Brunner, F., *Der unverstandene Hund,* Neumann-Neudamm, Melsungen, Basel, Wien, 1975.
65. Bucke, W. F., « Cyno-psychose. Children's thoughts, reactions and feelings toward pet dogs », *Pedagogical Seminary,* 10 : 459-513, 1903.
66. Budgett, H. M., *Hunting by scent,* New York, Charles Scribner's Sons, 1933, cité par Fogle, B., 1990.
67. Bulletin des comportementalistes (2), 1997.
68. Bulletin du SCHIRPT (Système canadien hospitalier d'information et de recherche en prévention des traumatismes), une étude novatrice du SCHIRPT sur les morsures de chien, n° 11, juillet 1997.
69. Bustad, L. K., Hines, L. M., « Placement of animals with elderly : benefits and strategies », in *New perspectives with our live with companion animals,* Katcher & Beck (dir.), 1983.
70. Campbell, W. E., « The enigmatic biter. Some dogs appear to have "learned" that petting can be threatening, no matter how appealing it may seem before it is received », *Mod. Vet. Pract.,* 66 (3) : 198-201, 1985.
71. Campbell, W. E., « The prevalence of behavioral problems in American dogs : A survey of America's dog owners indicates they have much to complain about », *Mod. Vet. Pract.,* 67 (1) : 28-31, 1986.
72. Campbell, W. E., « Behavior problems in dogs », *Americ. Vet. Public. Inc.,* Drawer, Santa Barbara, Calif., 1992.
73. Capital, émission sur M6, 1996.
74. Case, D. B., « Dog ownership : a complex web », *Psychol. Rep.,* 60 : 247-257, 1987.
75. Cass, J., « Pet facilitated therapy in human health care », in *Interrelations between people and pets,* Fogle, B. (dir.), Springfield, 1981.
76. Caubere, M., Schneider, B., « Le décodage de l'expressivité canine chez l'enfant de 6 à 11 ans », *Archives Psychol.,* 62 : 25-41, 1994.
77. Centre de documentation et d'information de l'assurance (CDIA).
78. Chanton, M., « Le comportement social du chien familier. Aspects normaux, troubles imputables au milieu, méthodes de thérapie de type systémique », diplôme d'études doctorales, Éthologie, Univ. P. et M. Curie, 1991.
79. Chun, Y. T., Berkelhamer, J. E., Herold, T. E., « Dog bites in children less than 4 years old », *Pediatrics,* 69 (1) : 119-120, 1982.
80. Ciucci, P., Boitani, L., *Il lupo canis lupus linneaus,* in Boitani, L., Lovari, S. (dir.), *Fauna d'Italia,* 1999, cité par Landry, J. M., 1999.
81. Clarke, R. S., Heron, W., Fetherstonbaugh, M. L., Forgays, D. C., Hebb, D. O., « Individual differences in dogs : preliminary report on the effects of early experience », *Canad. J. Psychol.,* 5 : 150-156, 1951, cité par Angermeier, E., James, W. T., 1961.
82. Clemens, L. G., « The neurohormonal control of masculine sexual behavior », in *Reproductive behavior,* Montagna, W., Sadler, W. A. (dir.), New York, Plenum Press, 1974, cité par Hart, B. L., Hart, L. A., 1985.
83. Clutton-Brock, J., Corbet, G. B., Hills, M., « A review of the family canidae with a classification by numerical methods », *Bull. Br. Museum,* 29 (3), 1976.

84. Clutton-Brock, J., « Origins of the dog : domestication and early history », in *The Domestic Dog,* Serpell, J. (dir.), Cambridge Univ. Press, 1995.
85. Cohen, S. A., Fox, M. W., « Vocalizations in wild canids and possible effects of domestication », *Behav. Proc.,* 1 : 77-92, 1976.
86. Coile, D., Pollitz, C., Smith, J., « Behavioral determination of critical flicker fusion in dogs », *Physiol. Behav.,* 1087-1092, 1989, cité par Harrington, F. H., 1996.
87. Coppinger, R., Coppinger, L., « Biologic bases of behavior of domestic dog breeds », *Readings in companion animal behaviour,* 9-18.
88. Coppinger, R., Coppinger, L., « Interactions between livestock guarding dogs and wolves. Ecology and Conservation of wolves in a changing world », Carbyn, L. N., Fritts, S. H., Seip, D. R. (dir.), *Can. Circumpolar Inst.,* occasional publication, 35 : 523-526, 1995.
89. Coppinger, R., Feinstein, M., Smithsonian, 21 (10) : 119, 1991, cité par Morey, D. F., 1996.
90. Coppinger, R., Schneider, R., « Evolution of working dogs », in *The Domestic Dog,* Serpell (dir.), Cambridge Univ. Press, 1995.
91. Corbett, L., *The dingo in Australia and Asia,* University of New South Wales Press LTD., 1995.
92. Coren, S., *The intelligence of dogs. Canine consciousness and capabilities,* The Three Press, 1994.
93. Cornwell, A. C., Fuller, J. L., « Conditioned responses in young puppies », *J. Comp. Physiol. Psychol.,* 54 : 13-15, 1961.
94. Corson, S. A., Corson, E., *Pet animals as nonverbal communication mediators in psychotherapy in institutional settings,* in Corson, S. A. et E. (dir.), *Ethology and nonverbal communication in mental health,* New York, Pergamon, 1980, cité par Bustad, L. K., Hines, L, 1983.
95. Corson, S. A., Corson E., « Companion animals bonding catalysts in geriatric institutions », in *Interrelations between people and pets,* Fogle, B. (dir.), Springfield, 1981.
96. Daniels, T. J., « The social organization of free-ranging urban dogs I : Non-estrus social behavior », *Appl. Anim. Ethol.,* 10 : 341-363, 1983.
97. Daniels, T. J., « The social organization of free-ranging urban dogs. 2. Estrous groups and the mating system », *Appl. Anim. Ethol.,* 10 : 365-373, 1983.
98. Daniels, T. J., Bekoff, M., « Spatial and temporal ressource use by feral and abandoned dogs », *Ethology,* 181 : 300-312, 1989.
99. Daniels, T. J., Bekoff, M., « Population and social biology of free-ranging dogs », *J. Mamm.,* 70 (4) : 754-762, 1989.
100. Darke, P. G., Thrusfield, M. W., Aitken, C. G., « Association between tail injuries and dicking in dogs », *Vet. Rec.,* 116 : 409, 1985, cité par Noonan, G. J., Rand, J. S., Blackshaw, J. K., Priest, J., 1996.
101. Davis, S. J., Valla, F. R., « Evidence for domestication of the dog 12.000 years ago in the Natufian of Israel », *Nature,* 276 : 608-610, 1978, cité par Clutton-Brock, 1995.
102. Dehasse, J., *Chiens hors du commun,* Les Éditions de l'Homme, Montréal, Canada, 1993.
103. Dehasse, J., « Épigenèse sensorielle, émotionnelle et relationnelle du chiot », *Véto-Alp.,* 1995.
104. Dehasse, J., « Le développement comportemental du chiot », congrès AVSAH (Association vétérinaire suisse pour l'acupuncture et l'homéopathie), 1996.
105. Dehasse, J., Buyser, C., *L'Éducation du chien de 0 à 6 mois,* Montréal, Les Éditions de l'Homme, 1983.
106. De La Fuente, R., Castroviejo, J., Delibes, M., Morillo, C., Vallecillo, C. G., *La faune,* Grande Batelière (Paris), Kister (Genève), Érasme (Bruxelles), 1970.
107. Delgiudice, G. D., Seal, U. S., Mech, L. D., « Effects of feeding and fasting on wolf blood and urine characteristics », *J. Wild. Manag.,* 51 (1) : 1-10, 1987.
108. Delgiudice, G. D., Stone, J. L., Mech, L. D., Seal, U. S., « Sampling considerations involved with monitoring the nutritional status of gray wolves *Canis lupus* via biochemical analysis of snow urine, Global Trends », in *Wildlife Management,* 2 : 35-38, 1992.

109. Denenberg, V. H., Whimbey, A. E., « Infantile stimulation and animal husbandry : a methodological study », *J. Comp. Physiol. Psychol.*, 56 (5) : 877-878, 1963.
110. Diederich, C., « La peur : déterminisme et conséquences. Le comportement du chien », SFC, séminaire, 1994.
111. Dodman, N. H., Miczek, K. A., Knowles, K., Thalhammer, J. G., Shuster, L., « Phenobarbital responsive episodic dyscontral (rage) in dogs », *JAVMA*, 201 (10) : 1580-1583, 1992, cité par Podberscek, A. L., Serpell, J., 1996.
112. Dodman, N. H., Moon, R., Zelin M., « Influence of owner personality type on expression and treatment outcome of dominance aggression in dogs », *JAVMA*, 209 (6) : 1107-1109, 1996.
113. Donovan, C. A., « Some clinical observations on sexual attraction and deterrence in dogs and cattle », *Vet. Med. Small An. Clin.*, 62 : 1047-1048, 1967.
114. Donovan, C. A., « Canine anal glands and chemical signals (pheromones) », *J. Amer. Vet. Med. Assoc.*, 155 : 1995-1996, 1969.
115. Dorn, C. R., « Veterinary medical services : Utilization by dog and cat owners », *J. Am. Vet. Med. Assoc.*, 1956 (1er fév.) : 321-327, 1970.
116. Doty, R. L., Dunbar, I., « Attraction of beagles to conspecific urine, vaginal and anal sac secretion odors », *Physiol. Behav.*, 12 : 825-833, 1974.
117. Dunbar, I., « Olfactory preferences in dogs : The response of male and female beagles to conspecific urine », *Biol. Behav.*, 3 : 273-286, 1978.
118. Dunbar, I., « Dog behavior : Why dogs do what they do ? », Neptune, T.F.H. Publications. Inc., 1979.
119. Dunbar, I., « Communication and conflit between dogs and their humans », *Proceedings of the Waltham APBC Symposium, The art of being sociable,* 32-48, 1997.
120. Dunbar, I., « Dog to dog encounters : the art of being sociable », *Proceedings of the Waltham APBC Symposium, The art of being sociable,* 1-7, 1997.
121. Dunbar, I., Bohnenkamp, G., *Preventing agression. Behaviour Booklets,* James and Kenneth (dir.), Californie, 1986.
122. Dunbar, I., Carmichael, M., « The response of male dogs to urine from other males », *Behav. Neur. Biol.*, 31 : 465-470, 1981.
123. Dykman, R. A., Murphree, O. D., Peters, J. E., « Like begets like : behavioral tests, classical autonomic and motor conditioning, and operant conditioning in two strains of pointer dogs », *Ann. NY Acad. Sci.*, 159 : 976-1007, 1969.
124. Dykman, R. A., Murphree, O. D., Reese, W. G., « Familial anthropophobia in pointer dogs ? », *Arch. Gen. Psychiatry,* 36 : 988-993, 1979.
125. Eckerlin, A., Filiatre, J. C., Millot, J. L., « Approche expérimentale de la modalité olfactive dans les systèmes relationnels entre l'enfant et son chien familier », S.F.E.C.A., Actes du colloque annuel, Lyon, Comp. et Biol. des Pop. Communic. Chimique, tome 5 (2) : 157-163, 1990.
126. EHLASS, « Accidents dus aux chiens », Ministère de la Solidarité, de la Santé et de la Protection sociale, juillet 1986 - décembre 1988.
127. Eisenberg, J. F., Kleiman, D. G., « Olfactory communication in mammals », *Ann. Rev. Ecol. System,* 3 : 1-32, 1972.
128. Elliot, O., King, J. A., « Effect of early food deprivation upon later behavior in puppies », *Psychol. Rep.*, 6 : 391-400, 1960.
129. Elliot, O., Scott, J. P., « The development of emotional distress reactions to separation in puppies », *J. Genet. Psychol.*, 99 : 3-22, 1961.
130. Ewer, R. F., *The carnivores,* Weidenfeld and Nocolson (dir.), London, 1973, cité par Bradshaw, J., 1992 et par Giffroy, J. M., 1993.
131. Feddersen-Petersen, D., *Hundepsychologie : Wesen und Sozialverhalten,* Kosmos, Gesellschaft der Naturfreunde, Franckh'sche Verlagshandlung, Stuttgart, 1989.

132. Feddersen-Petersen, D., « Verhaltensstörungen bei Hunden und ihre Unsachen in Zucht. Haltung und Dressur », *Der praktische Tierarzt,* 4 : 18-28, 1990.
133. Feddersen-Petersen, D., « Verhaltensstörungen bei Hunden - Versuch ihrer Klassifizierung », *Dtsch. tierärztl. Wschr.,* 98 : 15-19, 1991.
134. Feddersen-Petersen, D., *Hunde und ihre Menschen,* Franckh-Kosmos, 1992.
135. Feddersen-Petersen, D., *Fortpflanzungsverhalten beim Hund,* Gustav Fisher Verlag, Jena, Stuttgart, 1994.
136. Feddersen-Petersen, D., « Neue Erkenntnisse zur Verhaltensentwicklung des Hundes », conférence, journée scientifique de la Mondiale, Bern, 1994.
137. Feddersen-Petersen, D., Ohl, F., *Ausdrucksverhalten beim Hund,* Gustav Fischer, Vet special, 1995.
138. Feddersen-Petersen, D., « Verhaltensindikatoren zur graduellen Kennzeichnung von Leiden im Rahmen der Hundezucht - aufzucht und haltung – Tierärztl », *Umschau,* 51 : 171-179, 1996.
139. Federoff, N. E., Nowak, R. M., « Man and his dog », *Science,* 278 : 205, 1997.
140. Feltmann, G., Schroeder, *Hund und Mensch im Zwiegespräch,* Kosmos, 1993.
141. Feraud, J. P., « Contribution à l'étude biochimique d'un mécanisme de l'olfaction chez le chien », thèse présentée à la Faculté de Médecine et de Pharmacie de Lyon, 1970.
142. Filiatre, J. C., Eckerlin, A., Millot, J. L., Estavoyer, J. M., Meyer, J. P., « Les agressions d'enfants par des chiens : étude préliminaire des facteurs de risque », *Annales de Pédiatrie,* 37 (3) : 162-166, 1990.
143. Filiatre, J. C., Millot, J. L., Eckerlin, A., « Relations intraspécifiques et interspécifiques chez le chien familier : aspects analogiques et différentiels des comportements d'exploration », *Behav. Proc.,* 133-150, 1990.
144. Filiatre, J. C., Millot, J. L., Eckerlin, A., « Behavioural variability of olfactory exploration on the pet dog in relation to human adults », Appl. Anim. Behav. Sci., 30 (3-4) : 341-350, 1991.
145. Filiatre, J. C., Millot, J. L., Montagner, H., « New data on communication behaviour between the young child and his pet dog », *Behav. Processes,* 12 : 33-44, 1986.
146. Filiatre, J. C., Millot, J. L., Montagner, H., Eckerlin, A., Gagnon, A.C., « Advances in the study of the relationship between children and their pet dogs », *Anthrozoos,* 2, 1 : 22-32, 1988.
147. Fisher, A. E., « The effects of differential early treatment on the social and exploratory behavior in puppies », Ph. D. thesis, Pennsylvania State Univ., 1955, cité par Scott, J. P., Fuller, J. L., 1965 et par Elliot, O., Scott, J. P., 1961.
148. Fisher, J., *Why does my dog… ?,* Howell Bood House, 1991.
149. Fisher, J., « Rage syndrome. Possessive aggression or normal behaviour », *Int. Soc. Anthrozool. Newsl.,* 5 : 5-6, 1993, cité par Podberscek, A. L., Serpell, J., 1996.
150. Fogle, B., *The dog's mind,* Pelham books, Stephen Greene Press, 1990.
151. Font, E., « Spacing and social organization : Urban stray dogs revisited », *Appl. Anim. Behav. Sci.,* 17 : 319-328, 1987.
152. Forbes, G. J., Theberge, J. B., « Influences of a migratory deer herd on wolf mouvements and mortality in and near Algonquin Park, Ontario ». *Ecology and Conservation of wolves in a changing world,* Carbyn, L. N., Fritts, S. H., Seip, D. R. (dir.), Can. Circumpolar Inst., occasional publication, 35 : 303-313, 1995.
153. Foss, I., Flottorp, G., « A comparative study of the development of hearing and vision in various species commonly used in experiments », *Acta Otolaryngol.,* 77 : 202-214, 1974, cité par Ashmead, D. H., Clifton, R. K., Reese, E. P., 1986.
154. Fox, M. W., « A syndrome in the dog resembling human infantile autism », *JAVMA,* 148 : 1387-1390, 1966.

155. Fox, M. W., « Behavioral effects of rearing dogs with cats during the critical period of socialization », *Behavior,* 35 : 273-280, 1969.
156. Fox, M. W., *Behaviour of wolfes, dogs and related canids,* Harper and Row, 1971.
157. Fox, M. W., *Integrative Development of Brain and Behavior in the Dog,* University of Chicago Press, Chicago, 1971.
158. Fox, M. W., « Overview and critique of stages and periods in canine development », *Dev. Psychobiol.,* 4 (1) : 37, 1971.
159. Fox, M. W., *Understanding Your Dog,* Coward, McCann, New York, Blond & Briggs, London, 1972.
160. Fox, M. W., « Socio-ecological implications of individual differences in wolf litters : a developmental and evolutionary perspective », *Behaviour,* 46 : 298-313, 1972.
161. Fox, M. W., *The dog : Its domestication and Behavior,* Krieger Publishing Company, Malabar, Florida, 1978.
162. Fox, M. W., 1978, cité par Appleby, D., Internet.
163. Fox, M. W., *The soul of the wolf,* Lyons and Burford (dir.), 1980.
164. Fox, M. W., *The whistling hunters. Field studies of the asiatic wild dog,* State Univ., N.Y. Press, 1984.
165. Fox, M. W., *Superdog. Raising the perfect canine companion,* Howell Book House, N. Y, 1990.
166. Fox, M. W., Andrews, R. V., « Physiological and biochimical correlates of individual differences in behavior of wolf cubs », *Behav.,* 46 : 129-140, 1973.
167. Fox, M. W., Spencer, J., « Exploratory behavior in the dog : experiental or age dependent ? », *Dev. Psychobiol.,* 2 : 68-74, 1969.
168. Fox, M. W., Stelzner, D., « Behavioral effects of differential early experience in the dog », *An. Behav.,* 1966, cité par Fox, M. W., 1966.
169. Frank, H., Frank, M. G., « On the effects of domestication on canine social development and behavior », *Appl. Anim. Ethol.,* 8 : 507-552, 1982.
170. Frank, H., Gialdini, F. M., « Comparative manipulation-object-test performance in ten-week-old wolves and Alaskan malamutes. A Piagetian interpretation », *J. of Comparative Psychol.,* 99 : 266-274, 1985.
171. Franti, C., Kraus, J. F., Borhani, N. M., « Pet ownership in a suburban-rural area of California », *Public Health Rep.,* 89 (5) : 473-484, 1974.
172. Freedman, D. J., « Some effects of early rearing on later obedience in dogs », *Nord. Vet. Med.,* 17 : 111-117, 1965, cité par Wilsson, E., 1984.
173. Freedman, D. G., King, J. A., Elliot, O., « Critical period in the social development of dogs », *Science,* 133, 1016, 1961.
174. Friedmann, E., Katcher, A. H., Lynch, J. J., Thomas, S. A., « Social interaction and blood pressure : Influence of animal companions », *J. Nervous and Mental Diseases,* 171 (8) : 461-465, 1983.
175. Fuller, J. L., « Individual differences in the reactivity of dogs », *J. Comp. Physiol. Psychol.,* 41 : 339-347, 1948.
176. Fuller, J. L., « Hereditary differences in trainability of purebred dogs », *J. Genet. Psychol.,* 87 : 229-238, 1955.
177. Fuller, J. L., « Experimental deprivation and later behavior », *Science,* 158 : 1645-1652, 1967.
178. Fuller, J. L., Clark, L. D., « Effects of rearing with specific stimuli upon postisolation behavior in dogs », *J. Comp. Physiol. Psychol.,* 61 : 258-263, 1966.
179. Fuller, J. L., Clark, L. D., « Genetic and treatment factors modifying the postisolation syndrome in dogs », *J. Comp. Physiol. Psychol.,* 61 : 251-257, 1966.
180. Fuller, J. L., Clark, L. D., « Genotype and behavioral vulnerability to isolation in dogs », *J. Comp. Physiol. Psychol.,* 66 : 151-156, 1968.

181. Fuller, J. L., Dubuis, E. M., *The behavior of domestic animals: The behavior of dogs,* E. Hafez (dir.), Bailliere, Tindall & Cox, London, 1962, cité par Hart, B. L., 1974.
182. Fuller, J. L., Easler, C. A., Banks, E. M., « Formation of conditioned avoidance responses in young puppies », *Am. J. Physiol.,* 160 : 462-466, 1950.
183. Fuller, T. K., « Guidelines for gray wolf management in the nothern Great Lakes region », *Intern. Wild Center Technical Publication,* 271, Ely, Min., 1995.
184. Fuller, T. K., « Comparative population dynamics of north american wolves and african wild dogs ». « Ecology and Conservation of wolves in a changing world », Carbyn, L. N., Fritts, S. H., Seip, D. R. (dir.), Can. Circumpolar Inst., occasional publication, 35 : 325-328, 1995.
185. Gamble, R. M., « Sound and its significance for laboratory animals », *Bio. Rev.,* 57 : 395-421, 1982, cité par Hubrecht, R.
186. Gans, C., « The sensory world of animals », in *Animal Intelligence. Insights into the animal world,* Smithonian Institution Press, Hoage et Goldman (dir.), 1986.
187. Gantt, W. H., « Analysis of the effect of person », *Cond. Reflex,* 7 (2) : 67-73, 1972, cité par Corson, S. A., Corson, E., 1981.
188. Giffroy, J. M., « Les thérapies de comportement », Pratique médicale et chirurgicale de l'animal de compagnie, 20 (5) : 493-501, 1985.
189. Giffroy, J. M., « Apprentissage et thérapies comportementales », *Revue Méd. Vét.,* 139 : 1073-1080, 1988.
190. Giffroy, J. M., « Aptitudes sensorielles des carnivores domestiques », Bull. tech. de l'élevage canin, 1993.
191. Ginsburg, B. E., « Genetics and personality », in *Concepts of personality,* Wepman, J. M., Heine, R.W. (dir.), Aldine Publishing Co., Chicago, 1963, cité par Serpell, J. A., 1987.
192. Ginsburg, B. E., « Coaction of genetical and nongenetical factors influencing sexual behavior », in *Sex and behavior,* Beach (dir.), New York, 1965, cité par Mech, D. L., 1986.
193. Ginsburg, B. E., « Genotypic factors in the ontogeny of behavior », in *Animal and Human,* Masserman J. H. (dir.), Grune and Stratton, New York, 1968, cité par Fox, M. W., 1978.
194. Ginsburg, B. E., « Anxiety : a behavioural legacy. In physiology, emotion and psychosomatic illness », Ciba Foundation Symp. 8, Elsevier, N. Y, Porter and Knight (dir.), 1972, cité par Goddard, M. E., Beilharz, R. G, 1985.
195. Goddard, M. E., Beilharz, R. G., « Genetic and environmental factors affecting the suitability of dogs as guide-dogs for the blind », *Theor. Appl. Genet.,* 1982, cité par Goddard, M. E., Beilharz, R. G., 1985.
196. Goddard, M. E., Beilharz, R. G., « Genetics of traits which determine the suitability of dogs as guide-dogs for the blind », *Applied An. Ethol.,* 9 : 299-315, 1982-1983.
197. Goddard, M. E., Beilharz, R. G., « A multivariate analysis of the genetics of fearfulness in potential guide dogs », *Behav. Genet.,* 15 : 69-89, 1985.
198. Goodwin, R. D., « Trends in the ownership of domestic pets in Great Britain », in *Pet animals and society,* Andersen R. S. (dir.), Bailliere, Tindal, 1975, cité par Bergler, R., 1988.
199. Goodwin, D, Bradshaw, J. W. S., Wickens, S. M., « Paedomorphosis affects agonistic visual signals of domestic dogs », *Anim. Behav.,* 53 : 297-304, 1997.
200. Goodwin, M., Gooding, K. M., Regnier, F., « Sex pheromone in the dog », *Science,* 203 : 559-561, 1979.
201. Graf, R., Meyer-Holzapfel, M., « Die Wirkung von Harnmarken auf Artgenossen beim Haushund », *Z. Tierpsychol.,* 35 : 320-332, 1974.
202. Grant, T. A., « Behavioural study of a beagle bitch and her litter during the first three weeks of lactation », *J. Small An. Pract.,* 28 : 992-1003, 1987.

203. Grant, T. A., Abrantes, R., Discussion in Owren T, 1987.
204. Greenougt, cité par Coren, S., 1994.
205. Gurguis, G. N. M., Klein, E. M. D., Mefford, I. N., Uhde, T. W., « Biogenic amines distribution in the brain of nervous and normal pointer dogs. A genetic animal model of anxiety », *Neuropsychopharmacology,* 3 (4) : 297-303, 1990.
206. Guttmann, G., *The psychological determinants of keeping pets. Interrelations between people and pets,* Fogle Ed., Ch. Thomas, 1981.
207. Guyot, Y., « L'effet Pygmalion et le dressage », *Psychol. et comport.,* 519-522.
208. Guyot, Y., « Communication et autorité dans les situations de dressage », Soc. Franç. de Cynotechnie, Namur, 1986.
209. Guyot, Y., « Communication et autorité dans les situations de dressage », Pratique méd. et chirurgicale de l'an. de compagnie, 3 : 165-174, 1988.
210. Guyot, Y., Pocztar, J., « Contribution à l'étude des communications non verbales en situation d'autorité », École Norm. Sup de St-Cloud, Centre de Rech. et de Form. en Éducation, 1982.
211. Hack, R., « Möglichkeiten und Grenzen einer artgerechten Hundehaltung in der Praxis einer Tierversuchseinrichtung », *Der Tierschutzbeauftragte,* 1 : 4-8, 1997.
212. Harrington, F. H., « Wolf eyes and ears : a review of visual and auditory senses », *Wolves of America Conference Proceedings,* Albany, N. Y., 1996.
213. Harrington, F. H., Mech, L. D., « Wolf howling and its role in territory maintenance », *Behaviour,* 68 : 207-248, 1979.
214. Harrington, F. H., Mech, L. D., « Wolf pack spacing : Howling as a territory-independent spacing mechanism in a territorial population », *Behav. Ecol. Sociobiol.,* 12 : 161-168, 1983.
215. Hart, B. L., « Environmental and hormonal influences on urine marking behavior in the adult male dog », *Behav. Biol.,* 11 : 167, 1974.
216. Hart, B. L., « Aggressive behavior », *Canine Pract.,* 3 (1) : 10-14, 1976.
217. Hart, B. L., « More on aggressive behavior », *Canine Pract.,* 3 (2) : 8-12, 1976.
218. Hart, L. A., « Dogs as human companions : a review of the relationship », in *The Domestic Dog,* Serpell (dir.), Cambridge Univ. Press., 1995.
219. Hart, B. L., Hart, L. A., *Canine and Feline Behavioral Therapy,* Lea and Febiger (dir.), Philadelphia. 1985.
220. Hart, B. L., Ladewig, J., « Serum testosterone of neonatal male and female dogs », *Biology of Reproduction,* 21 : 289-292, 1979.
221. Heath, S., « Puppies in your practice », *Vet. Pract. Nurse,* 4 (3) : 29-30, 1992, cité par Seksel, K., 1997.
222. Heffner, H. E., « Hearing in large and small dogs : thresholds ans size of the tympanic membrane », *Neurosc.,* 97 : 310-318, 1983, cité par Harrington, 1996.
223. Heffner, R. R., Heffner, H. E., « Sound localization acuity in the cat : effect of azimuth, signal duration, and test procedure », *Hearing Research,* 36 : 221-232, 1988, cité par Bradshaw, J., 1992.
224. Hemmer, H., *Domestication ; the decline of environmental appreciation,* Cambridge Univ. Press, 1990, cité par Clutton-Brock, 1995.
225. Hepper, P. G., « The discrimination of human body odour by the dog », *Perception,* 17 : 549-554, 1988, cité par Filiatre, J. C. et al., 1990.
226. Hepper, P. G., « Long-term retention of kinship recognition established during infancy in the domestic dog », *Behav. Processes,* 33 : 3-14, 1994.
227. Hirsh-Pasek, K. A., Treiman, G., *To the dogs : is baby talk just for babies ?,* manuscrit non publié, 1980, cité par Katcher, A. H., 1981.
228. Hoerlein, B. F., *Canine neurology,* Saunders, Philadelphia, 1971, cité par Campbell, W. E., 1977 et par Giffroy, J. M., 1993.

229. Hopkins, S. G., Schubert, T. A., Hart, B. L., « Castration of adult male dogs : Effects on roaming, aggression, urine marking and mounting », *J. Am. Vet. Med. Assoc.,* 168 : 1108, 1976.
230. Houpt, K. A., « Disruption of the human-companion animal bond : aggressive behavior in dogs », in *New perspectives with our live with companion animals,* Katcher & Beck (dir.), 1983.
231. Houpt, K. A., « Sexual behavior problems in dogs and cats », *Vet. Clinics North Am : Small An. Pract.,* 27 (3) : 601-615, 1997.
232. Houpt, K. A., Hintz, H., « Palatability and canine food preferences », *Canine practice,* 5 (6) : 29-35, 1978.
233. Houpt, K. A., Smith, S. L., « Taste preferences and their relation to obesity in dogs and cats », *Can. Vet. J.,* 22 (4) : 77-81, 1981.
234. Hubrecht, R., « Dogs and dog housing », Enrichment resources for laboratory animals. Dogs, p. 43-47.
235. Humphrey, Warner, 1934, cité par Surget, 1994.
236. Igel, G. J., Calvin, A. D., « The development of affectional responses in infant dogs », *J. Comp. Physiol. Psychol.,* 53 : 302-305, 1960.
237. James, W. T., « Morphologic form and its relation to behavior », in *The genetic and endocrine basis for differences in form and behavior,* C. R. Stockard, Philadelphia, Wistar Institute, 1941, cité par Fuller, J. L., 1948.
238. James, W. T., « Social organization among dogs of different temperament, terriers and beagles, reared together », *J. Comp. Physiol. Psychol.,* 44 : 71-77, 1951, cité par Pawlowski, A. A., Scott, J. P., 1956.
239. Jennings, « Animals and cardiovascular health », *Abstracts 7th conf. Human-animals inter.,* Genève, 1995.
240. Jensen, C., Ederstorm, H. E., « Development of temperature regulation in the dog », *Amer. J. Physiol.,* 183 : 340-343, 1955, cité par Bleicher, N., 1963.
241. Joffe, J. M., *Prenatal determinants of behavior,* Pergamon Press, New York, 1969, cité par Fox, M. W., 1978.
242. Jordan, P. A., Shelton, P. C., Allen, D. L., « Numbers turnover, and social structure of the Isle Royale wolf population », *Am. Zool.,* 7 : 233-252, 1967, cité par Nott, H. M. R., 1992.
243. Kalmus, H., « The discrimination by the nose of the dog of individual odors and in particular the odor of twins », *Br. J. An. Beh.,* 3 : 25-31, 1955, cité par Filiatre, J. C. et al., 1990.
244. Kassil, A. U., Gulina, L. K., « Role of smell in the food-seeking activity of newborn puppies », *SO Fiziol-Zh-SSSR,* 72 (4) : 437-444, 1986.
245. Katcher, A. H., « Potential health value of pet ownership », *Compendium on Continuing Educ. for Small An. Pract.,* 11 (2) : 117-122, 1980, cité par Bustad, L. K., Hines, M. N., 1983.
246. Katcher, A. H., « Interactions between people and their pets : form and function », in *Interrelations between people and pets,* Fogle (dir.), Ch. Thomas, 1981.
247. Katcher, A. H., « Potential health value of pet ownership », Compendium on Continuing Education for the Small Animal Practitioner, 11 (2) : 117-122, 1981, cité par Bustad, L. K., Hines, L. M., 1983.
248. Katcher, A. H., « Man and the living environment : an excursion into cyclical time », in *New perspectives with our live with companion animals,* Katcher & Beck (dir.), 1983.
249. Katcher, A. H., Beck, A. M., *Safety and intimacy : physiological and behavioral responses to interaction with companion animals. The Human-Pet Relationship,* IEMT, Vienne, 1985, cité par Hart, L. A., 1995.
250. King, J. E., Becker, F., Markee, J. E., « Studies on olfactory acuity in dogs. 3. Ability to detect human odour trace », *An. Behav.,* 12 : 311-315, 1964, cité par Giffroy, J. M., 1993.

251. Knol, B. W., « Neuroendocrine aspects of the motivation for agonistic behaviour in the male dog ».
252. Knol, B. W., Egberink-Alink, S. T., « Androgens, progestagens and agonistic behaviour : a review », *The Vet. Quarterly,* 11 (2) : 94-101, 1989.
253. Knol, B. W., Groenewoud, H. J. C., Ubbink, G. J., « Motivated aggression in golden retrievers : no correlation with inbreeding », *Proceed. First Intern. Conf. Vet. Beh. Med.,* 112, 1997.
254. Krattli, C., « Ultraschall Abwehrgeräte », *DCT-Info,* 1, 1996.
255. Krestel, D., Passe, D., Smith, J. C., Jonsson, L., « Behavioral determination of olfactory thresholds to amyl acetate in dogs », *Neurosc. Biobehav. Rev.,* 8 : 169-174, 1984, cité par Walker, J. C., Jennings, R. A., 1991.
256. Krushinski, L. V., « Animal behaviour, its normal and abnormal development », Consultant's Bureau, N. Y, 1962, cité par Goddard, M. E., Beilharz, R. G., 1985.
257. Lago, D. J., Connell, C. M., Knight, B., « The effects of animal companionship on older persons living at home », in *The Human-Pet Relationship,* IEMT, Vienna, cité par Hart, L. A., 1995.
258. Landry, J. M., « Le loup », CD-Rom, Finajour, 1999.
259. Landry, J. M., Communication personnelle.
260. Landsberg, G. M., « Diagnosing dominance aggression », *Can. Vet. J.,* 31 (1) : 45-46, 1990.
261. Landsberg, G. M., « The distribution of canine behavior cases at three behaviour referral practices », *Vet. Med.* oct. : 1011, 1991.
262. Ledger, R. A., Baxter, M. R., « Assessing owner attitudes to dog behaviour : a case for owner-dog matching », *Proceed. First Intern. Conf. Vet. Beh. Med.,* 226, 1997.
263. Ledger, R. A., Baxter, M. R., « The development of a validated test to assess the temperament of dogs in a rescue shelter », *Proceed. First Intern. Conf. Vet. Beh. Med.,* 87-92, 1997.
264. Lee, D., *Hi, Ya, Beautiful,* Film documentaire sur la thérapie par l'animal à Lima State Hospital, 1978, cité par McCulloch, M. J., 1981.
265. Lehner, P. N., McCluggage, C., Mitchell, D. R., Neil, D. H., « Selected parameters of the Fort Collins, Colorado, dogs population, 1979-80 », Appl. Anim. Ethol., 10 : 19-25, 1983.
266. Le Magnen, J., Kayser, C., *Physiologie II,* Paris, Flammarion, 1969, cité par Giffroy, J. M., 1993.
267. Lemmer, « Beiträge zum Verhalten des Haushundes », *Vet. Med. Diss.,* 1971, cité par Unshelm, J., 1994.
268. Leroy, Y., *L'univers odorant de l'animal,* Soc. Nouvelle des Editions Boubée, 1987.
269. Levine, S., « Maternal and environmental influences on the adrenocortical response to stress in weanling rats », *Science,* 156 : 258-260, 1967.
270. Levinson, B. M., « Pets, child development and mental illness », *J. Am. Vet. Med. Assoc.,* 157 : 1759-1766, 1970.
271. Levinson, B. M., « Pets and personality development », *Psychol. Rep.,* 42 : 1031-1038, 1978.
272. Levinson, B. M., « The future of research into relationships between people and their animal companions », in *New perspectives with our live with companion animals,* Katcher & Beck (dir.), Univ. Pennsylvania Press, 1983.
273. Lewis, L. D., Morris, M. L., Hand, M. S., « Small animal clinical nutrition », 3.
274. *L'Hebdo,* 5 septembre 1996.
275. Line, S., Voith, V. L, « Dominance aggression of dogs towards people : Behaviour profile and response to treatment », *Appl. Anim. Behav. Sci.,* 16 (1) : 77-83, 1986.
276. Lockwood, R., « The influence of animals on social perception », in *New perspectives with our live with companion animals,* Katcher & Beck (dir.), 1983.
277. Lockwood, R., « The ethology and epidemiology of canine aggression », in *The Domestic Dog: Its Evolution, Behaviour and Interactions with People,* Serpell (dir.), New York, Cambridge University Press, 131-138, 1995.

278. Lohner, 1926, cité par Giffroy, J. M., 1993.
279. Lorenz, K., *Tous les chiens, tous les chats,* Paris, Flammarion, 1983.
280. Lucas, « Le comportement sexuel », Soc. Franç. de Cynotechnie, Sém. sur le Comp., 1981.
281. Macdonald, D. W., « Development and stability of personality characteristics in prepubertal wolves : implications for pack organization and behaviour », in *Man and Wolf. Advances, issues and problems in captive wolf research,* H. Frank (dir.), Junk, The Netherlands, 1987.
282. Macdonald, D. W., Carr, G., « Free living dogs in the Abruzzi : the behaviour and ecology of contrasting populations », in *The Domestic Dog : its evolution, behaviour and interactions with people,* Serpell (dir.), Cambridge Univ. Press, 1995.
283. Macdonald, D. W., Carr, G. M., « Variation in dog society : between resource dispersion and social flux », in *The Domestic Dog,* Serpell (dir.), Cambridge Univ. Press, 1995.
284. Mackenzie, H. A., Schultz, J. A., «Frequency of backtracking in the tracking dog», *Appl. Anim. Behav. Sci.,* 17 : 353-359, 1987.
285. Mahaney, F. X., « The latest thing in cancer detection is a real dog », Internet.
286. Mahut, H., « Breed differences in the dogs emotional behavior », *Canad. J. Psychol.,* 12 : 35-44, 1958.
287. Malm, K., Jensen P., « Weaning and parent-offspring conflict in the domestic dog », *Ethology,* 103 : 653-664, 1997.
288. Mandsager, R., « What do dogs see ? A review of “Vision in dog”», Internet, 1996.
289. Manning, A., « Ethological approaches to the human-companion animal bond », in *New perspectives with our live with companion animals,* Katcher & Beck (dir.), Univ. Pennsylvania Press, 1983.
290. Marler, P., Hamilton, W. J., *Mechanisms of animal behavior,* N. Y., J. Wiley and sons, 1966, cité par Harrington, F. H., 1996.
291. Marr, J. N., « Varying stimulation and imprinting in dogs », *J. Genet. Psychol.,* 104 : 351-364, 1964.
292. Mather, J. G., « Magnetoreception and the search for magnetic material in rodents », 509-533. In : *Magnetite Biomineralization and Magnetoreception in organisms : a new biomagnetism,* Kirschuink, J. L., Jones, D. S., Macfadeen, B. J., Plenum Press, New York, 1985.
293. Mather, J. G., Baker, R. R., Kennaugh, J. H., « Magnetic field detection in small mammals », *EOS, Trans. Amer. Geophysical Union,* 63 : 156, 1982, cité par Augustet al., 1989.
294. Mathy, J. P., « Ces animaux qui nous rendent gagas », *GHI,* 6-7-1995.
295. McConnell, P. B., « Acoustic structure and receiver response in domestic dogs », *Anim. Behav.,* 39 : 897-904, 1990.
296. McCulloch, M. J., « The pet as prothesis-defining criteria for the adjunctive use of companion animals in the treatment of medically ill, depressed outpatients », in *Interrelations between people and pets,* Fogle, B. (dir.), Springfield, 1981.
297. McFarland, D., *Dictionnaire du comportement animal,* Paris, R. Laffont, 1990.
298. McLeod, P. J., « Infanticide by female wolves », *Can. J. Zool.,* 68 : 402-404, 1989.
299. Mech, D. L., *The Wolf,* Natural History Press, 1970.
300. Mech, D. L., 1977, cité par Forbes, G. J., Theberge, J. B., 1995.
301. Mech, D. L., *The wolf. The ecology and behavior of an endangered species,* Univ. of Minnesota, 1986.
302. Mech, D. L., *The way of the wolf,* Voyageur Press, 1991.
303. Mech, D. L., « Buffer zones of territories of gray wolves as regions of intraspecific strife », *J. Mammal.,* 75 (1) : 199-202, 1994.
304. Mech, D. L., « What do we know about wolves and what more do we need to learn ? ». « Ecology and Conservation of wolves in a changing world », Carbyn, L. N., Fritts, S. H., Seip, D. R. (dir.), Can. Circumpolar Inst., occasional publication, 35 : 537-545, 1995.
305. Mech, D. L., *The artic wolf. Ten years with the pack,* Voyageur Press, 1997.

306. Mech, D. L., Seal, U. S., Delgiudice, G. D., « Use of urine in snow to indicate condition of wolves », *J. Wild. Manag.*, 51 (1) : 10-13, 1987.
307. Meier, T. H., Burch, J. W., Mech, D. L., Adams, L. G., « Pack structure and genetic relatedness among wolf packs in a naturally-regulated population ». « Ecology and Conservation of wolves in a changing world », Carbyn, L. N., Fritts, S. H., Seip, D. R. (dir.), Can. Circumpolar Inst., occasional publication, 35 : 293-302, 1995.
308. Mekosh-Rosenbaum, V., Carr, W. J., Goodwin, J. L., Thomas, P. L., D'Ver, A., Wysocki, « Age-dependent responses to chemosensory cues mediating kin recognition in dogs », *Physiol. Behav.*, 55 (3) : 495-499, 1994.
309. Melson, G., « The role of companion animals in human development », *Abstract book, 7th conf. Human-An. Interelations,* Genève, 1995.
310. Melzack, R., Scott, T. H., « The effects of early experience on the response to pain », *J. Comp. Physiol. Psychol.*, 50 : 155, 1957.
311. Melzack, O. H., Thompson, W. R., « Effects of early experiences on social behavior », *Canad. J. Psychol.*, 10 : 82-90, 1956.
312. Messent, P., *Comprendre son chien,* Elsevier Sequoia, Bruxelles, 1980.
313. Messent, P. R., « Social facilitation of contact with other people by pet dogs », in *New perspectives with our live with companion animals,* Katcher & Beck (dir.), 1983.
314. Miller, P. E., Murphy, C. J., « Vision in dogs », *JAVNA*, 207 (12) : 1623-1634, 1995, cité par Mandsager, R.
315. Millot, J.L., Chanton, M., Gonnet, J., Montagner, H., « Étude des perceptions de mimiques animales et humaines par des enfants âgés de 5 à 12 ans », XXXe colloque de la SFECA, *De l'humain à l'animal,* Louvain-la-Neuve, Belgique, mai 98.
316. Millot, J. L., Filiatre, J. C., « The behavioural sequences in the communication system between the child and his pet dog », *Appl. Anim. Behav. Sciences,* 16 : 283-390, 1986.
317. Millot, J. L., Filiatre, J. C., Eckerlin, A., Gagnon, A. C., Montagner, H., « Olfactory cues in the relations between children and their pet dogs », *Appl. Anim. Behav. Science,* 19 : 189-195, 1987.
318. Millot, J. L., Filiatre, J. C., Gagnon, A. C., Eckerlin, A., Montagner, H., « Children and their pet dogs : How they communicate », Behav. Proc., 17 : 1, 1988.
319. Morris, D., *Le Chien révélé,* Paris, Calmann Lévy, 1987.
320. Moulton, D. G., Ahston, E. H., Eayrs, J. T., « Studies in olfactory acuity. 4. Relative detectability of n-aliphatic acids by the dog », *Anim. Behav.*, 8 : 117-128, 1960, cité par Fogle, B., 1990.
321. Mouquin, Y., « Un chat, un chien, ça coûte combien ? », *Sillon romand,* Spécial Animalia, 1995.
322. Mugford, R. A., « Problem dogs and problem owners : the behavior specialist as an adjunct to veterinarian practice », in *Interrelation between people and pets,* Fogle (dir.), Charles Thomas, Springfield, 1981.
323. Mugford, R. A., « External influences on the feeding of carnivores », in *The chemical senses and nutrition,* Kare, M. R., Maller, O. (dir.), Academic Press, New York, cité par Smith, S. L., 1983
324. Mugford, R. A., « Aggressive behaviour in the english cocker spaniel », *Vet. Annual,* 24th issue : 310-314. Bristol : J. Wright. 1984, cité par Serpell, J. A., 1987.
325. Muller, P. E., Murphy, C. J., « Vision in dogs », *JAVMA*, 207 (12) : 1623-1634, 1995, cité par Mandsager, R., 1996.
326. Murphree, O. D., « Inheritance of human aversion and inactivity in two strains of the pointer dog », *Biol. Psychiatry,* 7 : 23-29, 1973.
327. Murphree, O. D., Angel, C., Deluca, D. C., « Limits of therapeutic change : specificity of behavior modification in genetically nervous dog », *Biol. Psychiat.*, 9 : 99-101, 1974.
328. Murphree, O. D., Dykman R. A., « Litter patterns in the offspring of nervous and stable dogs. I : Behavioral tests », *J. Nerv. Ment. Dis.*, 141 : 321-332, 1965.

329. Murphree, O. D., Dykman R. A., « Litter patterns in the offpring of nervous and stable dogs. 2. Autonomic and motor-conditioning », *J. Nerv. Ment. Dis.*, 141 : 419-431, 1966.
330. Murphree, O. D., Newton J. E. O., « Crossbreeding and special handling of genetically nervous dogs », *Cond. Reflex*, 6 : 129, 1971.
331. Myers, L., Directeur associé à l'Institute for Biological Detection Systems, cité par Mahaney, F. X.
332. Neuhaus, W., « Über die Riechscarfe des Hundes für Fettsäuren », *Z. Vergleichene Physiol.*, 35 : 527-552, 1953, cité par Thesen, A. et al., 1993.
333. Neville, P., *Do dogs need shrinks ?*, London, Sidgwick & Jackson, 1991.
334. Niebuhr, B. R., Levinson, M., Nobbe, D. E., Tiller, J. E., « Treatment of an incompletely socialized dog », in *Canine Behavior*, Hart (dir.), Santa Barbara CA, Vet. Pract. Publish. Co, 1980, cité par Serpell, J., 1995.
335. Noonan, G. J., Rand, J. S., Blackshaw, J. K., Priest, J., « Behavioural observations of puppies undergoing tail docking », *Appl. Anim. Behav. Sci.*, 49 (4) : 335-342, 1996.
336. Nott, H. M. R., « Social behaviour of the dog », in *The Waltham book of dog and cat behaviour*, Thorne (dir.), Pergamon Press, 1992.
337. Nuridsany, C., Perennou, M., « Des univers parallèles », in *La Planète des insectes*, Arthaud, 1983, cité dans l'article « Le rôle ambivalent de l'animal acteur », *PMCAC, Suppl. P. Soignant*, 1 : 13-17, 1998.
338. O'Farrell, V., *Problem dog : Behaviour and misbehaviour*, British Small An. Vet. Assoc., Methuen, London, 1989.
339. O'Farrell, V., Peachey, E., « Behavioural effects of ovariohysterectomy on bitches », *J. Small An. Pract.*, 31 : 595-598, 1990.
340. Okano, M., Weber, A. F., Frommes, S. P., « Electron microscopic studies of the distal border of the canine olfactory epithelium », *J. Ultrastructure Res.*, 17 : 487-502, 1967, cité par Bradshaw, J., 1992.
341. Ottney, C. A., « A study of pets in the family system », in *New perspectives on our lives with companion animals*, Katcher & Beck (dir.), Univ. Pennsylvania Press, 1983.
342. Ottonson, « Mécanismes électrophysiologiques de transmission des messages olfactifs », *revue de Laryngo-oto-rhinologie*, p. 832, 1965, cité par Feraud, 1970.
343. Overall, K. L., *Clinical behavioral medicine for small animals*, Mosby, 1997.
344. Overall, K. L., Beebe, A. D., « Dominance aggression in young female dogs : what does this suggest about the heterogeneity of the disorder ? », *Proceed. First Intern. Conf. Vet. Beh. Med.*, 15-19, 1997.
345. Owren, T., « Training dogs based on behavioural methods », J. Small An. Pract., 28 : 1009-1027, 1987.
346. Pageat, P., *Pathologie du comportement du chien*, Collection Médecine Vétérinaire, 1995.
347. Patronek, G. J., Glickman, L. T., Beck, A. M. et al., « Risk factors for relinquishment of dogs to an animal shelter », *J. Am. Vet. Med. Assoc.*, 209 (3) : 572-581, 1996.
348. Pawlowski, A. A., Scott, J. P., « Hereditary differences in the development of dominance in litters of puppies », *J. Comp. Physiol. Psychol.*, 49 : 353-358, 1956.
349. Peters, R., « Cognitive maps in wolves and men », in *Environmental design research*, 2 : 247-253.
350. Peters, R., Mech, D., « Scent-marking in wolves », *Amer. Sci.*, 63 : 628-637, 1975.
351. Peterson, F. A., Heaton, W. C., Wruble, S. D., « Levels of auditory response in fissiped carnivores », *J. Mammalogy*, 50 : 566-578, 1969, cité par Harrington, F. H., 1996.
352. Peterson, R. O., « Wolf as interspecific competitors in canid ecology ». « Ecology and Conservation of wolves in a changing world », Carbyn, L. N., Fritts, S. H., Seip, D. R. (dir.), Can. Circumpolar Inst., occasional publication, 35 : 315-323, 1995.

353. *Petit Larousse Illustré*, 1993.
354. Pfaffenberger, C. J., Scott, J. L., « The relationship between delayed socialization and trainability on guide dogs », *J. Genet. Psychol.*, 95 : 145-155, 1959.
355. Pieters, A., « Socialisation et syndrome d'isolement chez le chien domestique », *Cahiers d'Éthologie Appliquée*, 3 (1) : 59-88 et 4 (1) : 121-142, 1983 et 1984.
356. Pieters, A., « Le syndrome d'isolement chez le chien domestique. 3. Perturbations du processus normal de socialisation », *Cahiers d'Éthol. Appl.*, 5 (3) : 227-248, 1985.
357. Plutchik, R., « Individual and breed differences in approach and withdrawal in dogs », *Behaviour*, 40 : 302-311, 1971.
358. Podberscek, A., « Rage syndrome. Facts, fiction and current investigations », *Transcript of the Waltham APBC Symposium*, 1994.
359. Podberscek, A., Blackshaw, J. K., « Dog bites : why, when, where ? », *Aust. Vet. Pract.*, 20 (4) : 182-187, 1990.
360. Podberscek, A. L., Blackshaw J. K., « Dog attacks on children : report from two major city hospitals », *Aust. Vet. J*, 68 : 248-249, 1991.
361. Podberscek, A. L., Serpell J., « The english cocker spaniel : preliminary findings on aggressive behavior », *Appl. Anim. Behav. Sci.*, 47 (1-2) : 75-89, 1996.
362. Poulle, M. L., cité par Landry, J. M., 1999.
363. Queinnec, G., « Eléments de génétique du comportement », Soc. Francophone de Cynotechnie, 1994.
364. Queinnec, G., Gilbert, G., *Trucs et astuces pour votre chien*, Paris, Hachette, 1995.
365. Quigley, J. S., Vogel, L. E., Anderson, R. K., *A study of perceptions and attitudes toward pet ownership*, Katcher & Beck (dir.), Univ. Pennsylvania Press, 1983.
366. Rausch, R. A., « Some aspects of the population ecology of wolves, Alaska », *Am. Zool.*, 7 : 253-265, 1967, cité par Landry, J. M., 1999.
367. Raymer, J., Wiesler, D., Novotny, M., Asa, C., Seal, U. S., Mech, L. D., « Chemical scent constituents in urine of wolf (*Canis lupus*) and their dependance on reproductive hormones », *Journal of Chemical Ecology*, 12 (1) : 297-331, 1986.
368. Rehm, N., « Children and their dogs », *Abstract book, 7th conf. Human-An. Interelations*, Genève, 1995.
369. Reisner, I. R., « Neurophysiologic, familial and environmental correlates of canine dominance related aggression », Ph. D. dissertation, Cornell Univ, 1996, cité par Reisner, I. R. et al., 1997.
370. Reisner, I. R., Mann, J. J., Stanley, M. et al., « Comparison of cerebrospinal fluid monoamine metabolity levels in dominant-aggressive and nonaggressive dogs», *Brain Res.*, 714 : 57-64, 1996, cité par Reisner, I. R. et al., 1997.
371. Robin, M., Ten Bensel, R., Quigley, J. S., Anderson, R. K., « Childhood pets and the psychosocial development of adolescents », in *New perspectives with our live with companion animals*, Katcher & Beck (dir.), 1983.
372. Rosenthal, R. A., Jacobson, L., « Pygmalion à l'école », 1971, cité par Guyot, Y.
373. Royer, F. L., Gantt, W. H., « The effect of different persons on the heart rate of dogs », Paper presented at Eastern Psychological Association, Philadelphia, 1961, cité par Fox, M. W., 1978.
374. Rubin, H. D., Beck, A. M., « Ecological behavior of free-ranging urban pet dogs », *Appl. Anim. Ethol.*, 8 : 161-168, 1982.
375. Ruby, J., « Images of the family : the symbolic implications of animal photography », in *New perspectives on our lives with ompanion animals*, Katcher & Beck (dir.), Univ. Pennsylvania Press, 1983.
376. Rynearson, E. K., « Humans and pets and attachment », *Br. J. Psychiatry*, 133 : 550-555, 1978.
377. Sacks, Lockwoodet al., « Fatal dog attacks. 1989-1994 », *Pediatrics*, 97 (6) : 891-895, 1996.

378. Salmon, P. W., Salmon, I. M., « Who owns who ? Psychological research into the human-pet bond in Australia », in *New perspectives on our lives with companion animals*, Katcher & Beck (dir.), Univ. Pennsylvania Press, 1983.
379. SOFRES, Études 1998, Internet, site AFIRAC.
380. Sander, D. E., Hanson, K. D., Burke, R. S., Dracy, M. A. E., « Measurement of the auditory sensitivity of the coyote », *Biomed. Sc. Instr.*, 13 : 19-23, 1977, cité par Giffroy, J. M., 1993.
381. Savishinsky, J. S., « Pet ideas : the domestication of animals, human behavior and human emotions », in *New perspectives with our live with companion animals*, Katcher & Beck (dir.), 1983.
382. SCC, Renseignements obtenus à la Société Centrale Canine, 1997.
383. Schenkel, R., « Expression studies of wolves », *Behaviour*, 1 : 81-129, 1947, cité par Mech, D. L., 1986.
384. Schenkel, R., 1968, cité par Mech, D. L., 1970.
385. Schleger, A., « Geschichte und Entwicklung des Bullterriers », *Dissertation, Wien*, 1983, cité par Feddersen-Petersen, 1989.
386. Schmidtke, D., Schmidtke, H. O., « Über eine Verhaltensstörung bei einfarbigen Cockerspaniels », *Kleintier Parx.*, 11 : 180-182, 1966.
387. Schneider, R., « Pet ownership : some factors and trends », Paper presented at the second Canadian Symposium on Pets and Society, Vancouver, 1979, cité par Case, D. B., 1987.
388. Schoon, G. A. A., De Bruin, J. C., « The ability of dogs to recognize and cross-match human odours », *Forensic Sc. Intern.*, 69 : 111-118, 1994.
389. Scott, J. P., « Critical periods in behavioral development », *Science*, 138 : 949-958, 1962.
390. Scott, J. P, cité par Coren, S., 1994.
391. Scott, J. P., Bielfelt, S. W., « Analysis of the puppy testing program », in *Guide dogs for the blind : their selection, development and training*, Elsevier, Amsterdam, 1976, cité par Goddard, M. E., Beilharz, R. G., 1985.
392. Scott, J. P., Bronson, F., Trattner, A., « Differential human handling and the development of agonistic behavior in basenji and shetland sheep dogs », *Dev. Psychobiol.*, 1 (2) : 133-140, 1968.
393. Scott, J. P., Charles, M. S., « Genetic differences in dogs : a case of magnification by thresholds and by habit formations », *J. Genet. Psychol.*, 84 : 175-188, 1954.
394. Scott, J. P, Fuller, J. L., Genetics *and Social Behavior of the Dog*, University of Chicago Press, Chicago, 1965.
395. Scott, J. P., Marston, M. V. « Critical periods affecting normal and maladjustive social behavior in puppies », *J. Genet. Psychol.*, 77 : 25-60, 1950.
396. Scott, J. P., Stewart, J. M., Deghett, V. J., « Critical periods in the organization of systems. Developmental psychobiology », *Dev. psychobiol.*, 7 : 489-513, 1974.
397. Sebkova, cité par Katcher, A. H., 1983.
398. Seksel, K., « Puppy socialization classes », *Vet. Clinics North Am. Small An. Pract.*, 27 (3) : 465-476, 1997.
399. Sellors, J., « Multi dog household », Proceedings of the Waltham APBC Symposium, « The art of being sociable » : 8-13, 1997.
400. Serpell, J. A., «The influence of inheritance and environment on canine behaviour : myth and fact », *J. Small An. Pract.*, 28 : 949-956, 1987.
401. Serpell, J. A., « The air of the dog », in *The Domestic Dog*, Serpell J. (dir.), Cambridge Univ. Press, 1995.
402. Serpell, J. A., cité par Turner, D. C., 1996.
403. Sherman, C. K., Reisner, I. R., Taliaferro, L. A., Houpt, K. A., « Characteristics, treatment and outcome of 99 cases of aggression between dogs », *Appl. Anim. Behav. Sci.*, 47 : 91-108, 1996.
404. Sherman Simpson, B., « Canine communication », *Vet. Clinics North Am : Small An. Pract.*, 27 (3) : 445-464, 1997.

405. Sillero-Zubiri, C., Gottelli, D., Macdonald, D. W., « Male philopatry, extra-pack copulations and inbreeding avoidance in Ethiopian wolves », *Behav. Ecol. Sociobiol.*, 38 : 331-340, 1996.
406. Slabbert, J. M., Rasa, O. A. E., « The effect of early separation from the mother on pups in bonding to humans and pup health », *South Afr. Vet. Ver.*, 64 (1) : 4-8, 1993.
407. Smietana, W., Wajda, J., « Wolf number changes in Bieszczady National Park », Poland, *Acta Theor.*, 42 (2) : 241-252, 1997, cité par Landry, 1999.
408. Smith, S. L., « Interactions between pet dog and family members : an ethological study », in *New perspectives on our lives with companion animals*, Katcher & Beck (dir.), Univ. Pennsylvania Press, Philadelphia, 1983.
409. Sokol, A. B., Houser R. G., « Dog bites : prevention and treatment », *Clinical Pediatrics*, 10, 6 : 336-338, 1971.
410. Sponenberg, D. P., De Lahunta, A., « Hereditary hypertrophics neuropathy in Tibetan mastiff dog », *The J. of Heredity*, 72 : 187, 1981.
411. Stanley, W. C., Cornwell, A. C., Poggiani, C., Trattner, A., « Conditioning in the neonate puppy », *J. Comp. Physiol. Psychol.*, 56 : 211-214, 1963.
412. Steen, J. B., Wilsson, E., « How do dogs determine the direction of tracks ? », *Acta Physiol. Scand.*, 139 : 531-534, 1990.
413. Stur, I., « Genetic aspects of temperament and behaviour in dogs », *J. Small An. Pract.*, 28 : 957-964, 1987.
414. Surget, « Génétique du comportement », Soc. Franç. de Cynotechnie, Toulouse, 1994.
415. Teroni, E., Observations non publiées.
416. Thesen, A., Steen, J. B., Doving, K. B., « Behaviour of dogs during olfactory tracking », *J. exp. Biol.*, 180 : 247-251, 1993.
417. Thiellement, 1955, cité par Lucas, 1981.
418. Thompson, W. R., « Influence of prenatal maternal anxiety on emotionality in young rats », *Science*, 125 : 698-699, 1957.
419. Thompson, W. R, Heron, W., « The effects of early restriction on activity in dogs », *J. comp. Physiol. Psychol.*, 47 : 77-82, 1954, cité par Pieters, A., 1985.
420. Thompson, W. R., Watson, J., Charlesworth, W. R., « The effects of prenatal maternal stress on offspring behavior in rats », *Psychol. Monogr. : General and applied*, 76 (38) : 1-25. Whole no 557, 1962.
421. Thorne, cité par Surget, 1994.
422. Toner, B. S., Miller, D. I., « Olfactory discrimination of individual human », Univ. d'Auburn, cité par Mahaney, F. X.
423. Toner, B. S., Miller, D. I., « Olfactory discrimination of individual odors using experienced tracking police and work dogs », *An. Behav. Consult Newsletter*, 10 (4) : 2-4, 1993, cité par Overall, K. L., 1997.
424. Trumler, E., *Le chien pris au sérieux*, J. J. Pauvert, 1974.
425. Trumler, E., *Hunde ernst genommen*, R. Piper, München, 1981.
426. Turner, D. C., « Die Wirkung der Heimtiere auf unsere Gesundheit », *DCT Info.*, (3), 1996.
427. Uhde, T. W., Malloy, L. C., Slate, S. O., « Fearful behavior, body size and serum IGF-I levels in nervous and normal pointer dogs », *Pharmacol. Biochem. Behav.*, 43 (1) : 263-269, 1992.
428. Unshelm, J., « Tiergerechte Hundehaltung », *Tierlab.*, 17 : 71-88, 1994.
429. Van Der Velden, N., A., Deweerdt, C.J., Brooymans-Schallenberg, J. H. C., Tielen, A. M., « An anormal behavioral trait in burmese mountain dogs », *Tijdschr, Diergeneekd* 101 : 403, 1976.
430. Vanleeuwen, J., « A child psychiatrist's perspective on children and their companion animals », in *Interrelations between people and pets*, Fogle B. (dir.), Springfield, 1981.

431. Vastrade, F., *La socialisation du chiot et son évaluation. Le comportement social du chien*, SFC, Lyon, 1996.
432. Vila, C., Savolainen, P., Maldonado, J., Amorim, I., Rice, J., Honeycutt, R., Crandall, K. et al., « Multiple and ancient origins of the domestic dog », *Science*, 276 : 1687-1689, 1997.
433. Voith, V. L., « Intermale aggression in dogs », *Mod. Veterinary Practice*, 61 : 256-258, 1980.
434. Voith, V. L., « Treatment of dominance aggression of dogs toward people », *Mod. Vet. Pract.*, 63 : 149-152, 1982.
435. Voith, V. L., Wright, J. C., Danneman, P. J., « Is there a relationship between canine behavior problems ans spolling activities, anthropomorphism and obedience training ? », *Appl. Anim. Behav. Sci.*, 34 (3) : 263-272, 1992.
436. Vom Saal, F. S., « Variation in phenotype due to random intrauterine positioning of male and female fetuses in rodents », *J. Reprod. Fertil.*, 62 : 633, 1981, cité par Hart, B. L., Hart, L. A, 1985.
437. Vom Saal, F. S., « Sexual differentiation in litter-bearing mammals : influence of sex of adjacent foetuses in utero », J. An. Sci., 67 : 1824-1840, 1989, cité par Overall, K. L., Beebe, A. D, 1997.
438. Vuillemenot, J. L., « L'animal dans la société », in *Les Entretiens de Bourgelat*, Ec. Vét., Lyon, 1990.
439. Walker, J. C., Jennings, R. A., « Comparison of odor perception in humans and animals », in *The human sense of smell*, Laing, Doty et Breipohl (dir.), Springer Verlag, 1991.
440. Walls, cité par Morris, D., *Le Chien révélé*, Paris, Calmann Lévy, 1987.
441. Watzlawick, P., Helmick Beavin J., Jackson, D. D., *Une logique de la communication*, coll. Points, Paris, Éditions du Seuil, 1972.
442. Wayne, R. K., « Molecular evolution of the dog family », Internet.
443. Wayne, R. K., *Trends in genetics*, 9 : 218, 1993, cité par Morey, D. F., 1996.
444. Wayne, R. K., Lehman, N., Fuller, T. K., « Conservation genetics of the gray wolf ». « Ecology and Conservation of wolves in a changing world », Carbyn, L. N., Fritts, S. H., Seop, D. R. (dir.), Can. Circumpolar Inst., occasional publication, 35 : 399-407, 1995.
445. Wayne, R. K., O'Brien, S. J., « Allozyme divergence within the *Canidae* », *Syst. Zool.*, 36 : 339-355, 1987, cité par Clutton-Brock, 1995.
446. Welker, W. I., « Factors influencing aggression of neonatal puppies », *J. Comp. Physiol. Psychol.*, 52 : 376, 1959.
447. Wilsson, E., « The social interaction between mother and offpring during weaning in German Shepherd dogs : individual differences between mothers and their effects on offspring », *Appl. Anim. Beh. Sc.*, 13 : 101-112, 1984.
448. Wolfle, T. L., « Policy, program and people : the three Ps to well-being », in *Canine Research Environment*, Mench, J. A., Krulisch, L. (dir.), Bethesda, MD : Scientists Center for Animal Welfare, 1990, cité par Serpell J., 1995.
449. Wolski, T. R., Riter, R., Houpt, K. A., « The effectiveness of animal repellents on dogs and cats in the laboratory and fields », *Appl. Anim. Behav. Sci.*, 12 : 131-134, 1984.
450. Woolpy, J. H., Ginsburg, B. E., « Wolf socialization : a study of temperament in a wild social species », *Am. Zool.*, 7 : 357-363, 1967, cité par Serpell J., 1995.
451. World Conservation Union, « Wild dogs and their relatives », *La Faune*, 1991.
452. Wright, J. C., « The development of social structure during the primary socialization period in german shepherds », *Dev. Psychobiol.*, 13 (1) : 17-24, 1980.
453. Wright, J. C., « The effects of differential rearing on exploratory behavior in puppies », *Appl. An. Ethol.*, 10 : 27-34, 1983.
454. Wright, J. C., Nesselrote, M. S., « Classification of behaviour problems in dogs : Distributions of age, breed, sex and reproductive status », *Appl. Anim. Behav. Sci.*, 19 : 169, 1987.

455. Young, S. P., *The wolves in North America. Part I,* Am. Wildl. Inst. Washington, 1944, cité par Mech, D. L., 1970.
456. Zimen, E., 1976, cité par Peterson, R. O., 1995 ; cité par Forbes, G. J., Theberge, J. B., 1995.
457. Zimen, E., Der Hund : *Abstammung, Verhalten, Mensch und Hund,* C. Bertelsmann (dir.), München, 1989.
458. Zoeger, J., Dunn, J. R., Fuller, M., « Magnetic material in the head of a common Pacific dolphin », *Science,* 213 : 892-892, 1981, cité par Mather, J. G., 1985.
459. Zotterman, Y., cité par Fogle, B., 1990.
460. Morey, D. F., « L'origine du plus vieil ami de l'homme », *La Recherche,* 288 : 72-77, 1996.

EVELYNE TERONI a une formation en psychologie humaine et a obtenu un doctorat à l'Université de Genève en psychologie, section éthologie. Elle a été assistante pendant 5 ans dans cette même section. Elle travaille actuellement en tant que comportementaliste à Genève. Elle a tenu des rubriques dans différents journaux consacrés aux chiens et collabore actuellement au journal « Chien sans Laisse ». Elle donne régulièrement des cours sur divers aspects du comportement des chiens ainsi que des conférences sur les relations entre humains et canidés et anime des séminaires sur la manière de se comporter face à un chien. Elle a participé à différentes émissions de télévision.

Pour contacter Évelyne Teroni par courrier électronique: e.teroni@bluewin.ch

JENNIFER CATTET est éthologue, diplômée de l'Université de Genève ou elle a travaillé en tant qu'assistante pendant six ans. Elle a développé la première école professionnelle d'éducation canine par le Clicker-Training en France et a produit une cassette vidéo sur cette méthode. Elle a participé à différentes émissions de radio et de télévision (dont 30 Millions d'Amis) ainsi qu'à plusieurs articles dans des revues spécialisées (Atout Chien, Chiens 2000, etc...). Elle travaille également sur une thèse sur l'orientation spatiale chez les chiens, sujet sur lequel elle a publié deux articles dans le magazine scientifique Animal Behavior.

Pour contacter Jennifer Cattet par courrier électronique: jcatenis@indy.rr.com

TABLE DES MATIÈRES

Achevé d'imprimer au Canada
en janvier 2004
sur les presses des Imprimeries Transcontinental Inc.